Excel 在财务管理中的应用

主 编 丁丽莉

北京理工大学出版社
BEIJING INSTITUTE OF TECHNOLOGY PRESS

内 容 简 介

本教材以 Excel 2016 为工具，结合当前最新的财务理念，通过案例讲解的方式，分别介绍了财务管理软件工具——Excel 2016、财务管理的价值观念、筹资决策、投资决策、证券投资估价与收益分析、流动资产投资管理、销售与利润管理、企业价值评估、财务分析等内容，教材知识结构完整，能够有效支持财务管理专业、会计专业相关课程的教学活动。案例讲解实用清晰，知识点安排深入浅出，注重理论与实际操作相结合，有利于提高学生利用所学知识进行财务数据处理的能力。

版权专有　侵权必究

图书在版编目（CIP）数据

Excel 在财务管理中的应用 / 丁丽莉主编. —北京：北京理工大学出版社，2020.12（2024.7重印）

ISBN 978-7-5682-9345-7

Ⅰ. ①E… Ⅱ. ①丁… Ⅲ. ①表处理软件-应用-财务管理-高等学校-教材 Ⅳ. ①F275-39

中国版本图书馆 CIP 数据核字（2020）第 254288 号

出版发行 / 北京理工大学出版社有限责任公司	
社　　址 / 北京市海淀区中关村南大街 5 号	
邮　　编 / 100081	
电　　话 / （010）68914775（总编室）	
（010）82562903（教材售后服务热线）	
（010）68944723（其他图书服务热线）	
网　　址 / http：//www.bitpress.com.cn	
经　　销 / 全国各地新华书店	
印　　刷 / 涿州市新华印刷有限公司	
开　　本 / 787 毫米×1092 毫米　1/16	
印　　张 / 19.25	责任编辑 / 孟祥雪
字　　数 / 452 千字	文案编辑 / 孟祥雪
版　　次 / 2020 年 12 月第 1 版　2024 年 7 月第 4 次印刷	责任校对 / 刘亚男
定　　价 / 52.00 元	责任印制 / 李志强

图书出现印装质量问题，请拨打售后服务热线，本社负责调换

前 言

本教材贯彻党的二十大精神，坚持为党育人、为国育才，以培养新时代应用型财务管理人才为目标，注重培养学生专业实践能力以及在实际财务环境中解决新问题的创新能力，着力推动高等教育高质量发展。

本教材根据专业建设和教育改革的要求，采用新理论、新方法、新案例，以 Excel 为工具建模，将复杂、抽象的问题简单化，充分突出应用型本科教育的特色，坚持立德树人，突出实践应用。作为突出专业实践能力的新体例教材，编者在编写过程中经过了多次全面的设计和思考，设置"案例导入""知识点提炼""实验案例""实验目的""实验操作""课后习题"模块，教材内容环环相扣，关系紧密，实现"理实一体、学做合一"。

本教材具有以下特色：

第一，落实立德树人目标。教材开篇选取典型案例素材，潜移默化地嵌入德育理念，落实立德树人的根本任务。教材中选取的实验案例内容富有启发性、趣味性和实用性，使师生在教与学的过程中能够充分发挥主观能动性。

第二，编写体例新颖，操作性强。教材编写遵循内容新颖、注重实用的原则，紧扣应用型本科人才培养要求，突出对学生职业素养的培养和训练，大胆创新、准确定位，结合大量的实例，以 Excel 为工具讲解建立各种财务管理模型的方法，以及对财务数据的运算处理，操作步骤详细、明了、直观。

第三，内容详细实用，案例贴近生活。教材采用贴近实际生活的实验案例，提高学生实训的仿真性，激发学生的学习兴趣，增强学生对财务管理的感性认知。

第四，数字化教学资源丰富。教材对应有在线学习视频和课程，可通过扫描二维码或使用在线平台等形式，获得相关知识点的在线讲解以及拓展案例的实操过程，学习者可以根据自己的情况进行反刍学习。这种教学一体化的设计，既符合教师授课、考核要求，又满足学生学习的需要。

本教材被列入滨州学院教材编写项目（财务模拟实验指导书，BZXYJCa201802），滨州学院实验技术项目（PETRA 教学法下《财务模拟实验》教学模式改革研究，BZXYSYXM201605），及滨州学院财务管理品牌专业群建设项目，由滨州学院经济管理学院丁丽莉担任主编。

本教材参阅、借鉴了大量的国内外相关论著和教材，在此对编著者表示诚挚的谢意。同时感谢滨州学院财务管理专业全体老师的大力支持和帮助,感谢滨州学院李岩教授、山东科技大学张咏梅教授、德州职业技术学院回晓敏教授、中国海洋大学马广林副教授、阳信县财金投资集团有限公司张志强高级会计师的支持,另外特别感谢北京理工大学出版社给予的诸多支持和付出的辛勤劳动。

  本教材在定稿之前进行了多次校验和修正,由于编写本教材要求掌握的知识面广、专业度高和编者水平有限,书中难免有疏漏和不妥之处,敬请同行专家和广大读者赐教指正。

编 者

目 录

第1章 财务管理软件工具——Excel 2016 ……………………………………… (1)
    1.1 Excel 2016 概述及基本操作 ……………………………………………… (1)
    1.2 Excel 2016 的数据处理与运算 …………………………………………… (9)
    1.3 Excel 2016 的图表管理及分析 …………………………………………… (23)
    课后习题 ……………………………………………………………………… (32)

第2章 财务管理的价值观念 …………………………………………………… (34)
    2.1 货币时间价值——单利和复利计算 ……………………………………… (35)
    2.2 货币时间价值——年金计算 ……………………………………………… (40)
    2.3 风险与收益 ………………………………………………………………… (54)
    课后习题 ……………………………………………………………………… (65)

第3章 筹资决策 ………………………………………………………………… (67)
    3.1 长期借款筹资决策 ………………………………………………………… (68)
    3.2 债券筹资决策 ……………………………………………………………… (87)
    3.3 股票筹资决策 ……………………………………………………………… (95)
    3.4 资本成本 …………………………………………………………………… (102)
    3.5 杠杆效应和资本结构 ……………………………………………………… (116)
    课后习题 ……………………………………………………………………… (130)

第4章 投资决策 ………………………………………………………………… (134)
    4.1 投资决策方法 ……………………………………………………………… (135)
    4.2 固定资产折旧 ……………………………………………………………… (150)
    4.3 固定资产更新决策 ………………………………………………………… (159)
    课后习题 ……………………………………………………………………… (167)

第5章 证券投资估价与收益分析 ……………………………………………… (169)
    5.1 债券估价与收益分析 ……………………………………………………… (170)

5.2 股票估价与收益分析 (180)
课后习题 (186)

第6章 流动资产投资管理 (188)
6.1 现金管理 (189)
6.2 应收账款管理 (199)
6.3 存货管理 (211)
课后习题 (220)

第7章 销售与利润管理 (223)
7.1 销售数据分析及预测 (224)
7.2 利润管理 (240)
课后习题 (252)

第8章 企业价值评估 (254)
8.1 预测财务报表模型 (255)
8.2 经营现金流量模型 (260)
8.3 企业价值模型 (262)
课后习题 (265)

第9章 财务分析 (268)
9.1 财务分析基本问题 (269)
9.2 财务分析指标的运用 (274)
9.3 财务报表综合分析 (285)
课后习题 (291)

附录 (294)
模拟试卷一 (294)
模拟试卷二 (297)

参考文献 (300)

第 1 章

财务管理软件工具——Excel 2016

学习目标

- 了解 Excel 2016 的界面及主要功能。
- 掌握 Excel 2016 的运算及数据处理。
- 掌握 Excel 2016 的图表管理及分析。

案例导入

Microsoft Excel 2016 版本的更新

微软的 Office 是最为流行的办公软件,主要有 Office 2016、Office 2013、Office 2010 和 Office 2007 四个版本。与其他三个版本相比,Office 2016 有了新的更强大的功能,可更轻松地共享文档并同时与他人协作。

Excel 2016 是微软办公套装软件的一个重要的组成部分,它可以进行各种数据的处理、统计分析和辅助决策,广泛地应用于管理、统计、财经、金融等众多领域。在 Excel 2013 版本的基础上,Excel 2016 进行了细节上的更新,其整体布局和 Excel 2013 基本相同,新增了 Tell Me 功能,内置了 Power Query 插件,数据选项卡中新增了预测功能,改进了数据透视表的功能。

1.1 Excel 2016 概述及基本操作

1.1.1 知识点提炼

1. Excel 2016 概述

(1)启动 Excel 2016。

安装 Excel 2016 程序后,当用户需要使用 Excel 2016 进行公式的编写、函数的计算、图表的制作时，就需要启动 Excel 2016。最常用的启动方法有两种：第一种，启动"开始"菜单，单击"开始"按钮，选择"所有程序"，单击"Microsoft Office Excel 2016"；第二种，双击桌面已建立的 Excel 2016 快捷方式图标。

(2) Excel 2016 界面。

启动后的 Excel 2016，会显示整个 Excel 2016 工作界面，主要包括标题栏、功能区、滚动条、编辑栏等，其工作界面中各区域的名称及功能说明如表1-1所示。

表1-1　Excel 2016 工作界面中各区域的名称及功能说明

名称	功能说明
标题栏	标题栏位于窗口的最上方，由快速访问工具栏、工作簿名称和窗口控制按钮组成
功能区	功能区用来帮助用户快速找到并完成某项操作的命令，命令存在于组中，组集中显示在选项卡下，用户只需切换到相应的选项卡下，在组中进行命令的选择即可完成所需的操作。默认状态下，Excel 2016 会显示"插入""页面布局""公式""数据""审阅""视图""开发工具""开始""加载项"9个选项卡，和新增加的"告诉我你想要做什么"(Tell Me)输入框
快速访问工具栏	快速访问工具栏是一个可自定义的工具栏，为方便用户快速执行常用命令，将功能区上选项卡中的一个或几个命令在此区域独立显示，以减少在功能区查找命令的时间，提高工作效率
控制按钮栏	控制按钮包括"最小化""最大化""关闭"
名称框	名称框用于显示选择的单元格名称，当用户选择某一单元格后，在名称框中会显示出该单元格的列标和行号
编辑栏	编辑栏用于显示或编辑所选单元格中的内容
工作区	工作区用于编辑工作表中各单元格内容，一个工作簿可以包含多个工作表
状态栏	状态栏用来显示整个操作过程的状态信息

(3)退出 Excel 2016。

退出 Excel 2016 常用的方法有两种：第一种，单击标题栏右侧的"关闭"按钮；第二种，在"文件"选项中单击"关闭"。

2. 工作簿的管理

(1)新建工作簿。

在 Excel 2016 中，新建工作簿的常用方法有两种：第一种，在打开的 Excel 2016 窗口中，单击"空白工作簿"选项，新建一个空白的工作簿；第二种，在打开的工作簿中，按〈Ctrl+N〉组合键，可以新增工作簿。

(2)新增工作表。

在一个 Excel 工作簿中插入多个表格，最常用的方式有两种：第一种，打开 Excel 表格，左下角工作表标签的右侧有个圆形"+"号，单击即可添加一个新的工作表，如图1-1所示；第二种，打开 Excel 表格，在菜单栏的"开始"选项卡单击"插入"按钮下方的倒三角，在弹出的下拉菜单中选择"插入工作表",如图1-2所示。

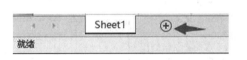

图1-1　新增工作表方法1　　　　图1-2　新增工作表方法2

(3)工作表中单元格的操作。

Excel 工作表由若干个单元格组成,它们是组成表格的细胞。单元格区域指的是单个的单元格,或者是由多个单元格组成的区域,或者是整行、整列等。

1)选中单元格区域。

当需要选中一个单元格时,可打开一个 Excel 工作表,将鼠标指针移动到选中的单元格上,当鼠标指针变为十字形状时,单击鼠标左键即可选中该单元格,被选中的单元格四周出现黑框,并且单元格的地址出现在名称框中,内容则显示在编辑栏中。

当需要选中相邻的单元格区域时,可先选中单元格区域中的第一个单元格,然后按住鼠标左键并拖动到单元格区域的最后一个单元格后释放鼠标左键,即可选中相邻的单元格区域。

当需要选中不相邻的单元格区域时,可先选中一个单元格区域,然后按住〈Ctrl〉键不放再选择其他的单元格,即可选中不相邻的单元格区域。

当需要选中整行或整列时,可将鼠标指针移动到要选行的行号处,单击鼠标左键即可选中整行;将鼠标指针移动到要选列的列标处,单击鼠标左键即可选中整列;打开 Excel 文件,单击工作表左上角的行号和列标交叉处的按钮,即可选中整张工作表。

2)插入、删除、合并单元格。

当需要对已有的表格增加内容时,用户需要插入单元格;而当表格中有多余的单元格时,删除即可;当某个单元格中的内容不能完整呈现时,用户可将相邻的多个单元格合并为一个单元格,还可起到美化表格布局的作用。

当需要插入单元格时,用户可选中需要插入单元格的位置,在"开始"选项卡下,单击"插入"命令,选择插入方式,选中"活动单元格右移""活动单元格下移""整行""整列"单选框,然后单击"确定"按钮,如图1-3所示,或使用快捷键〈Ctrl+Shift++〉。

当需要删除单元格时,用户可选中需要删除单元格的位置,在"开始"选项卡下,单击"删除"命令,选择删除方式,选中"右侧单元格左移""下方单元格上移""整行""整列"单选框,然后单击"确定"按钮,如图1-4所示,或使用快捷键〈Ctrl+-〉。

当需要合并单元格时,用户可选中需要合并的单元格区域,在"开始"选项中,单击"合并后居中"选项，在展开的下拉列表中单击"合并后居中""跨越合并""合并单元格"选项，若要取消合并，在展开的下拉列表中单击"取消单元格合并"选项，如图1-5所示。

图1-3 插入单元格

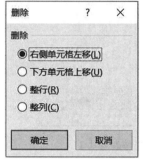
图1-4 删除单元格

图1-5 合并单元格

3）给单元格设置下拉选项菜单。

给单元格设置下拉选项时，与Excel 2013相比，Excel 2016在某些功能上有些许的改进，在2013版本中的"数据有效性"里可以设置，但是2016版本的Excel没有"数据有效性"这个图标。

首先，打开一个Excel表，选中需要设置下拉选项的区域，如图1-6所示（注：本书中所有实验案例中的人名均为化名）。在Excel表的菜单选项中找到"数据"，"数据"菜单下方的工具栏中找到"数据工具"板块。单击"数据工具"选项里的"数据验证"右边的倒三角，找到"数据验证"，如图1-7所示。单击"数据验证"，弹出"数据验证"设置框，在"验证条件"下，"允许"中选择"序列"，"来源"里输入要设置的下拉选项，用英文状态下的逗号隔开，如图1-8、图1-9所示。单击"确定"按钮，可以在原数据表中看到想要的效果，如图1-10所示。

图1-6 选中需要设置下拉选项的区域

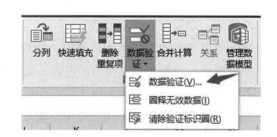
图1-7 找到"数据验证"

图1-8 "允许"下选择"序列"

图1-9 "来源"里输入要设置的下拉选项

图1-10 设置下拉选项菜单效果

(4)关闭工作簿。

关闭工作簿但不退出 Excel 表格，常用方法有三种：第一种，执行"文件"选项的"关闭"命令；第二种，单击工作簿窗口右上角的"关闭"按钮；第三种，使用快捷键〈Ctrl+F4〉。

1.1.2 实验案例

建立一个文件名为"实验案例1.1.2"的 Excel 工作簿，其中包含两个工作表，分别命名为学生信息表、学生成绩表。按下列要求进行操作。

(1)在"学生信息表"中建立如表1-2所示的"学生信息表"，在"学生成绩表"中建立如表1-3所示的"学生成绩表"。

实验案例1.1.2

表1-2 学生信息表

学生信息表	
姓名	出生年月
王小军	1995年12月
李正月	1997年7月
张宏明	1996年2月

表 1-3　学生成绩表

学生成绩表					
姓名	性别	语文	数学	物理	
王小军	男	80	62	78	
李正月	女	71	93	87	
张宏明	男	86	89	66	

(2)在"学生成绩表"中的"姓名"前插入一列,标题为"学号"。

(3)在"张宏明"一行下面追加一行,标题为"平均成绩"。

(4)删除"物理"右侧一列。

(5)保存工作簿,并存放于桌面名为"my name class"的文件夹中。

1.1.3　实验目的

通过本实验,熟悉 Excel 2016 的界面,掌握 Excel 2016 的基本操作,包括新建工作簿、新增工作表、命名工作表、插入单元格、删除单元格、合并单元格等。

1.1.4　实验操作

1. 新建工作簿

启动 Excel 2016 时通常会自动创建一个工作簿,若要手工新建文件则可以单击"文件"选项卡中的"新建",双击"空白工作簿"按钮即可新建一个工作簿。

2. 新增、命名工作表

新建的工作簿中,自动出现一个工作表 Sheet1,如果想在一个 Excel 工作簿中插入工作表 Sheet2,则需单击工作表 Sheet1 右侧的圆形"+"号。在相应的工作表标签上单击鼠标右键,选择"重命名",如图 1-11 所示,分别将工作表 Sheet1 和工作表 Sheet2 重命名为"学生信息表"和"学生成绩表"。

图 1-11　重命名工作表

3. 合并单元格

"学生信息表"和"学生成绩表"建立后，将表1-2和表1-3中的文字和数字填写到对应单元格区域中。其中，标题"学生信息表"和"学生成绩表"，应以合并单元格的形式完成。在"学生信息表"中，首先选中A1和B1单元格，选择"开始"选项卡中的"合并后居中"按钮，则A1和B1单元格合并为一个单元格，然后输入"学生信息表"，加入边框，即完成该表格的制作，如图1-12所示。

图1-12 学生信息表

在"学生成绩表"中，首先选中A1：F1单元格区域，选择"开始"选项卡中的"合并后居中"按钮，则A1：F1单元格区域合并为一个单元格，输入"学生成绩表"，加入边框，即完成该表格的制作，如1-13所示。

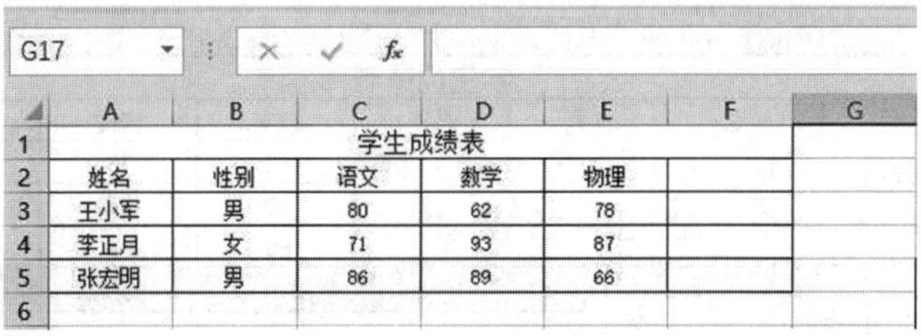

图1-13 学生成绩表

4. 插入单元格

（1）在"学生成绩表"中的"姓名"前插入一列，标题为"学号"。首先选中第1列，在"开始"选项卡下，单击鼠标右键，选择"插入"命令进行操作，即可插入一列单元格，并在A2单元格中输入"学号"，用"格式刷"刷新表格格式，如图1-14、图1-15所示。

图1-14 插入一列单元格

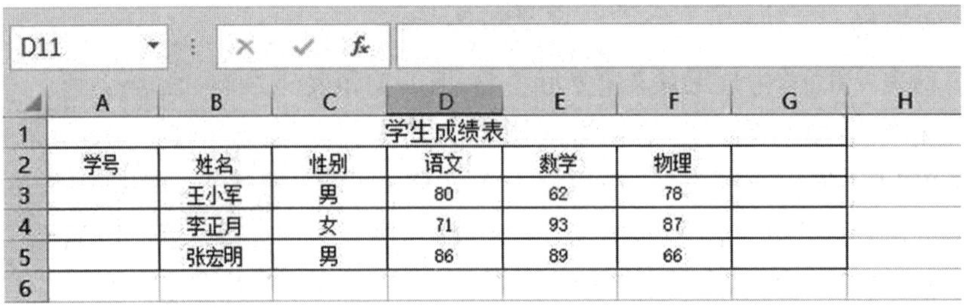

图 1-15 输入标题"学号"

（2）在"张宏明"一行下面追加一行，标题为"平均成绩"。首先选中第 6 行，在"开始"选项卡下，单击鼠标右键，选择"插入"命令进行操作，可插入一行单元格，并在 A6 单元格中输入"平均成绩"，用"格式刷"刷新表格格式，如图 1-16、图 1-17 所示。

图 1-16 插入一行单元格

图 1-17 输入标题"平均成绩"

5. 删除单元格

删除"物理"右侧一列。首先选中 G 列，鼠标右键单击，选择"删除"命令，即可删除 G 列，如图 1-18 所示。

图 1-18　删除一列单元格

6. 保存工作簿

"学生信息表""学生成绩表"建立完成后，单击"文件"选项中的"另存为"，将工作簿以"实验案例 1.1.2"命名，并存放于桌面"my name class"文件夹中。

1.2　Excel 2016 的数据处理与运算

1.2.1　知识点提炼

1. 数据管理

（1）数据排序。

为便于用户快速直观地理解、查找数据，快速、高效进行决策，需要对相关数据进行排序，Excel 可以对文本、数字、时间、日期、空白单元格等进行排序，最常用的排序方式有以下四种。

1）默认排序。数字一般按从最小的负数到最大的正数进行排序；日期一般按最早的日期到最晚的日期进行排序；字母一般按从左到右的顺序逐字符排序；空白单元格无论按升序还是降序排，总是排在最后的位置。

2）升序、降序。首先选择数据区域，在 Excel 菜单里打开"开始"选项卡，选择"排序和筛选"功能组，在其下拉菜单中选择"升序"或"降序"命令，即可完成排序，如图 1-19 所示，或者直接在 Excel 菜单里打开"数据"选项卡，选择"排序和筛选"功能组的"排序"命令，可升序也可降序。

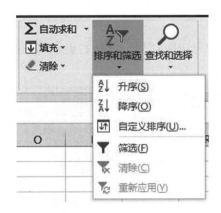

图1-19 "开始"选项卡中选择"升序"或"降序"命令

3）自定义排序。首先选择数据区域，直接在 Excel 菜单里选择"开始"选项卡，执行"排序和筛选"中的"自定义排序"命令，或者直接在 Excel 菜单里选择"数据"选项卡，执行"排序和筛选"中的"排序"命令，即可出现如图 1-20 所示的"排序"对话框，按关键字进行排序。

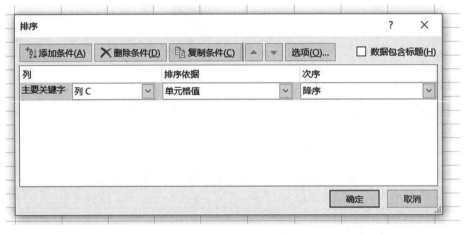

图1-20 "排序"对话框

4）利用筛选工具进行排序。首先选择数据区域，可以选择多行，也可以只选择标题行区域，默认是选择区域第一行为标题行，对下面数据（不空行）进行筛选。直接在 Excel 菜单里选择"开始"选项卡，执行"排序和筛选"中的"筛选"命令，或者直接在 Excel 菜单里选择"数据"选项卡，执行"排序和筛选"中的"筛选"命令，如图 1-21 所示，单击"筛选"后，就会在标题栏出现下拉框按钮，单击所要排序行的下拉框，选择"升序"或"降序"命令进行相关排序操作，如图 1-22 所示。

图 1-21 "数据"选项卡下选中"筛选"命令

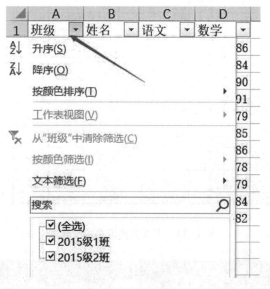

图 1-22 筛选排序

(2) 数据分类汇总。

在运用 Excel 对数据进行分类计算时，往往需要对数据进行分类汇总，这就需要根据表格中某列数据字段对所选数据进行分类汇总。汇总包括求和、记数、最大值、最小值、乘等，以帮助管理人员进行决策。它操作起来更为简单，也更明确，并且可以直接在数据区域中插入汇总行，从而可以同时看到数据明细和汇总。

1) 创建分类汇总。选择工作表中某列的任意单元格，如图 1-23 所示，执行"数据"选项卡下"排序和筛选"功能组中的"升序"或"降序"命令，对数据进行排序，如图 1-24 所示，再执行"数据"选项卡下"分级显示"功能组中的"分类汇总"命令。在弹出的"分类汇总"对话框中，将"分类字段"设置为"销售网点"，然后勾选"选定汇总项"列表框中的"销售网点"和"金额"选项，如图 1-25 所示，单击"确定"按钮，结果如图 1-26 所示。

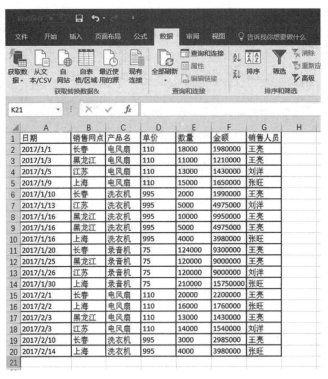

图1-23 需要分类汇总的工作表

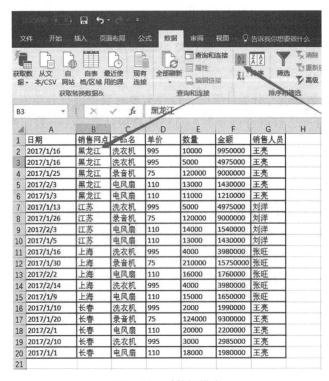

图1-24 对数据排序

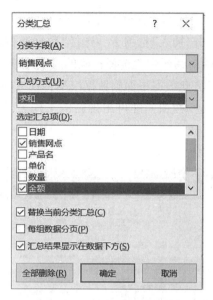

图 1-25 "分类汇总"对话框

		A	B	C	D	E	F	G	H
	1	日期	销售网点	产品名	单价	数量	金额	销售人员	客户
	2	2017/1/16	黑龙江	电子琴	995	10000	9950000	李萍	中东商城
	3	2017/1/16	黑龙江	电子琴	995	5000	4975000	李萍	中东商城
	4	2017/1/25	黑龙江	录音机	75	120000	9000000	李萍	吉祥集团
	5	2017/2/3	黑龙江	电风扇	110	13000	1430000	李萍	吉祥集团
	6	2017/2/25	黑龙江	录音机	75	120000	9000000	李萍	吉祥集团
	7	2017/3/8	黑龙江	电风扇	110	13000	1430000	李萍	吉祥集团
	8	2017/3/31	黑龙江	电子琴	995	10000	9950000	李萍	中东商城
	9	2017/4/3	黑龙江	录音机	75	120000	9000000	李萍	吉祥集团
	10	2017/1/3	黑龙江	电风扇	110	11000	1210000	李萍	中东商城
	11	黑龙江 汇总				0	55945000		
	22	江苏 汇总				0	52000000		
	35	上海 汇总				0	83520000		
	11	长春 汇总				0	10530000		
	45	总计				0	209995000		

图 1-26 分类汇总结果

在显示分类汇总结果的同时,分类汇总表的左侧自动显示一些分级显示按钮,比如图 1-26 中的 — 表示折叠细节,单击此按钮可以隐藏分级显示的信息;+ 表示展开细节,单击此按钮可以显示分级显示的信息;1 表示 1 级别,单击此按钮只显示总的汇总结果,即总计数据;2 表示 2 级别,单击此按钮只显示部分数据及其汇总结果;3 表示 3 级别,单击此按钮显示全部数据。

2)取消分类汇总。创建分类汇总后,单击"数据"选项卡,单击"分级显示"功能组中的"取消组合"按钮,在其下拉菜单中选择"清除分级显示"命令,即可取消已设置的分类汇总效果。

(3)数据透视表。

在对数据进行分类计算时,除了使用分类汇总命令外,还可以使用数据透视表。使用数据透视表可以深入分析数值数据,从不同角度回答一些预计不到的数据问题。比如记录数量众多、以账形式记录、结构复杂的工作表,为了将其中的一些内在规律显现出来,可将工作表重新组合并添加算法，即可通过建立数据透视表的方式进行归类整理。

首先打开 Excel 表格，单击"插入"选项卡，选择"数据透视表"或"推荐的数据透视表"，在打开的"创建数据透视表"的对话框中，选择正确的表或区域，或者根据需要选择"新工作表"或"现有工作表"，如果想将此数据添加到数据模型，在方框内选对勾，如图 1-27 所示。所有选项选择完毕，单击"确定"按钮，即可出现新的工作表，选中目标选项，此例中选择"销售人员""产品名""单价""数量"，右下角会显示行、列、值的变动情况，同时生成数据透视表，单击任意单元格，右边字段消失，如图 1-28、图 1-29 所示。

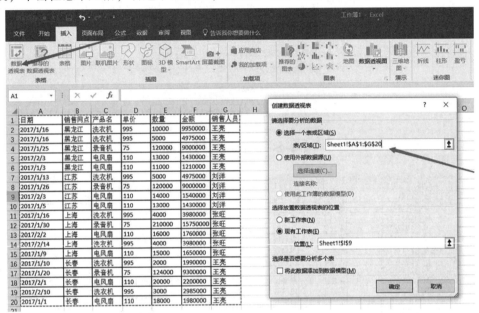

图 1-27　创建"数据透视表"对话框

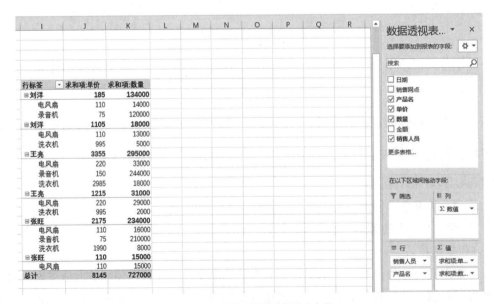

图 1-28　设置"数据透视表"字段

行标签	求和项:单价	求和项:数量	求和项:金额
⊟刘洋	185	134000	10540000
电风扇	110	14000	1540000
录音机	75	120000	9000000
⊟刘洋	1105	18000	6405000
电风扇	110	13000	1430000
洗衣机	995	5000	4975000
⊟王亮	3355	295000	39840000
电风扇	220	33000	3630000
录音机	150	244000	18300000
洗衣机	2985	18000	17910000
⊟王亮	1215	31000	5180000
电风扇	220	29000	3190000
洗衣机	995	2000	1990000
⊟张旺	2175	234000	25470000
电风扇	110	16000	1760000
录音机	75	210000	15750000
洗衣机	1990	8000	7960000
⊟张旺	110	15000	1650000
电风扇	110	15000	1650000
总计	8145	727000	89085000

图1-29 "数据透视表"创建完成

2. 公式运算

在Excel中，公式是在工作表中对数据进行分析和运算的等式，是工作表的数据计算中必不可少的一部分，是单元格中一系列值、单元格引用、名称或运算符的组合。它可以对工作表数值进行加法、减法和乘法等运算。公式运算时可以引用同一工作表中的其他单元格、同一工作簿不同工作表中的单元格，或者其他工作簿的工作表中的单元格。

（1）公式的创建与编辑。

Excel公式通常由三部分组成：等号(=)、参与计算的元素(运算数)、运算符。在单元格中输入公式时，与输入文字型数据相似，但输入公式应以"="号开头，再输入公式的表达式。在完成公式的输入后，按〈Enter〉键，单元格中显示公式计算的结果，编辑栏中显示具体输入的公式。若需要在单元格中显示公式，则可通过执行"公式"选项卡中的"显示公式"命令。当需要对已输入的公式进行修改时，其方法与编辑单元格数据相似，有直接在单元格中修改和在编辑栏中修改两种方法。

（2）运算符。

公式中常用的运算符包括算术运算符、比较运算符、文本连接运算符和引用运算符。

1）算术运算符用于完成基本的数学运算，包括+(加号)、-(减号)、*(乘号)、/(除号)、%(百分号)、^(乘方)等。

2）比较运算符用于完成两个值的比较，若条件成立，则产生逻辑值TRUE或者FALSE，包括=(等号)、>(大于号)、<(小于号)、>=(大于等于号)、<=(小于等于号)、<>(不等号)等。

3）文本连接运算符是指可以将一个或多个文本连接为一个组合文本的运算符号，即使用和号(&)加入或连接一个或更多文本字符串以产生一串文本。比如，在一个Excel表格中在 A1 单元格中输入"assa"、在 B1 单元格中输入"x"、在"C1"单元格中输入"=A1&B1",按〈Enter〉键后 C1 中的内容即为"assax"。

4)引用运算符可以将单元格区域合并计算,主要包括区域运算符、联合运算符和交叉运算符。

冒号":"——区域运算符,对两个引用之间包括两个引用在内的所有单元格进行引用,如 SUM(B5:C10),表示计算 B5 到 C10 的连续 12 个单元格之和。

逗号","——联合运算符,可将多个引用合并为一个引用,如 SUM(B5:B10,D5:D10),表示计算 B 列、D 列共 12 个单元格之和。

空格——交叉运算符,取多个引用的交集为一个引用,该操作符在取指定行和列数据时很有用,如 SUM(B5:B10 A6:C8),表示计算 B6 到 B8 三个单元格之和。

如果公式中同时用到了多个运算符,Excel 将按一定的顺序(优先级由高到低)进行运算,相同优先级的运算符,将从左到右进行计算。优先级由高到低依次为:引用运算符、负号、百分比、乘方、乘除、加减、连接运算符、比较运算符。

(3)单元格引用。

单元格引用是指在工作表中对单元格或单元格区域的引用,以获取公式中所使用的数值或数据。粘贴公式时,结合单元格引用,可实现不同的效果和目的,单元格引用主要包括相对引用、绝对引用和混合引用。

1)相对引用。相对引用是包含公式的单元格与被引用的单元格之间的位置是相关的,但是其对单元格的引用是完全相对的,当引用单元格的公式被复制时,新公式引用的单元格的位置将会发生改变,引用格式形如"A1"。例如:在单元格 A1 至 A5 中输入数值 1~5,在单元格 B1 中输入公式"=A1*2",把 B1 单元格中的公式分别复制到 B2 至 B5,则会发现 B2 至 B5 单元格中的结果均等于对左侧单元格的数值乘以 2,如图 1-30 所示。

2)绝对引用。绝对引用是在公式中引用的单元格的地址与公式所在的单元格的位置无关,即被引用的单元格的地址不随着所在单元格的位置变化而变化,引用格式形如"＄A＄1"(注:可用快捷键 F4 切换)。例如:在单元格 A1 至 A5 中输入数值 1~5,在单元格 B1 中输入公式"=＄A＄1*2",把 B1 单元格中的公式分别复制到 B2 至 B5,则会发现 B2 至 B5 单元格中的结果均等于 A1 单元格的数值乘以 2,如图 1-31 所示。

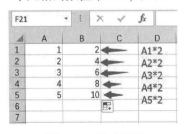

图 1-30 相对引用

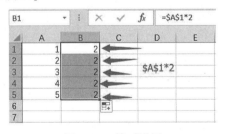

图 1-31 绝对引用

3)混合引用。混合引用是指在引用单元格时,一部分为相对引用,另一部分为绝对引用,引用格式形如"A＄1""＄A1",其对单元格的引用位置不是完全绝对的。"A＄1"是指当引用该单元格的公式被复制时,新公式对列的引用将会发生变化,而对行的引用则固定不变。"＄A1"是指当引用该单元格的公式被复制时，新公式对行的引用将会发生变化，而对列的引用则固定不变。例如：在单元格 A1 至 B5 的区域中输入数值"1，2，3，…，9，10"，在单元格 C1 中输入公式"=＄A1*2"，在单元格 D1 中输入公式"=A＄1*2"，分别向下拉动鼠标使其自动填充数据，得到如图 1-32 所示的结果。

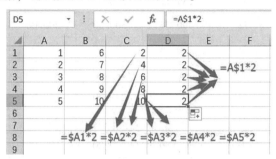

图 1-32　混合引用

3. 函数

Excel 中内置了大量的函数，用户可以方便地完成各种特定的函数计算，每个函数都以函数名称开始，语法格式为"函数名称(参数1，参数2，参数3，…)"。输入函数的方式同输入公式，可以直接输入，也可以通过执行"公式"选项卡下的"插入函数"命令，出现"插入函数"对话框，在该对话框中进行操作。函数类型丰富多样，主要包括数据库函数、日期与时间函数、工程函数、财务函数、信息函数、逻辑函数、文本函数、数学与三角函数、查找与引用函数、统计函数等。在此介绍几种常用的财务函数，具体的操作在后续章节中体现。

(1) NPV 函数：通过使用贴现率及一系列未来支出(负值)和收入(正值)，返回一项投资的净现值。语法格式：NPV(rate，value1，value2，…)。

(2) IRR 函数：返回由数值代表的一组现金流的内部收益率。语法格式：IRR(values，guess)。

(3) PV 函数：返回投资的现值，现值为一系列未来付款的当前值的累积和。例如，借入方的借入款即为贷出方贷款的现值。语法格式：PV(rate，nper，pmt，fv，type)。

(4) FV 函数：基于固定利率及等额分期付款方式，返回某项投资的未来值。语法格式：FV(rate，nper，pmt，pv，type)。

(5) RATE 函数：返回年金的各期利率。RATE 函数通过迭代法计算得出，并且可能无解或有多个解。语法格式：RATE(nper，pmt，pv，fv，type，guess)。

(6) PMT 函数：基于固定利率及等额分期付款方式，返回贷款的每期付款额。语法格式：PMT(rate，nper，pv，fv，type)。

1.2.2　实验案例

建立一个文件名为"案例 1.2.2"的 Excel 工作簿，录入职工工资，如表 1-4 所示，并按下列要求进行操作。

表 1-4 职工工资

部门	姓名	性别	基本工资	奖金	补贴	房租	实发工资
销售部	张一一	M	315.32	253.00	100.00	20.15	
销售部	张宁	F	285.12	230.00	100.00	18.00	
销售部	李欣	M	490.34	300.00	200.00	15.00	
行政部	王璐	M	200.76	100.00	0.00	22.00	
行政部	丁凯	F	580.00	320.00	300.00	10.00	
行政部	开心	M	390.78	240.00	150.00	20.00	
行政部	杨珊	M	500.60	258.00	200.00	15.00	
一车间	陈东	F	300.80	230.00	100.00	10.34	
一车间	周江	F	450.36	280.00	200.00	15.57	
二车间	王涛	M	200.45	100.00	0.00	18.38	

(1)用公式求出实发工资(实发工资=基本工资+奖金+补贴-房租)。

(2)将所有性别为 M 的改为男，F 改为女。

(3)按性别升序、基本工资降序排列。

(4)再按性别进行分类汇总，汇总实发工资。汇总结果放在数据下方。

(5)建立数据透视表。

1.2.3 实验目的

掌握 Excel 2016 的基本运算，包括数据管理、公式和函数计算等操作，提升利用公式、函数计算、处理、分析和管理数据的能力。

1.2.4 实验操作

1. 录入职工工资

建立一个文件名为“案例 1.2.2”的 Excel 工作簿，在工作表中输入相关数据，如图 1-33 所示。

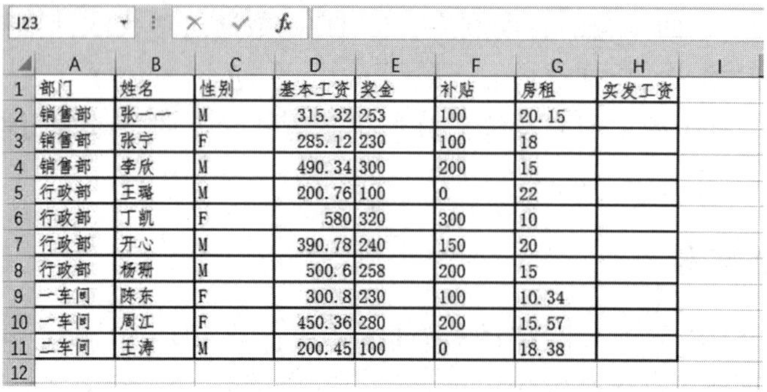

	A	B	C	D	E	F	G	H	I
1	部门	姓名	性别	基本工资	奖金	补贴	房租	实发工资	
2	销售部	张一一	M	315.32	253	100	20.15		
3	销售部	张宁	F	285.12	230	100	18		
4	销售部	李欣	M	490.34	300	200	15		
5	行政部	王璐	M	200.76	100	0	22		
6	行政部	丁凯	F	580	320	300	10		
7	行政部	开心	M	390.78	240	150	20		
8	行政部	杨珊	M	500.6	258	200	15		
9	一车间	陈东	F	300.8	230	100	10.34		
10	一车间	周江	F	450.36	280	200	15.57		
11	二车间	王涛	M	200.45	100	0	18.38		
12									

图 1-33 录入职工工资

2. 用公式求出实发工资

在单元格 H2 中输入"=D2+E2+F2-G2",按〈Enter〉键得到按公式计算的结果,或者单击 H2 单元格,在公式编辑区输入"=D2+E2+F2-G2",单击公式编辑区的"√",也可以得到按公式计算的结果。将鼠标放置于 H2 单元格的右下角,待显示一个黑色小方块图标时,按住填充柄向下拖动,向下填充至 H11,即出现如图 1-34 的结果。

	A	B	C	D	E	F	G	H
1	部门	姓名	性别	基本工资	奖金	补贴	房租	实发工资
2	销售部	张一一	M	315.32	253	100	20.15	648.17
3	销售部	张宁	F	285.12	230	100	18	597.12
4	销售部	李欣	M	490.34	300	200	15	975.34
5	行政部	王璐	M	200.76	100	0	22	278.76
6	行政部	丁凯	F		580	320	300	10	1190
7	行政部	开心	M	390.78	240	150	20	760.78
8	行政部	杨珊	M	500.6	258	200	15	943.6
9	一车间	陈东	F	300.8	230	100	10.34	620.46
10	一车间	周江	F	450.36	280	200	15.57	914.79
11	二车间	王涛	M	200.45	100	0	18.38	282.07

图 1-34 计算实发工资

3. 将所有性别为 M 的改为男,F 改为女

使用快捷键〈Ctrl+F〉,弹出"查找和替换"对话框,单击"替换"按钮,在"查找内容"的文本框中输入"M",在"替换为"后的文本框中输入"男",如图 1-35 所示;同样,将"F"替换为"女",或者手动替换。替换后的结果如图 1-36 所示。

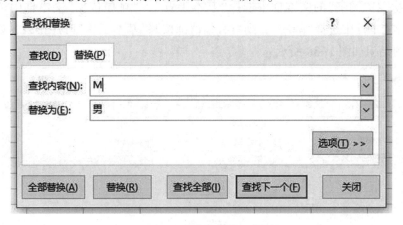

图 1-35 "查找和替换"对话框

部门	姓名	性别	基本工资	奖金	补贴	房租	实发工资
销售部	张一一	男	315.32	253	100	20.15	648.17
销售部	张宁	女	285.12	230	100	18	597.12
销售部	李欣	男	490.34	300	200	15	975.34
行政部	王璐	男	200.76	100	0	22	278.76
行政部	丁凯	女		580	320	300	10	1190
行政部	开心	男	390.78	240	150	20	760.78
行政部	杨珊	男	500.6	258	200	15	943.6
一车间	陈东	女	300.8	230	100	10.34	620.46
一车间	周江	女	450.36	280	200	15.57	914.79
二车间	王涛	男	200.45	100	0	18.38	282.07

图 1-36 替换后的结果

4. 按性别升序、基本工资降序排列

选中整个表格区域,在"开始"选项卡下选择"排序和筛选"组,执行"自定义排序"命令,出现"排序"对话框。首先,在"主要关键字"的文本框中选择"性别"(字段的选择,主要是看分类管理的目的),"排序依据"文本框中选择"单元格值","次序"文本框中选择"升序",则所有数值都按照"性别"升序排列。其次,单击"添加条件",对话框中出现"次要关键字",在"次要关键字"的文本框中选择"基本工资","排序依据"文本框中选择"单元格值","次序"文本框中选择"降序",则所有数值都按照"基本工资"降序排列,如图 1-37 所示。排序后的结果如图 1-38 所示。

图 1-37 "排序"对话框

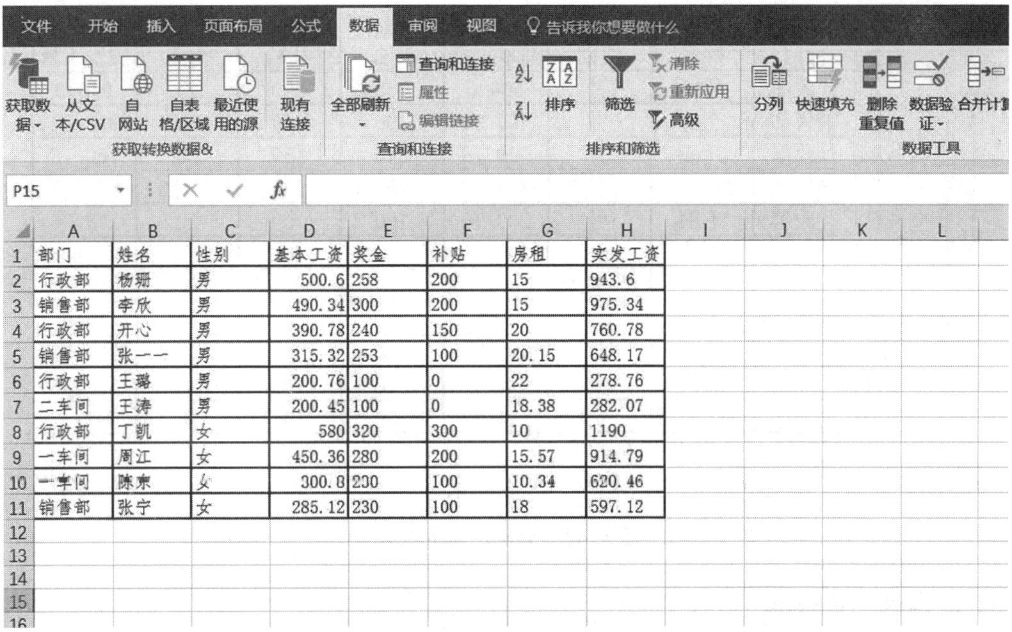

图 1-38 排序后的结果

5. 按性别进行分类汇总，汇总实发工资，汇总结果放在数据下方

选中"职工工资表"，单击"数据"菜单下的"分类汇总"，弹出"分类汇总"对话框，如图 1-39 所示。在"分类字段"下拉菜单中选择"性别"，在"汇总方式"下拉菜单中选择"求和"，在"选定汇总项"选项列表中选择"实发工资"，在"汇总结果显示在数据下方"前的方框内打"√"，单击"确定"按钮，则分类汇总完成，出现图 1-40 所示内容，显示了所有明细和不同性别的实发工资的合计数。

单击图 1-40 中命令按钮"1"，显示所有人员的实发工资总数 7 211.09，同时在左侧出现一个"+"号；单击图 1-40 中命令按钮"2"，显示性别为男的实发工资总数 3 888.72，同时在左侧出现一个"+"号，显示性别为女的实发工资总数 3 322.37。单击命令按钮"+"，可以展开当时处于收缩状态的数据；单击命令按钮"-"，可以将当时处于展开状态的数据进行收缩。

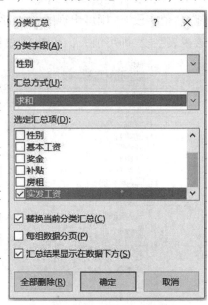

图 1-39 "分类汇总"对话框

	A	B	C	D	E	F	G	H
1	部门	姓名	性别	基本工资	奖金	补贴	房租	实发工资
2	行政部	杨珊	男	500.6	258	200	15	943.6
3	销售部	李欣	男	490.34	300	200	15	975.34
4	行政部	开心	男	390.78	240	150	20	760.78
5	销售部	张一一	男	315.32	253	100	20.15	648.17
6	行政部	王璐	男	200.76	100	0	22	278.76
7	二车间	王涛	男	200.45	100	0	18.38	282.07
8			男 汇总					3888.72
9	行政部	丁凯	女	580	320	300	10	1190
10	一车间	周江	女	450.36	280	200	15.57	914.79
11	一车间	陈东	女	300.8	230	100	10.34	620.46
12	销售部	张宁	女	285.12	230	100	18	597.12
13			女 汇总					3322.37
14			总计					7211.09

图1-40 分类汇总的结果

6. 建立数据透视表

重新建立一个"职工工资表",删除分类汇总,单击"插入"选项卡下的"数据透视表"命令,出现"创建数据透视表"的对话框,选择一个表或区域,即出现数据透视表模板,需要设置数据关系,本例中直接在"数据透视表字段"列表中选择"部门""姓名""基本工资""实发工资",或者直接拖动字段,将"部门""姓名"拖至"行字段",将"基本工资""实发工资"拖至"值字段",则可出现图1-41所示的数据透视图,任意单击某个单元格,右侧的"数据透视表字段"即可消失,如图1-42所示。

图1-41 创建数据透视表   图1-42 数据透视表

数据透视表建立之后,如果数据有更新,选择"数据"菜单下的"全部刷新"命令选项,即可根据外部数据源的变更而更新数据透视表中的数据。

1.3 Excel 2016 的图表管理及分析

1.3.1 知识点提炼

1. 创建图表

Excel 图表是基于工作表中的数据建立起来的,当工作表中的数据改变时,图表也会随之改变。图表可以使数据更加易于阅读,也可以帮助用户分析和比较数据。具体操作时,只需先选择图表数据区域,然后在"插入"菜单下选择"图表",启动"插入图表"向导,在"推荐的图表"选项中可选择"簇状柱形图""堆积柱形图""簇状条形图""堆积条形图""漏斗图""排列图"等,如图 1-43 所示,在"所有图表"选项中,选择"柱形图""条形图""饼图""组合"等,如图 1-44 所示。在图表已经完成的时候,单击图表,在标题栏就会出现"图表工具"选项,包括"设计""格式"两个子选项,其中都含有很多工具,如图 1-45 所示。图表常见要素有:图表标题、X 坐标轴、Y 坐标轴、数据系列、绘图区、图表区、图例等。

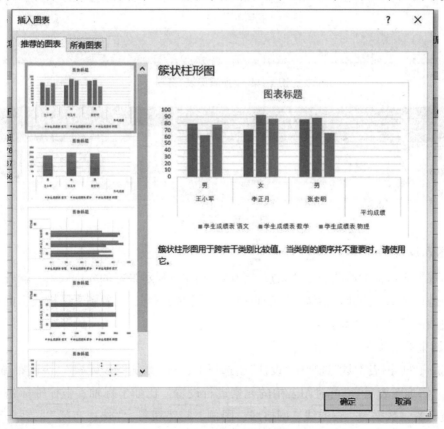

图 1-43 "推荐的图表"选项

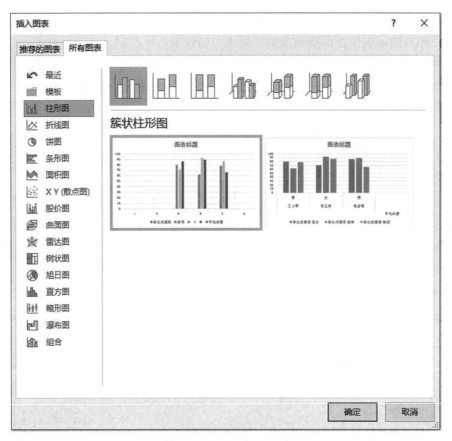

图 1-44 "所有图表"选项

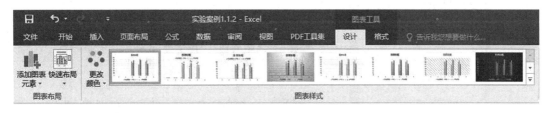

图 1-45 图表工具

2. 图表编辑

在生成图表后，为使图表更加完整、合理、美观、显示最好的分析效果，就需要对已绘制的图表进行编辑，主要包括调整图表布局、调整数据系列、设置图表区格式、更改图表类型、调整图表标签及坐标轴等。

（1）调整图表布局。

在 Excel 的"图表工具"选项中"设计"子选项下，有"添加图表元素""快速布局"两个命令工具。"添加图表元素"可对图表中的元素进行设置，比如坐标轴、坐标轴标题、图表标题、数据标签、数据表、误差线、网格线、图例、趋势线等。"快速布局"主要是设置图表标题、坐标轴标题及图例的位置与格式，下拉箭头用于显示各种可供选择的格式，每一大类的图表都有很多方案可选。选择布局样式之后，可以看到图表立即重新布局。

（2）调整数据系列。

启动 Excel 并打开工作表，选择工作表中的图表。在"设计"选项卡的"数据"组中单击"选择数据"按钮，打开"选择数据源"对话框，如图 1-46 所示，在对话框的"图例项（系列）"列表中选择需要更改的数据源选项，单击"编辑"按钮，打开"编辑数据系列"对话框，在对话框的"系列名称"文本框中输入新系列名称所在的单元格，在"系列值"文本框中输入新系列数据所在的单元格，然后单击"确定"按钮关闭"编辑数据系列"对话框，单击"确定"按钮关闭"选择数据源"对话框。

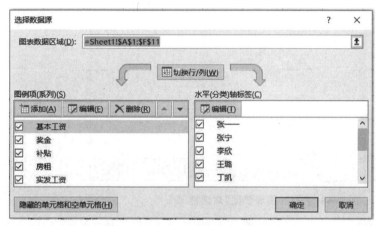

图 1-46　"选择数据源"对话框

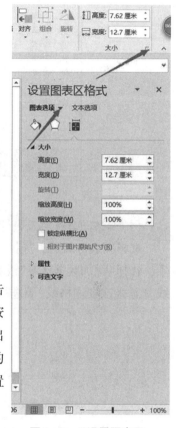

图 1-47　"设置图表区格式"窗格

（3）设置图表区格式。

首先单击图表位置，使图表处在选中状态下，然后单击"格式"选项卡，在"大小"选项组中单击右边的"大小和属性"按钮，或者鼠标右键单击图表，选择"设置图表区格式"，弹出"设置图表区格式"窗格，如图 1-47 所示，单击"图表选项"的下拉列表，选择需要编辑的选项，比如设置坐标轴格式、设置图例格式等。

（4）更改图表类型。

启动 Excel 并打开工作表，在工作表中选择需要更改类型的图表。在"设计"选项卡的"类型"组中单击"更改图表类型"按钮，打开"更改图表类型"对话框，在对话框中选择"所有图表"选项卡，在左侧列表中选择图表分类，在右侧选择需要使用的图表，单击"确定"按钮关闭"更改图表类型"对话框，如图 1-48 所示。

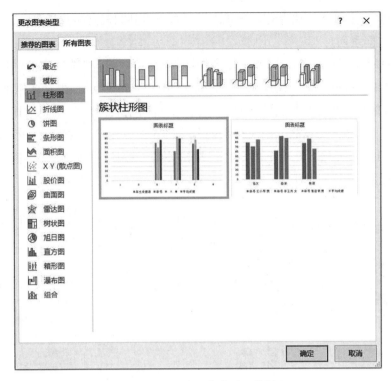

图 1-48 "更改图表类型"对话框

（5）调整图表标签及坐标轴。

选择图表区域后，选择"数据系列"，右键单击"数据系列"，出现如图 1-49 所示的选项，选择"添加数据标签"或者"添加趋势线"，右键单击 X、Y 坐标轴，选择"添加主要网格线""添加次要网格线"等进行调整设置。

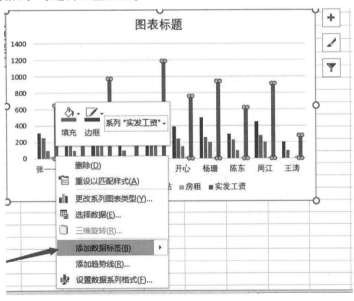

图 1-49 图表标签及坐标轴的调整

1.3.2 实验案例

某公司 2020 年费用统计如表 1-5 所示，进行如下操作并以文件名"案例 1.3.2.xls"保存在"my name class"文件夹中。

实验案例 1.3.2

表 1-5 费用统计表

费用	第 1 季度	第 2 季度	第 3 季度	第 4 季度	合计
直接人工	25 000	28 000	10 000	15 000	78 000
直接材料	28 000	30 000	35 000	40 000	133 000
其他费用	25 000	16 000	17 500	20 000	78 500
合计	68 000	74 000	62 500	75 000	289 500

（1）在当前工作表中绘制簇状柱形图、折线图、饼图、簇状条形图，横坐标为季度，纵坐标为费用数额，图表标题为"2020 年费用统计表"。

（2）为簇状柱形图设置图例格式：图例位置靠右，图表标题格式为 14 号、红色、隶书，横坐标和纵坐标格式为逆序排列。

（3）文件按原路径存盘。

1.3.3 实验目的

掌握创建不同类型图表的方法，比如簇状柱形图、折线图、饼图、簇状条形图，掌握不同类型图表的基本编辑操作，比如图例格式、图表标题格式、坐标轴格式的设置等。

1.3.4 实验操作

1. 绘制簇状柱形图、折线图、饼图、簇状条形图

（1）绘制簇状柱形图。

创建一个工作簿，并建立"2020 年费用统计表"，选择图表数据区域 A1:E4，然后在"插入"菜单下选择"图表"，启动"插入图表"向导，在"推荐的图表"选项中选择"簇状柱形图"，或者在"所有图表"选项中选择"簇状柱形图"，单击"确定"按钮，将图表标题设置为"2020 年费用统计表"，如图 1-50 所示。

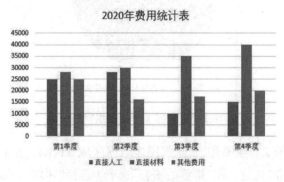

图 1-50 簇状柱形图

(2)绘制折线图。

创建一个工作簿,并建立"2020年费用统计表",选择图表数据区域 A1:E4,然后在"插入"菜单下选择"图表",启动"插入图表"向导,在"推荐的图表"选项中选择"折线图",或者在"所有图表"选项中选择"折线图",单击"确定"按钮,将图表标题设置为"2020年费用统计表",如图1-51所示。

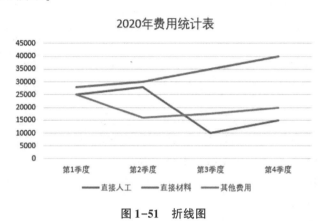

图 1-51　折线图

(3)绘制饼图。

与其他图形不同的是,饼图可以比较形象地显示各组成部分所占比例,在图形创建时,也有着显著的不同,本例中需要按照每个季度分别绘制每个季度的饼图。创建一个工作簿,并建立"2020年费用统计表",选择图表数据区域 A1:B4,然后在"插入"菜单下选择"图表",启动"插入图表"向导,在"推荐的图表"选项中选择"饼图",或者在"所有图表"选项中选择"饼图",单击"确定"按钮,将图表标题设置为"第1季度费用",如图1-52所示。

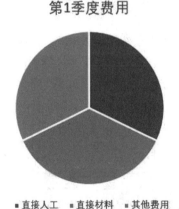

图 1-52　"第 1 季度费用"饼图

在 Sheet2 中建立"第 2 季度费用",选择图表数据区域 A1:B4,然后在"插入"菜单下选择"图表",启动"插入图表"向导,在"推荐的图表"选项中选择"饼图",或者在"所有图表"选项中选择"饼图",单击"确定"按钮,将图表标题设置为"第 2 季度费用",如图 1-53 所示。

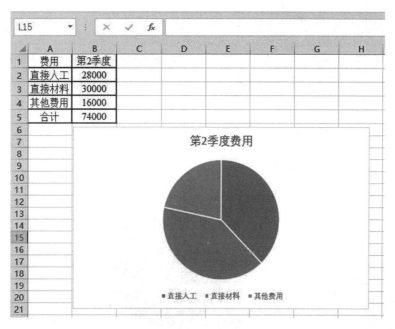

图 1-53 "第 2 季度费用"饼图

在 Sheet3 中建立"第 3 季度费用",选择图表数据区域 A1：B4,然后在"插入"菜单下选择"图表",启动"插入图表"向导,在"推荐的图表"选项中选择"饼图",或者在"所有图表"选项中选择"饼图",单击"确定"按钮,将图表标题设置为"第 3 季度费用",如图 1-54 所示。

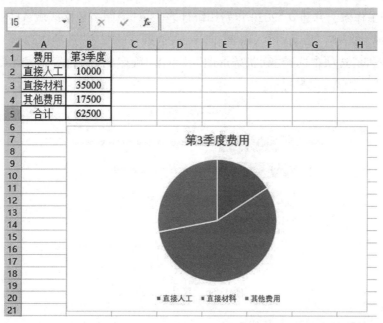

图 1-54 "第 3 季度费用"饼图

在 Sheet4 中建立"第 4 季度费用",选择图表数据区域 A1：B4,然后在"插入"菜单下选择"图表",启动"插入图表"向导,在"推荐的图表"选项中选择"饼图",或者在"所有图表"

选项中选择"饼图",单击"确定"按钮,将图表标题设置为"第 4 季度费用",如图 1-55 所示。

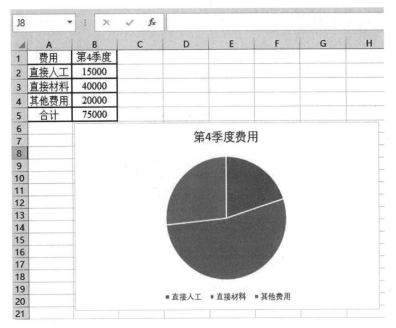

图 1-55 "第 4 季度费用"饼图

(4)绘制簇状条形图。

创建一个工作簿,并建立"2020 年费用统计表",选择图表数据区域 A1:E4,然后在"插入"菜单下选择"图表",启动"插入图表"向导,在"推荐的图表"选项中选择"簇状条形图",或者在"所有图表"选项中选择"簇状条形图",单击"确定"按钮,将图表标题设置为"2020年费用统计表",如图 1-56 所示。

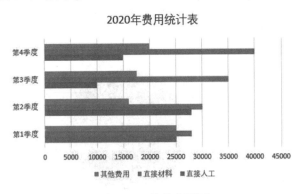

图 1-56 簇状条形图

2. 为簇状柱形图设置图例格式

首先单击图表位置,使图表处于选中状态,然后单击"格式"选项卡,在"大小"选项组中单击右边的"大小和属性"按钮,或者鼠标右键单击图表,选择"设置图表区格式",弹出"设置图表区格式"窗格,选中图例,在"图例位置"下选择"靠右",如图 1-57 所示。

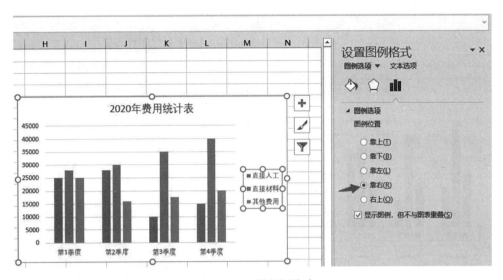

图 1-57　设置图例格式

选中图表标题"2020 年费用统计表",自动出现字体格式对话框,分别选择 14 号、红色、隶书即可,如图 1-58 所示。

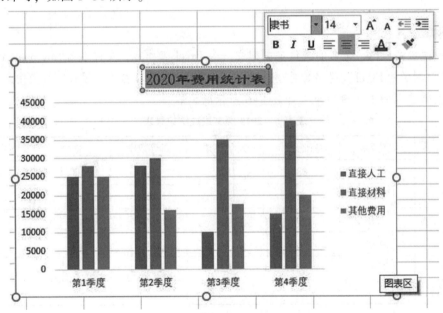

图 1-58　设置图表标题格式

设置横坐标、纵坐标格式,首先单击坐标轴位置,使坐标轴处于选中状态,单击右键,执行"设置图表区格式"命令,弹出"设置图表区格式"窗格,选择"设置坐标轴格式",在"坐标轴选项"处的"逆序类别"前的方框内打勾,如图 1-59 所示。

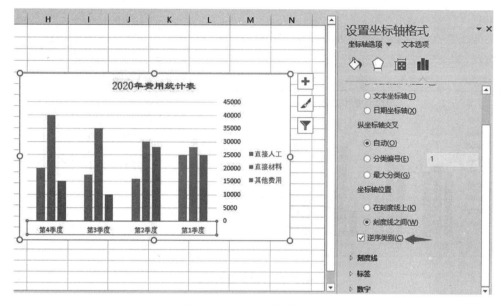

图1-59 设置坐标轴格式

课后习题

1. 在以"姓名+班级"命名的文件夹中建立一个 Excel 工作簿，文件名为"my name class.xls"（例如：张三同学的 Excel 文件名称是"张三财管19-1班.xls"），按下列要求进行操作。

(1) 在刚建立的工作簿中录入如表1-6所示的内容。

表1-6 2019级某班成绩记录表

学号	姓名	基础会计	大学英语	高等数学	总分	平均分
23001	张三	88	82	94		
23002	李四	47	89	72		
23003	王五	90	54	96		
23004	赵六	76	74	80		
23005	周七	67	62	50		
单科平均分						

(2) 标题行跨列合并居中，表格线内文字为绿色、对齐方式与图表一致，总分、平均分、单科平均分用公式计算出来。

(3) 加表格线，栏宽自定。设置为 A4 页面竖放，页边距均为 3 cm。表格总宽度正好置于 A4 页面左右边距内。

(4) 设置条件格式，使不及格的成绩以红色显示。

(5) 创建一个柱状图表，横轴为学生姓名，纵轴为成绩，数据源为姓名和各科成绩。

2. 在以"姓名+班级"命名的文件夹中建立一个 Excel 工作簿，文件名为"my name class.xls"（例如：张三同学的 Excel 文件名称是"张三财管19-1班.xls"），按下列要求操作。

(1)在刚建立的工作簿中录入如表1-7所示的内容。

表1-7　某篮球运动员2020年3月技术统计

日期	对手	出场时间	得分	篮板	盖帽
4日	93-96 湖人	37	33	8	1
6日	112-109 森林狼	32	27	6	0
8日	101-98 小牛	38	29	10	3
10日	90-85 快船	32	19	10	2
12日	97-86 黄蜂	28	17	9	2
14日	88-80 灰熊	34	17	11	3
16日	97-99 太阳	44	29	19	6
	平均				
	合计				

(2)将标题"某篮球运动员2020年3月技术统计"(第一行)加粗，字号12，合并居中。

(3)用函数计算该篮球运动员平均出场时间、得分、篮板和盖帽，保留2位小数；用函数计算合计值(不含平均值)。

(4)插入图表，选择簇状柱形图，数据区域为A2：F9，系列产生在列，图表标题为"技术统计图"。

(5)图放在A13：F25区域；把Sheet1改名为"技术统计表"。

3. 在以"姓名+班级"命名的文件夹中建立一个Excel工作簿，文件名为"my name class.xls"(例如：张三同学的Excel文件名称是"张三财管19-1班.xls")，按下列要求操作。

(1)在刚建立的工作簿中录入如表1-8所示的内容。

表1-8　班级分数统计表

学号	姓名	性别	经济数学	财务会计	大学英语	平均分
17107	陈壹	男	74	92	92	
17109	陈贰	男	88	80	104	
17111	陈叁	男	92	86	108	
17113	林坚	男	79	78	82	
17128	陈晓立	女	116	106	78	
17134	黄小丽	女	102	88	120	

(2)表格中所有数据水平居中显示，并统计每名学生平均分。

(3)按性别进行分类汇总，统计不同性别学生的经济数学、财务会计、大学英语平均分。

(4)按经济数学成绩从低到高排序。

(5)筛选出所有财务会计成绩大于80分、经济数学成绩大于等于80分的姓陈的学生。

(6)为表格A1：G7区域加上内、外边框线。

第2章

财务管理的价值观念

学习目标

- 掌握单利、复利、年金的计算。
- 理解收益与风险的均衡观念。
- 掌握收益与风险的衡量。

案例导入

24美元买下曼哈顿

1626年,Peter Minuit 花了大约24美元从印第安人手中买下了曼哈顿岛。到2000年1月1日,曼哈顿岛的价值已经达到了约2.5万亿美元。以24美元买下曼哈顿,Peter Minuit 无疑占了一个天大的便宜。

但是,如果转换一下思路,Peter Minuit 也许并没有占到便宜。如果当时的印第安人拿着这24美元去投资,按照11%(美国近70年股市的平均投资收益率)的投资收益计算,到2000年,这24美元将变成238万亿美元,远远高于曼哈顿岛价值的2.5万亿美元。这么看来,Peter Minuit 是吃了一个大亏。

是什么神奇的力量让资产实现了如此巨大的倍增?是复利。长期投资的复利效应将实现资产的翻倍增值。

爱因斯坦就说过,"宇宙间最大的能量是复利,世界的第八大奇迹是复利"。一个不大的基数,以一个即使很微小的量增长,假以时日,都将膨胀为一个庞大的天文数字。那么,即使以24美元为起点,经过一定的时间之后,就可以买得起曼哈顿这样的超级岛屿。

(资料来源:《福布斯》杂志,1996年1月22日)

讨论:

(1)Peter Minuit 是占了一个天大的便宜还是吃了一个大亏?

(2)复利是什么?

2.1 货币时间价值——单利和复利计算

2.1.1 知识点提炼

1. 货币时间价值概述

(1) 货币时间价值的含义。

货币时间价值是指货币经历一定时间的投资和再投资所增加的价值,也称为资金时间价值。在理解货币时间价值时要注意把握四点:第一,货币时间价值是指增量,一般以增值率表示;第二,必须投入生产经营过程才会增值;第三,需要持续或多或少的时间才会增值;第四,货币总量在循环和周转中按几何级数增长,即需按复利计算。

(2) 计算货币时间价值的作用。

由于货币随时间的延续而增值,现在的 1 元和将来的 1 元经济价值不相等,因此不同时点上的货币收支不宜直接比较,必须将它们换算到相同的时点上,才能进行大小的比较和有关计算。由于货币随时间的增长过程与利息的增值过程在数学上相似,因此在换算时广泛使用计算利息的方法,包括单利制和复利制两种。在财务管理决策中,通常采用复利制计算。

2. 货币时间价值的计算

时间价值的计算要涉及若干基本概念,包括本金、利率、终值、现值、年金、单利、复利等。本金是指能够带来时间价值的资金投入,即投资额,本金是产生时间价值的基础。利率是指本金在一定时期内的价值增值额占本金的百分比,通常记作 i。终值又称将来值或本利和,是指本金在未来某一时点上的价值,通常记作 F。现值是指未来某一时点上的一定量现金折合到现在的价值,通常记作 P。折现现值的过程称为贴现,贴现所运用的利率称为贴现率。

(1) 单利计算。

单利制是指仅就本金在贷款期限中获得利息,每期所生利息均不加入本金重复计算下一期的利息。单利计息方式下,每期都按初始本金计算利息,当期利息即使不取出也不计入下期的计息基础,每期的计息基础不变。现行的银行存款计息方法采用的就是单利计息法。

单利利息计算公式为:

$$I = P \times i \times n$$

单利终值计算公式为:

$$F = P + P \times i \times n = P \times (1 + i \times n)$$

单利现值计算公式为:

$$P = F - I = F/(1 + i \times n)$$

式中,P 表示本金,又称期初额或现值;i 表示利率,通常指每年利息与本金之比;I 表示利息;F 表示本金与利息之和,又称本利和或终值;n 表示时间。

(2) 复利计算。

复利制是指每期所生利息均加入本金重复计算下一期的利息。复利计息方式下，每期都以上期期末的本利和作为当期的计息基础，即通常说的"利上加利"或"利滚利"，不仅要对初始本金计息还要对上期已经产生的利息再计息，每期的计息基础都在变化。

1) 复利终值。

复利终值是指本金在约定的期限内获得利息后，将利息加入本金再计利息，逐期滚算到约定期末的本金之和。复利终值计算公式为：

$$F = P(1+i)^n$$

其中，$(1+i)^n$ 被称为复利终值系数或1元的复利终值，用符号 $(F/P, i, n)$ 表示。

2) 复利现值。

复利现值是指在计算复利的情况下，要达到未来某一特定的资金金额，必须投入的本金。复利现值计算公式为：

$$P = F(1+i)^{-n}$$

其中，$(1+i)^{-n}$ 称为复利现值系数，或称1元的复利现值，用 $(P/F, i, n)$ 表示。

3) 复利利息。

复利利息的计算公式为：

$$I = F - P = P(1+i)^n - P$$

3. 货币时间价值的函数

在财务管理中，货币时间价值的计算均可以用 PV、FV 和 PMT 等函数来进行。FV、PV、PMT、NPER、RATE 函数的具体形式如下。

FV 函数：FV(rate, nper, pmt, pv, type)。

PV 函数：PV(rate, nper, pmt, fv, type)。

PMT 函数：PMT(rate, nper, pv, fv, type)。

NPER 函数：NPER(rate, pmt, pv, fv, type)。

RATE 函数：RATE(nper, pmt, pv, fv, type, guess)。

其中，rate 为每期利率；nper 为该项投资(或贷款)的付款期总数；pmt 为年金，为各期所应支付(或得到)的金额，其数值在整个年金期间(或投资期内)保持不变，如果省略 pmt 参数，则必须包含 pv 参数；pv 为现值，即从该项投资(或贷款)开始计算时已经入账的款项，如果省略 pv 参数，即假设其值为零，也必须包含 pmt 参数；fv 为终值，唯一选择性参数，如果此参数省略，则假设其值为 0；type 为年金类型，用以指定各期的付款时间是在期初还是在期末，如果为 0 或者缺省此值，表明期末付款，即普通年金或后付年金，如果为 1，表明期初付款，即先付年金；guess 为预期(猜测)利率，如果省略预期利率，则假设该值为 10%。

在参数的使用上，若为付出的金额，则需以负数表示；如为收入，则以正数表示。

2.1.2 实验案例

【案例2-1】计算单利终值、现值、利息。海通有限责任公司有一笔存款,资金额为120 000元,利率为2.75%,存入某银行,准备存5年,假设按单利计算,试计算该笔资金5年后到期时利息、到期终值以及该资金的现值。

实验案例2-1

【案例2-2】计算复利现值。海通有限责任公司计划在5年后获得一笔资金1 000 000元,假设年投资报酬率为10%,按复利计算,问:现在应该一次性投入多少资金?

实验案例2-2

【案例2-3】计算复利终值及利息。海通有限责任公司向银行借款1 000万元,年利率8%,期限5年,到期一次还本付息。假设按复利计算,问:5年后应偿还多少万元?其中有多少是利息?

2.1.3 实验目的

掌握运用Excel 2016进行资金的货币时间价值,包括单利终值、单利现值、复利终值、复利现值以及利息的计算。

实验案例2-3

2.1.4 实验操作

1.【案例2-1】的操作步骤

创建一个工作簿,在工作表中输入"本金""利率""期数""终值""现值""利息"数据。在单元格B5或编辑栏中输入公式"=B2+B2*B3*B4",按〈Enter〉键得到如图2-1所示的终值结果。"现值"单元格中的数额即为本金数额。在单元格B7或编辑栏中输入公式"=B5-B6",按〈Enter〉键得到如图2-1所示的利息结果。

	A	B
1	单利计算	
2	本金	120000
3	利率	2.75%
4	期数	5
5	终值	136500
6	现值	120000
7	利息	16500

图2-1 计算单利终值、现值、利息

单利现值的计算与单利终值的计算是互逆的,本例中的单利现值即为本金。由于本例是单利计算,相对比较简单,故在此仅介绍公式法。

2.【案例2-2】的操作步骤

(1)公式法计算。

创建一个工作簿,在工作表中输入"现值""利率""期数""终值"数据。在单元格B2或编辑栏中输入公式"=B5/(1+B3)^B4",按〈Enter〉键得到如图2-2所示的现值结果,"现值"

单元格中的数额即为本金数额。

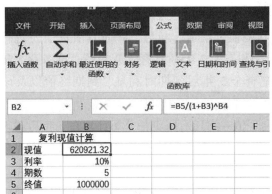

图 2-2　公式法计算复利现值

（2）函数法计算。

创建一个工作簿，在工作表中输入"现值""利率""期数""终值"数据。在"公式"菜单下，调用 PV 函数，输入的各参数如图 2-3 所示，单击"确定"按钮后，编辑栏显示"= PV（B3，B4,,B5）"，B2 单元格显示结果为 -620 921.32 元，或者直接在 Excel 工作表的单元格或编辑栏中录入"= PV（B3，B4,,B5）"，按〈Enter〉键确认，结果自动显示为 -620 921.32 元，如图 2-4 所示。注：结果中出现负数表示现值。

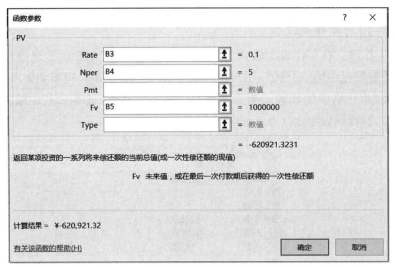

图 2-3　输入函数参数

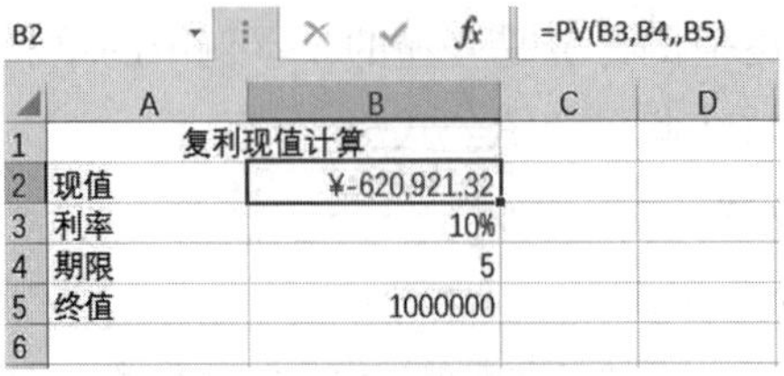

图 2-4　函数法计算复利现值

3. 【案例2-3】的操作步骤

(1) 公式法计算。

创建一个工作簿,在工作表中输入"现值""利率""期数""终值""利息"数据。在单元格 B5 或编辑栏中输入公式"=B2*(1+B3)^B4",按〈Enter〉键得到如图 2-5 所示的终值结果,终值减去现值的差额即为利息金额。

图 2-5　公式法计算复利终值、利息

(2) 函数法计算。

创建一个工作簿,在工作表中输入"现值""利率""期数""终值""利息"数据。在"公式"菜单下,调用 FV 函数,输入的各参数如图 2-6 所示,单击"确定"按钮后,编辑栏显示公式"=FV(B3,B4,,-B2)",B5 单元格显示结果为 1 469.33,或者直接在 Excel 工作表的单元格或编辑栏中录入"=FV(B3,B4,,-B2)",按〈Enter〉键确认,结果自动显示为 1 469.33,利息为终值与现值的差额,如图 2-7 所示。

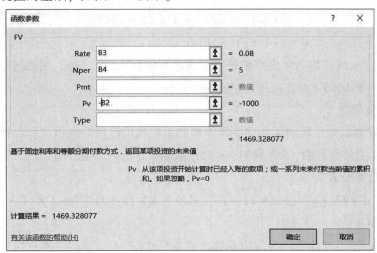

图 2-6　函数参数

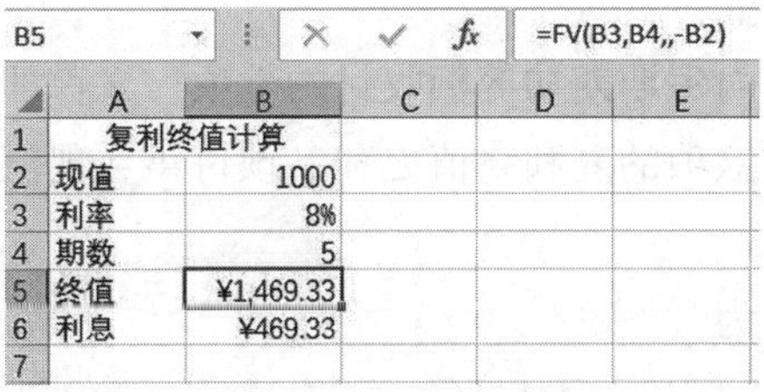

图 2-7　函数法计算复利终值、利息

2.2 货币时间价值——年金计算

2.2.1 知识点提炼

1. 年金定义

年金是指一定时期内每期相等金额的收付款项。折旧、利息、租金、保险费等均表现为年金的形式。年金按付款方式可分为后付年金(普通年金)、预付年金(即付年金)。

2. 年金的计算

(1) 后付年金(普通年金)。

后付年金是指每期期末有等额收付款项的年金,也称为普通年金。在现实经济生活中,这种年金最为常见。

1) 后付年金终值。

后付年金终值犹如零存整取的本利和,它是一定时期内每期期末等额收付款项的复利终值之和,也称为普通年金终值。假设,A 为年金数额,i 为利率,n 为计息期数,F 为年金终值,则后付年金终值的计算公式为:

$$F = A \times (1+i)^0 + A \times (1+i)^1 + A \times (1+i)^2 + \cdots + A \times (1+i)^{n-2} + A \times (1+i)^{n-1}$$
$$= A \times [(1+i)^n - 1]/i$$

式中,$[(1+i)^n - 1]/i$ 称为年金终值系数,通常写作 $(F/A, i, n)$,则后付年金终值的计算公式也可写为 $F = A \times (F/A, i, n)$。

2) 后付年金现值。

后付年金现值是指一定期间每期期末等额的系列收付款项的现值之和,也称为普通年金现值。假设,A 为年金数额,i 为利率,n 为计息期数,F 为年金终值,P 为年金现值,则后付年金现值的计算公式为:

$$P = A \times (1+i)^{-1} + A \times (1+i)^{-2} + \cdots + A \times (1+i)^{-n+1} + A \times (1+i)^{-n}$$
$$= A \times [1 - (1+i)^{-n}]/i$$

式中,$[1-(1+i)^{-n}]/i$ 称为年金现值系数,通常写作 $(P/A, i, n)$,则后付年金现值的计算公式也可写为 $P = A \times (P/A, i, n)$。

(2) 预付年金(即付年金)。

预付年金是指一定时期内每期期初等额收付的款项,又称即付年金。预付年金终值是一定时期内每期期初等额收付款项的复利终值之和。预付年金现值是一定时期内每期期初等额收付款项的复利现值之和。

预付年金终值计算公式为:

$$F = A(1+i) + A(1+i)^2 + \cdots + A(1+i)^n$$
$$= A\{[(1+i)^{n+1} - 1]/i - 1\}$$

$$= A \times (F/A, i, n) \times (1 + i)$$

预付年金现值计算公式为:

$$P = A + A/(1+i) + A/(1+i)^2 + \cdots + A/(1+i)^{n-1}$$
$$= A\{[1 - (1+i)^{1-n}]/i + 1\}$$
$$= A \times (P/A, i, n) \times (1+i)$$

预付年金与后付年金的关系：预付年金的终值各年的 A 比普通年金终值多计算一年利息；预付年金的现值各年的 A 比普通年金现值少折现一年时间。

3. 年金函数

年金函数 PMT，语法为 PMT(rate, nper, pv, fv, type)，是指在已知期数、利率、现值、终值的条件下，返回年金，即投资的每期付款额，包括本金和利息。

年金中的利息函数 IPMT，语法为 IPMT(rate, per, nper, pv, fv, type)，是指在已知期数、利率及现值的条件下，返回投资的每期付款额中所含有的利息。

年金中的本金函数 PPMT，语法为 PPMT(rate, per, nper, pv, fv, type)，是指在已知期数、利率及现值的条件下，返回投资的每期付款额中所含有的本金。函数 PMT、函数 IPMT、函数 PPMT 之间的关系为：PMT=IPMT+PPMT。

此外，还常用到期数函数 NPER，语法为 NPER(rate, pmt, pv, fv, type)；利率函数 RATE，语法为 RATE(nper, pmt, pv, fv, type, guess)。期数函数 NPER 是指返回每期付款金额及利率固定的某项投资或贷款的期数。利率函数 RATE 是指在已知期数、利率及现值的条件下，返回年金的每期利率。

其中，rate 为每期利率；per 用于计算利息的期次，必须介于 1 和付息总次数 nper 之间；nper 为该项投资(或贷款)的付款期总数；pmt 为年金，为各期所应支付(或得到)的金额，其数值在整个年金期间(或投资期内)保持不变，如果省略 pmt 参数，则必须包含 pv 参数；pv 为现值，即从该项投资(或贷款)开始计算时已经入账的款项，如果省略 pv 参数，即假设其值为零，则必须包含 pmt 参数；fv 为终值，唯一选择性参数，如果此参数省略，则假设其值为 0；type 为年金类型，用以指定各期的付款时间是在期初还是在期末，如果为 0 或者缺省此值，表明期末付款，即普通年金或后付年金，如果为 1，表明期初付款，即先付年金；guess 为预期(猜测)利率，如果省略预期利率，则假设该值为 10%。

4. 名义利率与实际利率

在经济分析中，复利计算通常以年为计息周期，但在实际经济活动中，计息周期有半年、季、月、周、日等多种。当利率的时间单位与计息期不一致时，就出现了名义利率和实际利率的概念。实际利率是指计算利息时实际采用的有效利率；名义利率是指计息周期的利率乘以每年计息周期数。通常所说的年利率都是名义利率，如果不对计息期加以说明，则表示 1 年计息 1 次。

设 r 为年名义利率，ι 表示年实际利率，m 表示一年中的计息次数，P 为本金，则计息周期的实际利率为 r/m，一年后本利和为 $F = P \times (1 + r/m)^m$，利息 $I = F - P$，年实际利率 $i = (F - P)/P = (1 + r/m)^m - 1$。

当 $m=1$ 时，实际利率 i 等于名义利率 r；当 $m>1$ 时，实际利率 i 将大于名义利率 r，且 m 越大，二者相差也越大。

2.2.2 实验案例

【案例 2-4】计算后付年金终值。海通有限公司未来 5 年中每年年末向某银行存入 10 000 元，假设存款利率为 8%，请计算第 5 年年末的年金终值。

实验案例 2-4

【案例 2-5】计算预付年金终值。海通有限公司未来 5 年中每年年初向某银行存入 10 000 元，假设存款利率为 8%，请计算第 5 年年末的年金终值。

【案例 2-6】计算后付年金现值。海通有限公司计划现在向某银行存入一笔钱，希望未来 5 年中每年年末得到 10 000 元，假设存款利率为 8%，请计算现在应该存入多少钱。

实验案例 2-6

【案例 2-7】计算预付年金现值。海通有限公司计划现在向某银行存入一笔钱，希望未来 5 年中每年年初得到 10 000 元，假设存款利率为 8%，请计算现在应该存入多少钱。

【案例 2-8】计算后付年金。海通有限公司新租入一条生产线，租金为 40 000 元，假设年利率为 8%，每年年末支付租金，租期为 5 年，请计算每年年末需要支付的租金。

【案例 2-9】计算后付年金中的利息。海通有限公司新租入一条生产线，租金为 40 000 元，假设年利率为 8%，每年年末支付租金 10 018.26 元，租期为 5 年，请计算第二年年末需要支付的租金中的利息。

【案例 2-10】计算后付年金中的本金。海通有限公司新租入一条生产线，租金为 40 000 元，假设年利率为 8%，每年年末支付租金 10 018.26 元，租期为 5 年，请计算第二年年末需要支付的租金中的本金。

【案例 2-11】计算后付年金中的期数。海通有限公司新租入一条生产线，租金为 40 000 元，假设年利率为 8%，每年年末支付租金 10 018.26 元，请计算需要多少年才能支付完租金。

【案例 2-12】计算后付年金中的每期利率。海通有限公司新租入一条生产线，租金为 40 000 元，租期为 5 年，每年年末支付租金 10 018.26 元，请计算支付利率是多少。

实验案例 2-13

【案例 2-13】计算实际利率、月还款额。小王准备购置首套房，计划向某银行申请总额为 1 200 000 元的住房按揭贷款，在 1 年内按月分期等额偿还或等本还款，年利率为 12%，月利率为 1%，请计算小王每月需要偿还多少房贷，并计算实际利率。

2.2.3 实验目的

掌握 Excel 2016 对年金的计算，包括后付年金现值、后付年金终值、预付年金现值、预付年金终值、年金、年金中的利息、年金中的本金、年金中的期数、年金中的利率以及按月付款的计算等，掌握实际利率与名义利率的区别和联系。

2.2.4　实验操作

1.【案例 2-4】的操作步骤

(1)公式法计算。

创建一个工作簿，在工作表中输入“现值(年金)”“利率”“期数”数据，在本例中，每年年末存入的 10 000 元即为后付年金。在单元格 B5 或编辑栏中输入公式“=B2 * ((1+B3)^B4-1)/B3”，按〈Enter〉键得到如图 2-8 所示的后付年金终值。

B5　　fx　=B2*((1+B3)^B4-1)/B3

	A	B	C	D	E
1	年金终值计算				
2	现值（年金）	10000			
3	利率	8%			
4	期数	5			
5	终值	¥58,666.01			
6					
7					

图 2-8　公式法计算后付年金终值

(2)函数法计算。

创建一个工作簿，在工作表中输入“现值(年金)”“利率”“期数”数据，在本例中，每年年末存入的 10 000 元即为后付年金。在“公式”菜单下，调用 FV 函数，输入的各参数如图 2-9 所示，单击“确定”按钮后，编辑栏显示公式“=FV(B3, B4, -B2)”，或者直接在 Excel 工作表的 B5 单元格或编辑栏中录入“=FV(B3, B4, -B2)”，按〈Enter〉键确认，结果如图 2-10 所示。

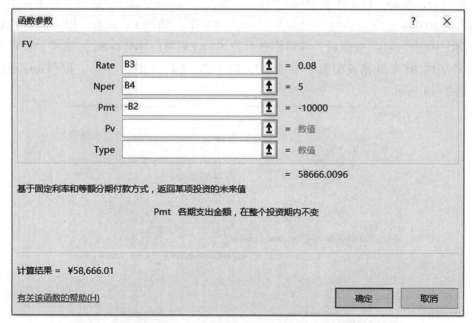

图 2-9　FV 函数计算后付年金终值的参数设置

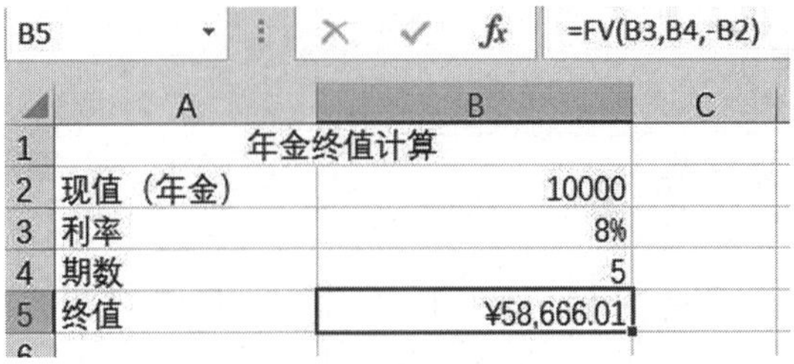

图 2-10　函数法计算后付年金终值

2.【案例 2-5】的操作步骤

(1) 公式法计算。

创建一个工作簿，在工作表中输入"现值(年金)""利率""期数"数据，在本例中，每年年初存入的 10 000 元即为预付年金。在单元格 B5 或编辑栏中输入公式"= B2 * ((1+B3)^B4-1)/B3 * (1+B3)"，按〈Enter〉键得到如图 2-11 所示的预付年金终值。

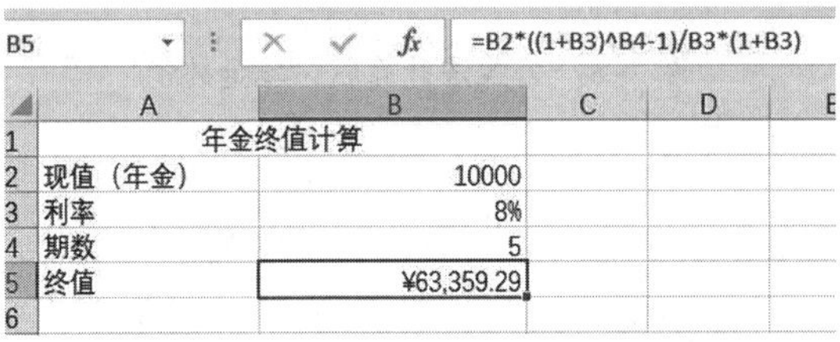

图 2-11　公式法计算预付年金终值

(2) 函数法计算。

创建一个工作簿，在工作表中输入"现值(年金)""利率""期数"数据，在本例中，每年年初存入的 10 000 元即为预付年金。在"公式"菜单下，调用 FV 函数，输入的各参数如图 2-12 所示，单击"确定"按钮后，编辑栏显示公式"= FV(B3，B4，-B2，，1)"，或者直接在 Excel 工作表的 B5 单元格或编辑栏中录入"= FV(B3，B4，-B2，，1)"，按〈Enter〉键确认，结果如图 2-13 所示。

图 2-12　FV 函数计算预付年金终值的参数设置

图 2-13　函数法计算预付年金终值

3.【案例 2-6】的操作步骤

(1) 公式法计算。

创建一个工作簿，在工作表中输入"年金""利率""期数"数据，每年年末得到的 10 000 元即为后付年金。在单元格 B2 或编辑栏中输入公式"= B5 * (1-(1+B3)^(-B4))/B3"，按〈Enter〉键得到如图 2-14 所示的后付年金现值结果。

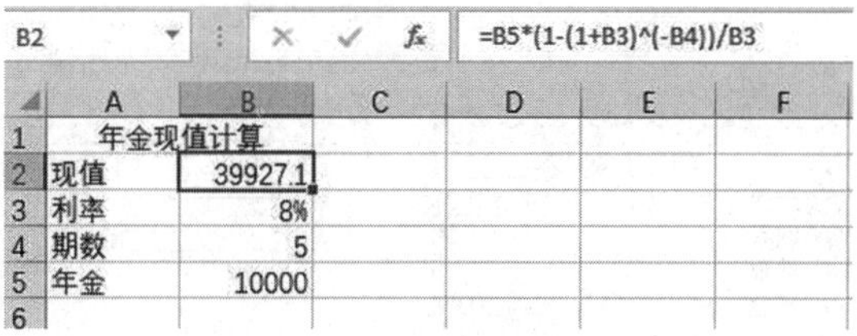

图 2-14　公式法计算后付年金现值

(2) 函数法计算。

创建一个工作簿，在工作表中输入"年金""利率""期数"数据，在本例中，每年末得到的 10 000 元即为后付年金。在"公式"菜单下，调用 PV 函数，输入的各参数如图 2-15 所示，单击"确定"按钮后，编辑栏显示公式"= PV(B3，B4，B5)"，或者直接在 Excel 工作表的 B2 单元格或编辑栏中录入"= PV(B3，B4，B5)"，按〈Enter〉键确认，结果如图 2-16 所示。注：结果中出现负数表示现值。

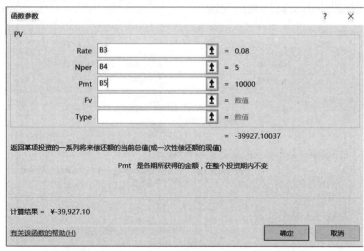

图 2-15　PV 函数计算后付年金终值的参数设置

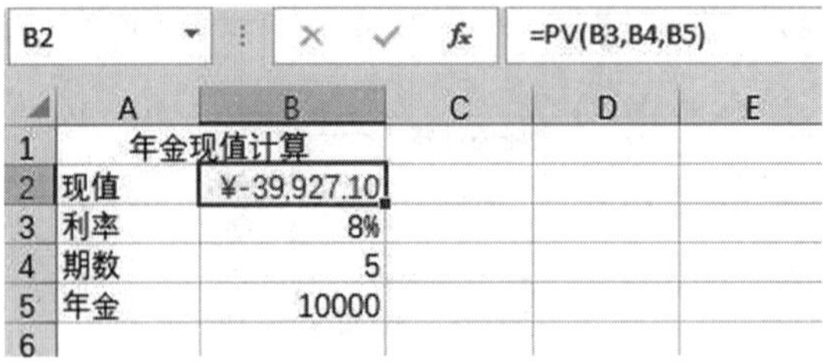

图 2-16 函数法计算后付年金现值

4.【案例 2-7】的操作步骤

(1) 公式法计算。

创建一个工作簿,在工作表中输入"年金""利率""期数"数据,每年年初得到的 10 000 元即为预付年金。在单元格 B2 或编辑栏中输入公式"=B5*(1-(1+B3)^(-B4))/B3*(1+B3)",按〈Enter〉键得到如图 2-17 所示的预付年金现值。

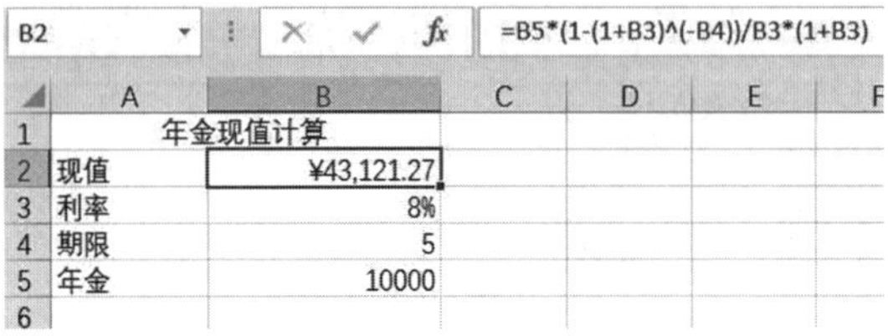

图 2-17 公式法计算预付年金现值

(2) 函数法计算。

创建一个工作簿,在工作表中输入"年金""利率""期数"数据,在本例中,每年年初得到的 10 000 元即为预付年金。在"公式"菜单下,调用 PV 函数,输入的各参数如图 2-18 所示,单击"确定"按钮后,编辑栏显示公式"=PV(B3,B4,B5,,1)",或者直接在 Excel 工作表的 B2 单元格或编辑栏中录入"=PV(B3,B4,B5,,1)",按〈Enter〉键确认,结果如图 2-19 所示。注:结果中出现负数表示现值。

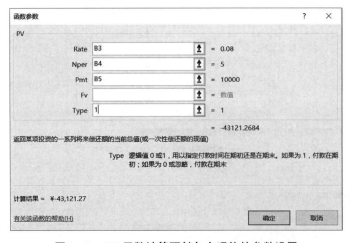

图 2-18 PV 函数计算预付年金现值的参数设置

第 2 章 财务管理的价值观念

```
B2         fx  =PV(B3,B4,B5,,1)
     A         B         C    D
1        年金现值计算
2   现值    ¥-43,121.27
3   利率         8%
4   期限          5
5   年金       10000
6
```

图 2-19 函数法计算预付年金现值

5.【案例 2-8】的操作步骤

(1) 公式法计算。

创建一个工作簿，在工作表中输入"现值""利率""期数"数据，每年年末支付的租金即为后付年金。在单元格 B5 或编辑栏中输入公式"= B2 * B3/(1-(1+B3)^(-B4))"，按〈Enter〉键得到如图 2-20 所示的后付年金结果。

```
B5         fx  =B2*B3/(1-(1+B3)^(-B4))
     A         B         C    D    E
1        年金计算
2   现值        40000
3   利率          8%
4   期数           5
5   年金      ¥10,018.26
6
```

图 2-20 公式法计算后付年金

(2) 函数法计算。

创建一个工作簿，在工作表中输入"现值""利率""期数"数据，在本例中，每年年末支付租金即为后付年金。在"公式"菜单下，调用 PMT 函数，输入的各参数如图 2-21 所示，单击"确定"按钮后，编辑栏显示公式"=PMT(B3，B4，-B2)"，或者直接在 Excel 工作表的 B5 单元格或编辑栏中录入"=PMT(B3，B4，-B2)"，按〈Enter〉键确认，结果如图 2-22 所示。

图 2-21 PMT 函数计算后付年金的参数设置

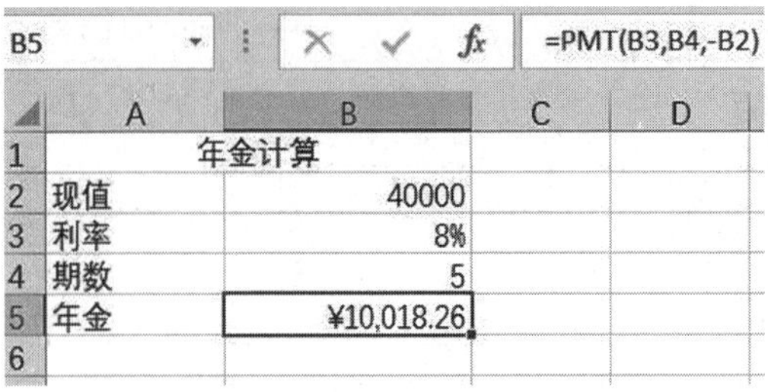

图 2-22　函数法计算后付年金

6.【案例 2-9】的操作步骤

创建一个工作簿，在工作表中输入"现值""利率""期数""年金"数据，在本例中，每年年末支付的租金即为后付年金。在"公式"菜单下，调用 IPMT 函数，输入的各参数如图 2-23 所示，本例中，需要计算第二年年末支付租金中的利息，因此，期数 per 为 2，单击"确定"按钮后，编辑栏显示公式"=IPMT（B3，B6，B4，-B2）"，或者直接在 Excel 工作表的 B7 单元格或编辑栏中录入"=IPMT（B3，B6，B4，-B2）"，按〈Enter〉键确认，结果如图 2-24 所示。

图 2-23　IPMT 函数计算后付年金中的利息的参数设置

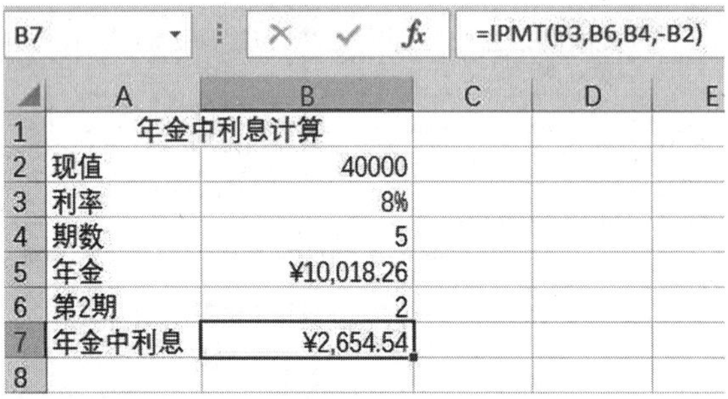

图 2-24　函数法计算后付年金中的利息

7.【案例2-10】的操作步骤

创建一个工作簿，在工作表中输入"现值""利率""期数""年金"数据，在本例中，每年年末支付的租金即为后付年金。在"公式"菜单下，调用 PPMT 函数，输入的各参数如图 2-25 所示，本例中，需要计算第二年年末支付租金中的利息，因此，期数 per 为 2，单击"确定"按钮后，编辑栏显示公式"=PPMT(B3，B6，B4，-B2)"，或者直接在 Excel 工作表的 B8 单元格或编辑栏中录入"=PPMT(B3，B6，B4，-B2)"，按〈Enter〉键确认，结果如图 2-26 所示。

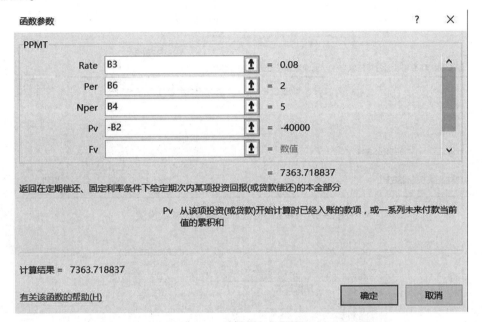

图 2-25　PPMT 函数计算后付年金中的本金的参数设置

图 2-26　函数法计算后付年金中的本金

8.【案例2-11】的操作步骤

创建一个工作簿，在工作表中输入"现值""利率""年金"数据，在本例中，每年年末支付的租金即为后付年金。在"公式"菜单下，调用 NPER 函数，输入的各参数如图 2-27 所示，单击"确定"按钮后，编辑栏显示公式"=NPER(B3，B5，-B2)"，或者直接在 Excel 工作表的 B4 单元格或编辑栏中录入"=NPER(B3，B5，-B2)"，按〈Enter〉键确认，结果如图 2-28 所示。

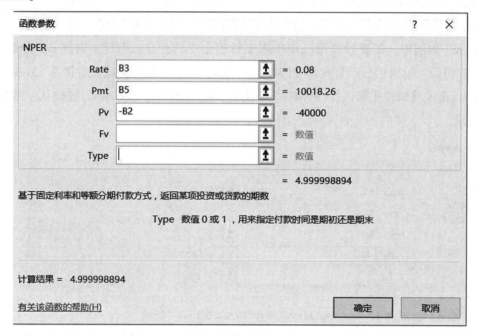

图 2-27　NPER 函数计算期数的参数设置

图 2-28　函数法计算期数

9.【案例 2-12】的操作步骤

创建一个工作簿，在工作表中输入"现值""利率""期数""年金"数据，在本例中，每年年末支付的租金即为后付年金。在"公式"菜单下，调用 RATE 函数，输入的各参数如图 2-29 所示，单击"确定"按钮后，编辑栏显示公式"=RATE(B4，B5，-B2)"，或者直接在 Excel 工作表的 B3 单元格或编辑栏中录入"=RATE(B4，B5，-B2)"，按〈Enter〉键确认，结果如图 2-30 所示。

第 2 章　财务管理的价值观念

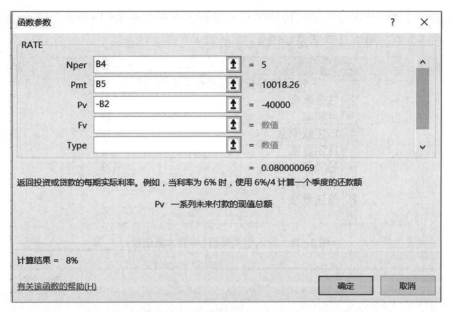

图 2-29　RATE 函数计算利率的参数设置

图 2-30　函数法计算利率

10.【案例 2-13】的操作步骤

（1）等额本息还款。

等额本息是指本金逐月递增，利息逐月递减，月还款数不变，又称为定期付息，即借款人每月按相等的金额偿还贷款本息，其中，每月贷款利息按月初剩余贷款本金计算并逐月结清。由于每月的还款额相等，因此在贷款初期每月的还款中，剔除按月结清的利息后，所还的贷款本金就较少；而在贷款后期因贷款本金不断减少，每月的还款额中贷款利息也不断减少，每月所还的贷款本金就较多。

创建一个工作簿，在工作表中输入相关数据，如图 2-31 所示。

第一步，计算实际年利率。按照公式法中实际利率和名义利率的关系，在单元格 B7 或编辑栏中输入公式"$=(1+B6/B4)^{\wedge}B4-1$"，即可计算出实际年利率 12.68%。

第二步，计算每月还款额。在"公式"菜单下，调用 PMT 函数，在"函数参数"对话框中输入各参数，如图 2-32 所示，单击"确定"按钮后，编辑栏显示公式"=PMT(B3,B4,-B2)"，或者直接在 Excel 工作表的 B5 单元格或编辑栏中录入"=PMT(B3,B4,-B2)"，按〈Enter〉键确认。

第三步，计算不考虑货币时间价值的总还款额。在单元格 B8 中输入公式"=B5*B4"，即可得到总还款额。最终计算结果如图 2-33 所示。

	A	B
1	住房按揭贷款分期等额本息还款	
2	贷款本金	1200000
3	月利率	1%
4	年还款期数	12
5	月还款额	
6	名义年利率	12%
7	实际年利率	
8	总还款额	
9		

图 2-31　输入相关数据（等额本息还款）

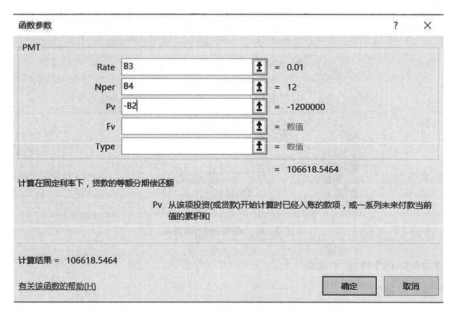

图 2-32　PMT 函数计算月还款额的参数设置

	A	B
1	住房按揭贷款分期等额本息还款	
2	贷款本金	1200000
3	月利率	1%
4	年还款期数	12
5	月还款额	¥106,618.55
6	名义年利率	12%
7	实际年利率	12.68%
8	总还款额	¥1,279,422.56
9		

图 2-33　住房按揭贷款分期等额本息还款计算结果

(2)等额本金还款。

等额本金是指本金保持相同,利息逐月递减,月还款数递减,适合于有计划提前还贷的贷款人。等额本金又称利随本清、等本不等息还款法。贷款人将本金分摊到每个月内,同时付清上一交易日至本次还款日之间的利息。这种还款方式相对等额本息而言,总的利息支出较低,但是前期支付的本金和利息较多,还款负担逐月递减。等额本金还款法是一种计算非常简便、实用性很强的还款方式,基本算法是在还款期内按期等额归还贷款本金,并同时还清当期未归还的本金所产生的利息。

创建一个工作簿,在工作表中输入相关数据,如图 2-34 所示。

	A	B	C	D
1	住房按揭贷款分期等额本金还款			
2	贷款本金	1200000		
3	月利率	1%		
4	年还款期数	12		
5	名义年利率	12%		
6	实际年利率			
7	月还款本金	月利息	月还款额	尚未偿还本金
8				1200000
9				
10				
11				
12				
13				
14				
15				
16				
17				
18				
19				
20	总还款额			

图 2-34 输入相关数据(等额本金还款)

第一步,计算实际年利率。按照公式法中实际利率和名义利率的关系,在单元格 B6 或编辑栏中输入公式"=(1+B5/B4)^B4-1",即可计算出实际年利率 12.68%。

第二步,计算月还款本金。在单元格 A8 或编辑栏中输入公式"=$B$2/$B$4",即可计算出月还款本金 100 000 元,由于等额本金还款方式下,每月还款的本金保持相同,因此 A8:A19 区域内的值均为 100 000。

第三步,计算月利息。在单元格 B8 或编辑栏中输入公式"=D8*$B$3",即可计算出月还款利息 12 000 元。

第四步,计算出每月还款额。在 C8 或编辑栏中输入公式"=A8+B8",即可计算出第一期月还款额 112 000 元。

第五步,计算月末尚未偿还本金,在 D9 或编辑栏中输入公式"=D8-A8",即可计算出第一期末尚未偿还本金 1 100 000 元。第二期、第三期直至第十二期的结果以此类推。

第六步,计算总还款额。在 B20 或编辑栏中输入公式:=SUM(C8:C19),即可计算出总还款额 1 278 000 元。最终计算结果如图 2-35 所示。

	A	B	C	D
1	住房按揭贷款分期等额本金还款			
2	贷款本金	1200000		
3	月利率	1%		
4	年还款期数	12		
5	名义年利率	12%		
6	实际年利率	12.68%		
7	月还款本金	月利息	月还款额	尚未偿还本金
8	100000	12000	112000	1200000
9	100000	11000	111000	1100000
10	100000	10000	110000	1000000
11	100000	9000	109000	900000
12	100000	8000	108000	800000
13	100000	7000	107000	700000
14	100000	6000	106000	600000
15	100000	5000	105000	500000
16	100000	4000	104000	400000
17	100000	3000	103000	300000
18	100000	2000	102000	200000
19	100000	1000	101000	100000
20	总还款额		1278000	0
21				

图 2-35　住房按揭贷款分期等额本金还款计算结果

2.3　风险与收益

2.3.1　知识点提炼

1. 风险的概念

风险是指一定条件下和一定时期内可能发生的各种结果。风险可能给投资者带来超出预期的收益（机会），也可能带来超出预期的损失（危险），一般强调风险的负面影响。财务管理中的风险是指预期财务结果的不确定性，即在投资期间实际报酬率与预期报酬率间差异发生的可能性。

风险是客观存在的，广泛存在于企业的财务活动中，并影响着企业的财务目标。由于企业的财务活动经常是在有风险的情况下进行的，存在各种难以预料和无法控制的原因，可能使企业遭受风险、蒙受损失，也可能会使企业获得额外收益。因此，风险会给企业带来预期损失，也会给企业带来预期收益。

2. 风险的种类

（1）按照风险是否可以避免分为系统风险和非系统风险。

系统风险又称为不可分散风险、市场风险，指某一投资领域内所有投资者都将共同面临的风险，是无法避免或分散的风险，如战争对整个经济的影响、政府新出台的证券管理政策对证券市场的影响、利率的变化对债券市场的影响等。

非系统风险又称为特定风险或可分散风险，指由影响某一投资对象收益的某些独特事件的发生而引起的风险，由于这些因素或事件的发生在本质上是随机的，因而此类风险可以通过多元化的投资来分散或消除。

（2）按照风险产生的原因可分为经营风险、财务风险和投资风险。

经营风险主要指投资者在投资过程中对未来的预期出现偏差，导致决策不当，操作失误，从而遭受损失的可能性。经营风险强调投资者在管理投资过程中遭受损失的可能性，其原因是主观判断、操作及管理失误。

财务风险是指由于企业举债而给财务成果带来的不确定性，又称筹资风险。在全部资金来源中，借入资金所占的比重大，企业的负担重，风险程度也较高；借入资金所占的比重小，企业的负担轻，风险程度也较低。因此，企业必须确定合理的资金结构，既要提高资金的盈利能力，又要防止财务风险。

投资风险是指对未来投资收益的不确定性，在投资中可能会遭受收益损失甚至本金损失的风险，是企业为获得不确定的预期效益而承担的风险，通常指企业投资的预期收益率的不确定性。只有风险和效益相统一的条件下，投资行为才能得到有效的调节。

（3）按照风险的大小可分为高风险和低风险。

高风险指坏结果出现的概率大，或坏结果一旦出现会造成非常大的损失的风险。

低风险指坏结果出现的概率小，或坏结果的出现所造成的损失小的风险。

3. 风险与收益的关系

企业的财务活动和经营管理活动总是在有风险的情况下进行的，只不过风险有大有小。投资者冒着风险进行投资，是为了获得更多的收益，风险越大，其所要求的收益就越高。风险与收益之间存在着密切的对应关系，高风险的项目必然收益高，低风险的项目必然收益低。

收益又称风险价值，是指投资者由于冒着风险进行投资而获得的超过货币时间价值以外的收益，一般用风险报酬率（R）来表示。如果不考虑通货膨胀，投资者冒着风险进行投资所希望得到的投资报酬率即为无风险报酬率和风险报酬率之和，可以用公式表示为：

$$投资报酬率 = 无风险报酬率 + 风险报酬率$$
$$风险报酬率 = 风险价值系数 \times 标准离差率$$

无风险报酬率（R_f）就是货币时间价值，是在没有风险状态下的投资收益率，通常情况下，用短期国库券的票面利率或者存款利率来表示。风险价值系数（β系数）的大小取决于投资者对风险的偏好，投资者对风险的态度越是回避，风险价值系数的值就越大，反之则越小。标准离差率（V）的大小则由该项资产的风险大小决定。

假设某投资者购入10万元的短期国库券，利率为10%，一年后获得11万元，那么这一年的投资报酬率为10%，即投资报酬率 =（投资所得-初始投资）/初始投资 =（11-10）/10 = 10%。事实上，该投资者获得的投资报酬率就是短期国库券的票面利率，一般认为该投资是无风险的，此时的投资报酬率即为无风险报酬率。然而，如果将这10万元投资于一家刚成立的高科技公司，该投资的报酬就无法明确估计了，即投资面临风险。

4. 单项资产风险的衡量

在日常工作中，衡量风险的指标主要有概率分布、期望值、方差、标准离差和标准离差率等。

(1) 概率分布(P)。

概率就是用百分数或小数来表示随机事件发生的可能性及出现某种结果的可能性大小的数值。所有可能结果出现的概率之和必定为1。假设任意结果 i 出现的概率为 P_i，则 P_i 必须符合下列两个要求。

$$0 \leqslant P_i \leqslant 1$$

$$\sum_{i=1}^{n} P_i = 1$$

将随机事件各种可能的结果按一定的规则进行排列，同时列出各结果出现的相应概率，这一完整的描述称为概率分布。

概率分布有两种类型：一种是离散型分布，也称不连续的概率分布，其特点是概率分布在各个特定的点（X 值）上；另一种是连续型分布，其特点是概率分布在连续图像的两点之间的区间上。两者的区别在于，离散型分布中的概率是可数的，而连续型分布中的概率是不可数的。

(2) 期望值(E)。

期望值是一个概率分布中的所有可能结果，以各自相应的概率为权数计算的加权平均值，是加权平均的中心值，通常用符号 E 表示。期望收益反映预计收益的平均化，在各种不确定性因素影响下，它代表着投资者的合理预期。

(3) 离散程度。

离散程度是用以衡量风险大小的统计指标。一般说来，离散程度越大，风险越大；离散程度越小，风险越小。本书主要介绍方差、标准离差和标准离差率三项指标。

1) 方差(σ^2)。

方差是用来表示随机变量与期望值之间的离散程度的数值。其计算公式为：

$$\sigma^2 = \sum_{i=1}^{n} (X - E)^2 \cdot p_i$$

2) 标准离差(σ)。

标准离差也叫均方差，是方差的平方根。其计算公式为：

$$\sigma = \sqrt{\sum_{i=1}^{n} (X - E)^2 \cdot p_i}$$

标准离差以绝对数衡量决策方案的风险，在期望值相同的情况下，标准离差越大，风险越大；标准离差越小，则风险越小。

3) 标准离差率(V)。

标准离差率是标准离差同期望值之比。其计算公式为：

$$V = \sigma / E \times 100\%$$

标准离差率是一个相对数，标准离差率越大，表明可能值与期望值的偏离程度越大，结果的不确定性越大，风险也越大；标准离差率越小，表明可能值与期望值的偏离程度越小，结果的不确定性越小，风险也越小。

5. 证券资产组合的风险与报酬

两个或两个以上资产所构成的集合，称为资产组合。如果资产组合中的资产均为有价证券，则该资产组合也称为证券资产组合或投资组合。证券资产组合理论认为，若干种证券组成的投资组合，其收益是这些证券收益的加权平均数，但是其风险不是这些证券风险的加权平均风险，因为投资组合能降低风险。

(1) 证券资产组合的期望报酬。

证券资产组合的期望报酬就是组成证券资产组合的各种资产报酬率的加权平均数，各种资产的权数为其在组合中的价值比例。即

$$E(R_P) = \sum W_i \times E(R_i)$$

式中，$E(R_P)$ 表示证券资产组合的期望报酬；$E(R_i)$ 表示组合内第 i 项资产的期望报酬；W_i 表示第 i 项资产在整个组合中所占的价值比例。

(2) 证券资产组合风险及其衡量。

1) 证券资产组合的风险分散功能。

两项证券资产组合的报酬率的方差满足以下关系式：

$$\sigma_p^2 = w_1^2\sigma_1^2 + w_2^2\sigma_2^2 + 2w_1w_2\rho_{1,2}\sigma_1\sigma_2$$

式中，w_1 和 w_2 为投资比重；σ_p 证券资产组合的标准差；σ_1 和 σ_2 分别为组合中两项资产的标准差；$\rho_{1,2}$ 为相关系数，理论上，相关系数的区间为 (-1, 1)。

当 $\rho_{1,2} = 1$ 时，$\sigma_p^2 = (w_1\sigma_1 + w_2\sigma_2)^2$，此时，方差达到最大值。

当两项资产的收益率完全正相关时，两项资产的风险完全不能互相抵消，这样的资产组合不能抵消任何风险。

当 $\rho_{1,2} = -1$ 时，$\sigma_p^2 = (w_1\sigma_1 - w_2\sigma_2)^2$，即方差达到最小值，甚至可能为 0。

当两项资产的收益率具有完全负相关关系时，两者之间的风险可以充分地抵消，甚至完全消除，这样的资产组合就可以最大程度地抵消风险。

在实务中，两项资产的收益率完全正相关或完全负相关的情况几乎是不可能的，绝大多数资产两两之间都具有不完全的相关关系，即相关系数小于 1 且大于 -1（多数情况下大于 0）。因此，会有：

$$0 < \sigma_p < (w_1\sigma_1 - w_2\sigma_2)$$

此时，资产组合收益率的标准差大于 0，但小于组合中各资产收益率标准差的加权平均值。因此，资产组合可以分散风险，但不能完全消除风险。

2) 非系统性风险。

非系统风险又被称为公司风险或可分散风险，是可以通过证券资产组合而分散的风险。它是特定企业或特定行业所特有的，与政治、经济和其他影响所有资产的市场因素无关。

3) 系统风险及其衡量

系统风险是指不能通过风险分散而消除的风险，也叫市场风险或者不可分散风险。系统风险的程度通常用 β 系数来衡量。

第一，单项资产的系统风险（β 系数）。

$$\beta_i = \frac{\text{Cov}(R_i, R_m)}{\sigma_m^2} = \frac{\rho_{im}\sigma_i\sigma_m}{\sigma_m^2} = \frac{\rho_{im}\sigma_i}{\sigma_m}$$

其中，ρ_{im} 表示第 i 项资产的收益率与市场组合收益率的相关系数；σ_i 是该项资产收益率的标准差，表示该资产的风险大小；σ_m 是市场组合收益率的标准差，表示市场组合的风险，三项乘积 $\text{Cov}(R_i, R_m)$ 或 $\rho_{im}\sigma_i\sigma_m$ 为协方差。

当 $\beta = 1$ 时，说明该资产的收益率与市场平均收益率是同方向、同比例的变化，也就是说，该资产所含的系统风险与市场组合的风险一致。

当 $\beta < 1$ 时，说明该资产收益率的变动幅度小于市场组合收益率（或称市场平均收益率）的变动幅度，其所含的系统风险小于市场组合的风险。

当 $\beta > 1$ 时，说明该资产收益率的变动幅度大于市场组合收益率的变动幅度，其所含的系统风险大于市场组合的风险。

极个别资产的 β 系数是负数，表明这类资产的收益率与市场平均收益率的变化方向相反，当市场平均收益率增加时，这类资产的收益率却在减少。比如领带销售的多寡与经济的盛衰成反比。

第二，证券资产组合的系统风险系数（β_p 系数）。

证券投资组合的 β_p 系数是所有单项资产 β 系数的加权平均数，各种资产的权数为各种资产在投资组合中所占的比重。其计算公式为：

$$\beta_p = \sum_{i=1}^{n} w_i \times \beta_i$$

式中，β_p 表示证券组合的 β 系数；w_i 表示证券组合中第 i 种股票所占的比重；β_i 表示第 i 种股票的 β 系数；n 表示证券组合中包含的股票数量。

资产组合不能抵消系统风险，所以，资产组合的 β 系数是单项资产 β 系数的加权平均数。由于单项资产的 β 系数不尽相同，因此通过替换资产组合中的资产，或改变不同资产在组合中的价值比重，可以改变组合的风险大小。

(3) 证券资产组合的风险报酬率。

如同单项投资一样，投资者进行组合投资也要求对其承担的投资风险进行补偿，并且承担的风险越大，要求得到的补偿越高。但是，与单项投资不同，证券投资组合要求补偿的风险只是市场风险，而不是全部风险。因此，所谓证券组合的风险报酬，就是投资者因承担不可分散风险而要求的，超过时间价值的那部分额外报酬。用公式表示为：

$$R_p = \beta_p \cdot (R_m - R_f)$$

式中，R_p 表示证券资产组合的风险报酬率；β_p 表示证券资产组合的 β 系数；R_m 表示所有证券的平均报酬率，也就是由市场上所有证券组成的证券组合的报酬率，简称为市场报酬率；R_f 表示无风险报酬率。

6. 资本资产定价模型

鉴于投资者在进行投资决策时最关心的实际上是投资的预期报酬率，因此，如果能有办法较为准确地估算出投资的预期报酬率，将具有重要的理论和现实意义。20 世纪 60 年代中期，美国财务管理学家夏普、特雷诺和林肯诺三人做了一件极具开创性的工作，在完美资本市场条件下，他们把风险和报酬率联系起来，建立了一个重要的理论模型——资本资产定价模型，简称 CAPM(Capital Asset Pricing Model)。

资本资产定价模型的目的是协助投资人决定资本资产(即股票、债券等有价证券)的价格，即在市场均衡时，证券要求报酬率与证券的市场风险(系统性风险)之间具有线性关系。

市场风险系数用 β 值来衡量，其已假定投资人可进行完全多角化的投资来分散可分散的风险(非系统性风险)，故 CAPM 所考虑的是不可分散的风险(系统性风险)对证券要求报酬率的影响。只有无法分散的风险，才是投资人所关心的风险，也只有这些风险可以获得风险贴水。

资本资产定价模型内容可简单描述为：证券组合的预期报酬率等于无风险报酬率加上风险补偿。用公式表示为：

$$R_i = R_f + \beta_i(R_m - R_f)$$

$$\beta_i = \frac{\mathrm{Cov}(R_i, R_m)}{\sigma_m^2}$$

式中，R_i 表示第 i 种证券或证券组合的必要报酬率；R_f 表示无风险报酬率；β_i 表示第 i 种证券或证券组合的 β 系数；R_m 表示所有证券的平均报酬率(市场报酬率)；σ_m 表示所有证券的标准差(市场的标准差)。

7. 风险与收益函数

(1)SQRT 函数。

语法：SQRT(number)。

功能：计算数字的平方根。

参数：number 表示要计算平方根的数字，可以是直接输入的数字或单元格引用。

注意事项：参数必须为数值类型，即数字、文本格式的数字或逻辑值。如果是文本，则返回错误值"#VALUE!"；如果为负数，将返回错误值"#NUM!"。

(2)VAR.S 函数。

语法：VAR.S(number1, number2, …)。

功能：用于估算基于样本的方差(忽略样本中的逻辑值和文本)。

参数：number1, number2, … 表示与样本相对应的 1~255 个数字。

注意事项：如果该函数的参数为单元格引用，则该函数只会计算数字，其他类型的值(文本、逻辑值、文本格式的数字等)都会忽略不计，但如果参数中包含了错误值，则该函数将会返回错误值；如果该函数的参数为直接输入参数的值，则该函数将会计算数字、文本格式数字、逻辑值，但如果参数中包含文本或错误值，该函数将会返回错误值。

2.3.2 实验案例

【案例 2-14】某企业的投资项目有 A、B 两个投资方案，在不同的经济情况下，预期报酬率也不同，其预期报酬率和概率分布如表 2-1 所示。

表 2-1 某项目不同方案的概率和预期报酬率

经济情况	发生概率	预期报酬率/%	
		A 方案	B 方案
繁荣	0.2	40	60
一般	0.6	20	50
衰退	0.2	0	−20

要求如下。

(1)分别计算该项目 A、B 两个投资方案的期望报酬。

(2)分别计算该项目 A、B 两个投资方案的标准离差。

(3)分别计算该项目 A、B 两个投资方案的标准离差率。

(4)根据以上计算结果,试判断投资者应该投资于 A 方案还是 B 方案。

(5)假设风险价值系数为 8%,无风险报酬率为 6%,试分别计算 A、B 两种投资方案的风险报酬率和投资报酬率。

【案例 2-15】计算海通有限公司 2020 年按月涨跌幅的 β 系数,无风险报酬率为一年期定期存款年利率,假设 2020 年一年期定期存款年利率为 3.5%,上证指数和海通公司涨跌幅度如表 2-2 所示。

实验案例 2-15

表 2-2 上证指数和海通公司涨跌幅度

无风险报酬率	时间	上证指数涨跌幅度	海通公司涨跌幅度	上证指数风险报酬率	海通公司风险报酬率
3.5%	2020 年 1 月	4.24%	7.5%		
	2020 年 2 月	5.93%	13.27%		
	2020 年 3 月	−6.82%	−14.61%		
	2020 年 4 月	5.90%	15.70%		
	2020 年 5 月	−1.01%	1.59%		
	2020 年 6 月	−6.19%	−8.54%		
	2020 年 7 月	−5.47%	−5.66%		
	2020 年 8 月	−2.67%	7.67%		
	2020 年 9 月	1.89%	−2.46%		
	2020 年 10 月	−0.83%	−3.59%		
	2020 年 11 月	−4.29%	−12.95%		
	2020 年 12 月	14.60%	14.40%		
				方差	协方差
				β 系数	

2.3.3 实验目的

掌握 Excel 2016 对风险的衡量和收益的计算，包括概率分布、期望值、方差、标准差、标准离差率、风险报酬率、投资报酬率的计算，理解收益与风险的均衡观念。

2.3.4 实验操作

1. 【案例 2-14】的操作步骤

(1) 计算该项目 A、B 两个投资方案的期望报酬。

创建一个工作簿，在工作表中输入相关数据，如图 2-36 所示。在单元格 C7 或编辑栏中输入公式"=B4*C4+B5*C5+B6*C6"，即可得出 A 方案的期望报酬为 20%，在单元格 D7 或编辑栏中输入公式"=B4*D4+B5*D5+B6*D6"，即可得出 B 方案的期望报酬为 38%。

	A	B	C	D
1	某项目不同方案的概率和预期报酬率			
2	经济情况	发生概率	预期报酬率（%）	
3			A方案	B方案
4	繁荣	0.2	40	60
5	一般	0.6	20	50
6	衰退	0.2	0	-20
7	期望报酬			
8	方差			
9	标准离差			
10	标准离差率			
11	风险大小			
12	风险价值系数		8%	8%
13	风险报酬率			
14	无风险报酬率		6%	6%
15	投资报酬率			

图 2-36　某项目不同方案的概率和预期报酬率

(2) 计算该项目 A、B 两个投资方案的标准离差。

第一步，分别计算 A、B 方案的方差。在单元格 C8 或编辑栏中输入公式"=(C4-C7)^2*B4+(C5-C7)^2*B5+(C6-C7)^2*B6"，即可得出 A 方案的方差为 160，在单元格 D8 或编辑栏中输入公式"=(D4-D7)^2*B4+(D5-D7)^2*B5+(D6-D7)^2*B6"，即可得出 B 方案的方差为 856。若某一种方案的概率值均等，则可用 VAR 函数来计算某方案的方差。

第二步，分别计算 A、B 方案的标准离差。在单元格 C9 或编辑栏中输入公式"=C8^(1/2)"，或者在"公式"菜单下调用 SQRT 函数，在函数参数对话框中输入各参数，如图 2-37 所示，单击"确定"按钮后，编辑栏显示公式"=SQRT(C8)"，即可得出 A 方案的标准离差为 12.65。同样，在单元格 D9 或编辑栏中输入公式"=D8^(1/2)"，或者在"公式"菜单下调用 SQRT 函数，在函数参数对话框中输入各参数，如图 2-38 所示，单击"确定"按钮后，编辑栏显示公式"=SQRT(D8)"，即可得出 B 方案的标准离差为 29.26。若某一种方案的概率值均等，则可用 STDEV 函数来计算某方案的标准离差。

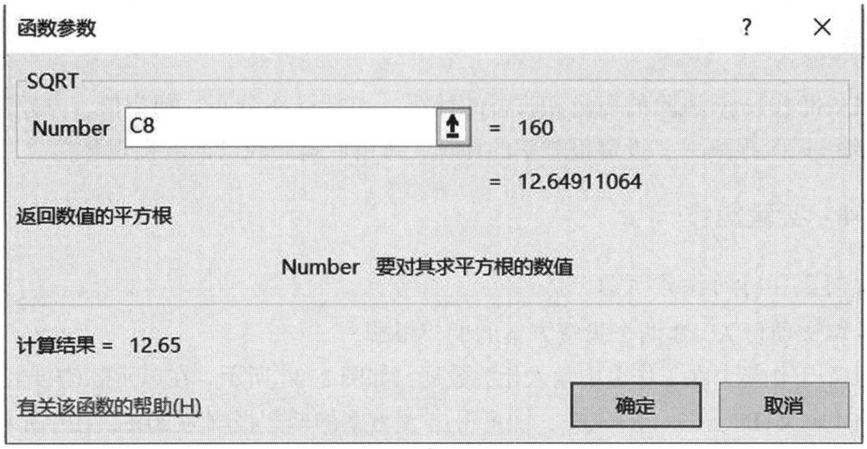

图 2-37　SQRT 函数计算标准离差的参数设置（A 方案）

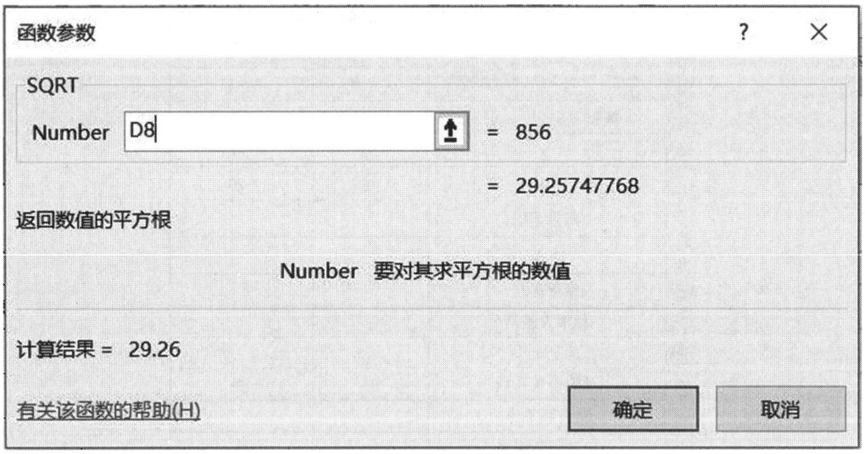

图 2-38　SQRT 函数计算标准离差的参数设置（B 方案）

（3）计算该项目 A、B 两个投资方案的标准离差率。

在单元格 C10 或编辑栏中输入公式"=C9/C7*100%"，即可得出 A 方案的标准离差率为 63.25%，在单元格 D10 或编辑栏中输入公式"=D9/D7*100%"，即可得出 B 方案的标准离差率为 76.99%。

（4）根据以上计算结果，判断投资者应该投资 A 方案还是 B 方案。

标准离差率是一个相对数，标准离差率越大，表明可能值与期望值的偏离程度越大，结果的不确定性越大，风险也越大；标准离差率越小，表明可能值与期望值的偏离程度越小，结果的不确定性越小，风险也越小。根据以上计算结果，可知 B 方案的风险大于 A 方案，单纯从风险角度来判断，喜好风险的投资者选择 B 方案，厌恶风险的投资者选择 A 方案。

（5）假设风险价值系数为 8%，无风险报酬率为 6%，分别计算 A、B 两种投资方案的风险报酬率和投资报酬率。

第一步，计算风险报酬率。根据风险报酬率的计算公式"风险报酬率=风险价值系数×标准离差率"，在单元格 C13 或编辑栏中输入公式"=C12*C10"，在单元格 D13 或编辑栏中输入公式"=D12*D10",即可得出 A、B 方案的风险报酬率分别为 5.06%、6.16%。

第二步,计算投资报酬率。根据投资报酬率的计算公式"投资报酬率=无风险报酬率+风险报酬率"在单元格 C15 或编辑栏中输入公式"=C13+C14",在单元格 D15 或编辑栏中输入公式"=D13+D14",即可得出 A、B 方案的投资报酬率分别为 11.06%、12.16%。结果如图 2-39 所示。

	A	B	C	D
1	某项目不同方案的概率和预期报酬率			
2	经济情况	发生概率	预期报酬率(%)	
3			A方案	B方案
4	繁荣	0.2	40	60
5	一般	0.6	20	50
6	衰退	0.2	0	-20
7	期望报酬		20	38
8	方差		160	856
9	标准离差		12.65	29.26
10	标准离差率		63.25%	76.99%
11	风险大小		小	大
12	风险价值系数		8%	8%
13	风险报酬率		5.06%	6.16%
14	无风险报酬率		6%	6%
15	投资报酬率		11.06%	12.16%

图 2-39 某项目不同方案风险相关指标的计算结果

2.【案例 2-15】的操作步骤

(1)计算风险报酬率。

创建一个工作簿,在工作表中输入相关数据,如图 2-40 所示。在单元格 E3 或编辑栏中输入公式"=C3-$A$3/12",即可得出 2020 年 1 月份上证指数风险报酬率为 3.95%,将公式复制到其他单元格,得到上证指数和海通公司其他各月的风险报酬率。

	A	B	C	D	E	F
1	上证指数和海通公司涨跌幅度					
2	无风险报酬率	时间	上证指数涨跌幅度	海通公司涨跌幅度	上证指数风险报酬率	海通公司风险报酬率
3	3.50%	2020.1	4.24%	7.50%		
4		2020.2	5.93%	13.27%		
5		2020.3	-6.82%	-14.61%		
6		2020.4	5.90%	15.70%		
7		2020.5	-1.01%	1.59%		
8		2020.6	-6.19%	-8.54%		
9		2020.7	-5.47%	-5.66%		
10		2020.8	-2.67%	7.67%		
11		2020.9	1.89%	-2.46%		
12		2020.1	-0.83%	-3.59%		
13		2020.11	-4.29%	-12.95%		
14		2020.12	14.60%	14.40%		
15					方差	协方差
16						
17						β系数

图 2-40 上证指数和海通公司涨跌幅度

(2) 计算方差和协方差。

在单元格 E16 或编辑栏中输入公式"=VAR.S(E3:E14)",或者在"公式"菜单下,调用 VAR.S 函数,在函数参数对话框中输入各参数,如图 2-41 所示,单击"确定"按钮后,编辑栏显示公式"=VAR.S(E3:E14)",即可得出 2020 年上证指数风险报酬率的方差为 0.004 040。

在单元格 F16 或编辑栏中输入公式"=COVARIANCE.S(E3:E14,F3:F14)",或者在"公式"菜单下,调用 COVARIANCE.S 函数,在函数参数对话框中输入各参数,如图 2-42 所示,单击"确定"按钮后,编辑栏显示公式"=COVARIANCE.S(E3:E14,F3:F14)",即可得出 2020 年海通公司风险报酬率的协方差为 0.005 665。

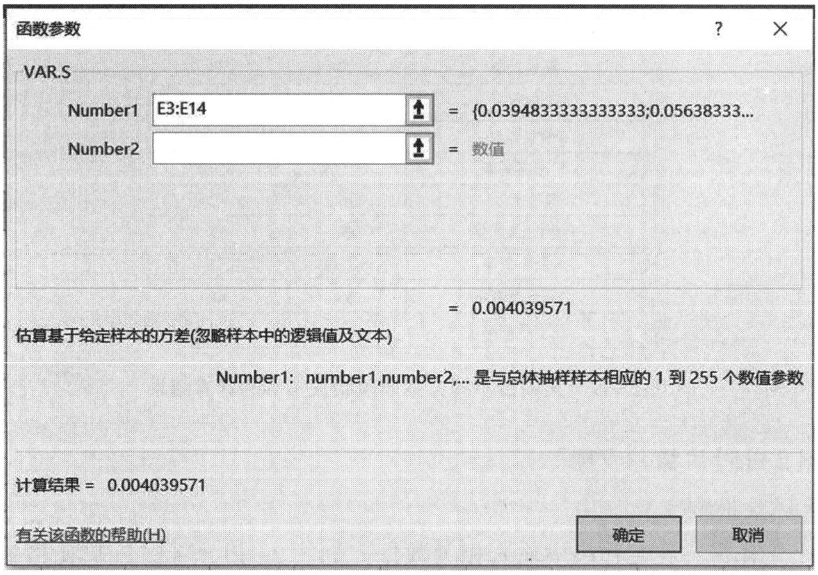

图 2-41 VAR.S 函数计算方差的参数设置

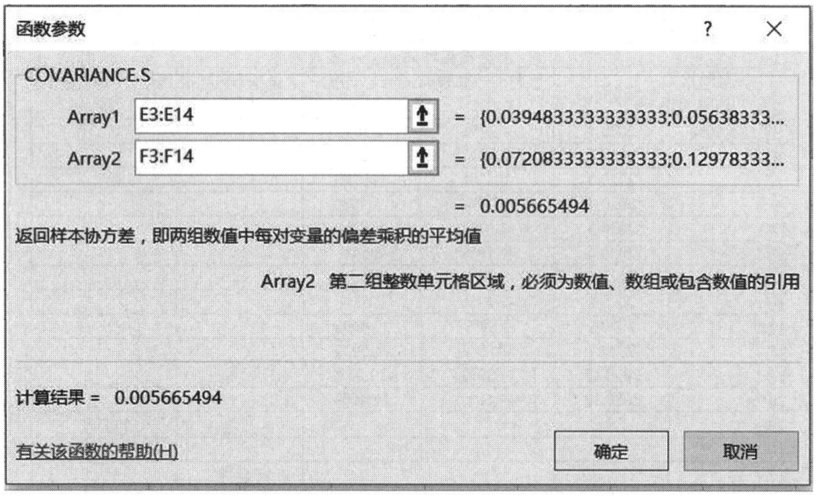

图 2-42 COVARIANCE.S 函数计算协方差的参数设置

(3) 计算 β 系数。

在单元格 F17 或编辑栏中输入公式"＝F16/E16",即可得出 2020 年海通公司风险报酬率的 β 系数为 1.402 499。计算结果如图 2-43 所示。

	A	B	C	D	E	F
1			上证指数和海通公司涨跌幅度			
2	无风险报酬率	时间	上证指数涨跌幅度	海通公司涨跌幅度	上证指数风险报酬率	海通公司风险报酬率
3	3.50%	2020.1	4.24%	7.50%	3.95%	7.21%
4		2020.2	5.93%	13.27%	5.64%	12.98%
5		2020.3	-6.82%	-14.61%	-7.11%	-14.90%
6		2020.4	5.90%	15.70%	5.61%	15.41%
7		2020.5	-1.01%	1.59%	-1.30%	1.30%
8		2020.6	-6.19%	-8.54%	-6.48%	-8.83%
9		2020.7	-5.47%	-5.66%	-5.76%	-5.95%
10		2020.8	-2.67%	7.67%	-2.96%	7.38%
11		2020.9	1.89%	-2.46%	1.60%	-2.75%
12		2020.1	-0.83%	-3.59%	-1.12%	-3.88%
13		2020.11	-4.29%	-12.95%	-4.58%	-13.24%
14		2020.12	14.60%	14.40%	14.31%	14.11%
15					方差	协方差
16					0.004039571	0.005665494
17					β系数	1.40249887

图 2-43 海通公司风险报酬率的 β 系数计算结果

课后习题

1. 张奶奶将 1 万元存入银行,若年利率为 10%,假设按单利计算,则 5 年后的单利终值是多少?若张奶奶打算 5 年后得到 1 万元,年利率为 10%,按单利计算,则现在应存多少钱?若张奶奶有一笔 5 年期的 5 万元的定期存款,存款利率为 7%,则按复利计算的 5 年后存款总额是多少?

2. 小张将 1 000 元存入银行,年利率为 4%,假设按复利计算,几年后小张可从银行取出 1 800 元。

3. 海通有限公司准备开发一项目,目前立即开发可以获利 100 万元,若 3 年后开发,由于价格上涨可获利 140 万元,假如社会平均利润率为 15%,按复利计算,那么该公司该在何时开发比较有利?

4. 海通有限公司进行一项投资,每年年末投入资金 5 万元,预计该项目 5 年后建成。该项投资款均来自银行存款,贷款利率 7%,请计算该项投资的投资总额。

5. 海通有限公司拟于 5 年后购置一台预计价值为 850 万元的设备,现每年从利润中留成 150 万元存入银行作为专项基金,年利率为 8%,请问:5 年后该笔基金是否能够购买该设备?

6. 李林今年上高一,其父亲要在 3 年后为其准备上大学的费用 10 万元钱,从现在起每年年末等额存入银行一笔款项。假设银行存款年利率为 4%,李林的父亲每年需要存入多少元?

7. 张明准备购买一套住房,若现在一次性支付需要 40 万元;若采取分期付款方式,贷款 10 年,每年年末支付 50 000 元。假设年利率为 2%,则张明该选择哪种方式购房?

8. 海通有限公司需要一台设备,若直接购买,价格为1 100万元;若采取向租赁公司租入的方式,每年年初支付租金250万元。假若$i=10\%$,$n=5$,公司应如何决策?

9. 海通有限公司正在考虑投资A和B两个项目,预测未来可能的收益率如表2-3所示。

表2-3　A、B项目未来可能的收益率

经济形势	概率	项目A收益率	项目B收益率
很不好	0.1	−22%	−10%
不太好	0.2	−2%	0
正常	0.4	20%	7%
比较好	0.2	35%	30%
很好	0.1	50%	45%

要求:

(1)分别计算该公司A、B两个项目未来收益的期望值。

(2)分别计算该公司A、B两个项目的标准离差、标准离差率。

(3)根据以上计算结果,试判断该公司应该投资A项目还是B项目。

(4)假设风险价值系数为8%,无风险报酬率为6%,试分别计算该公司A、B两个项目的风险报酬率和投资报酬率。

第 3 章

筹资决策

学习目标

- 了解筹资的各种方法。
- 掌握各项筹资决策的相关计算。
- 掌握资本成本的相关计算。
- 掌握杠杆效应和资本结构的相关计算。

案例导入

贺伟龙的创业之路

这个1988年出生的年轻人贺伟龙，已是河北贝克艾瑞生物技术开发有限公司的总经理。他的创业项目，核心技术来自一位留美归来的博士，项目生产的新型非培养微生物检测芯片填补了国内市场的空白。仅一条小型生产线，就可实现年产芯片100万片。

几年前的一次同学聚会上，闲谈中有人无意提到了归国博士白向阳的"新型微生物检测芯片"技术。对于饭桌上的大多数人来说，这种"高大上"的尖端科技离他们的生活实在太远，话题也很快被一带而过。但当时贺伟龙却从只言片语中敏锐地捕获了三个重要信息：留美博士、技术先进、与自己来自同一座城市，并从中嗅到了一丝商机。

"您是邢台人，完全可以回到家乡来发展！"在辗转联系上白向阳之后，贺伟龙却得知上海、南京、杭州，甚至美国的公司都在与白向阳积极接洽中，无奈之下，他只能拿出自己与他是"同乡人"这一"杀手锏"，而当时的白向阳恰好表现出想要回家乡发展的意愿。

自以为是"平步青云"的贺伟龙，没想到紧接着便陷入了更大的焦虑。这种高科技项目前期投资巨大，至少需要3 300万元，这对他而言显然是个"天文数字"。

正在"抓狂"之际，脑中突然闪过的一幕又让他两眼放光。贺伟龙大学时在一家民营钢铁企业做兼职会计，在老板与其他钢铁企业老总们的谈话中，他得知时下许多钢铁企业由于产能过剩、资源消耗较大，正在寻求转型升级，对一些高新项目非常渴求。"能否从中牵线搭桥呢?"整理好厚厚的一沓资料后,他开始奔波于各大钢铁企业老总的办公室。

在对一位当地知名的民营企业家前后4次的出色"公关"后,他终于成功了!经过协商,出资方龙海钢铁集团将占据新公司55%的股份,白向阳博士以技术占股40%,贺伟龙拥有5%,并出任公司总经理。当年,河北贝克艾瑞生物技术开发有限公司正式成立。

"下一步,就是探索怎样开拓市场!"在企业步入正轨后,对贺伟龙的考验才真正开始,"我觉得创业就像是在开车,有了车之后,要想开得快,还得加足油,得整合资源并充实专业人才!"

目前,公司生产的新型非培养微生物检测芯片利用的是微生物学和流体力学原理,可以迅速完成对病毒和病菌的检测。新型芯片可广泛运用于生命科学基础研究、疾病诊断与控制、进出口检疫等领域。带领公司上市,是贺伟龙的梦想。

(资料来源:人民网—人民日报,2015年6月5日)

讨论:

(1)在创业之初,贺伟龙是如何进行筹资的?

(2)对于贺伟龙来说,哪种筹资方式较为有利?

3.1 长期借款筹资决策

3.1.1 知识点提炼

1. 长期借款筹资概述

(1)长期借款的含义。

长期借款是指企业向银行或其他非银行金融机构借入的期限超过1年的借款,主要用于购置固定资产和满足长期流动资金占用的需要。取得长期借款是企业筹集长期资金的一种重要方式。

(2)长期借款筹资的特点。

与其他长期负债筹资相比,长期借款筹资具有如下特点。

1)筹资速度快。长期借款的手续比发行债券简单得多,得到借款所花费的时间较短。

2)借款弹性较大。长期借款时,企业与银行直接交涉,有关条件可通过谈判确定;用款期间发生变动,亦可与银行再协商。而债券筹资所面对的是社会广大投资者,协商筹资条件的可能性很小。

3)借款成本较低。长期借款利率一般低于债券利率,且借款属于直接筹资,筹资费用也较少。

4)长期借款的限制性条款比较多,制约着借款的使用。

2. 长期借款筹资的种类

(1)长期借款按提供贷款的机构不同可分为政策性银行贷款、商业银行贷款和其他金融机构贷款。

1)政策性银行贷款是指执行国家政策性贷款业务的银行(通称"政策性银行")提供的贷款。

2)商业银行贷款包括短期贷款和长期贷款。其中,长期贷款的一般特征为期限长于1年;企业与银行之间要签订长期借款合同,合同中含有对借款企业的具体限制条件;有规定的借款利率,可固定,亦可随基准利率的变动而变动;实行分期偿还方式,一般每期偿还金额相等,也可采用到期一次偿还方式。

3)其他金融机构对企业的贷款一般较商业银行贷款的期限更长,要求的利率较高,对借款企业的信用要求和担保的选择也比较严格。

(2)长期借款按有无担保可分为信用贷款、担保贷款和票据贴现。

1)信用贷款是指以借款人的信誉或保证人的信用为依据而获得的贷款。企业取得这种贷款时,无须以财产做抵押。

2)担保贷款是以有关方面的保证责任、质押物或抵押物为担保的贷款,包括保证贷款、质押贷款和抵押贷款。

3)票据贴现也是一种抵押贷款,它是商业票据的持有人把未到期的商业票据转让给银行,贴付一定利息以取得银行资金的一种借贷行为。

(3)长期借款按贷款用途的不同可分为基本建设贷款、专项贷款和流动资金贷款。目前我国各种金融机构提供的长期借款主要有固定资产投资借款、更新改造借款、科技开发和新产品试制借款等。

3. 长期借款筹资的本息偿还方式

长期借款按照本息偿还方式的不同,可分为到期一次性偿还的长期借款和分期偿还的长期借款两种。前者为一次还本付息(复利方式);后者有等额本金、等额利息和等额本息三种基本的还款方式,每期期末付息。

(1)一次性偿付法。

一次性偿付法是指长期借款资金到期时一次性偿还本金和利息的方法。在这种还款方式下,期末一次性偿还额的计算公式为:

$$F = P(1 + i)^n$$

式中,F 表示期末一次偿还额;P 表示借款金额;n 表示借款期限;i 表示借款年利率。

(2)等额本金法。

等额本金法是指本金保持相同,利息逐月递减,月还款数递减,贷款人将本金分摊到每个月内,同时付清上一交易日至本次还款日之间的利息。在这种还款方式下,每期还本付息额和每期偿还本金的计算公式为:

$$每期还本付息额 = i \times [P - (P/n)(t-1)], t = 1, 2, 3, \cdots, n$$

$$每期偿还本金 = P/n$$

(3)等额利息法。

等额利息法是指每期末按借款利率偿还固定的利息,到期一次偿还本金。在这种还款方

式下,每期付息额的计算公式为:

$$每期付息额 = P \times i$$

(4)等额本息法。

等额本息法是指本金逐月递增,利息逐月递减,月还款数不变,又称为定期付息。在这种还款方式下,每期还本付息额的计算公式为:

$$每期还本付息额 = P/(P/A, i, n), t = 1, 2, 3, \cdots, n$$

式中,$(P/A, i, n)$ 表示年金现值系数。

4. 长期借款筹资函数

长期借款筹资函数与年金函数相同,主要有以下几种。

(1)PMT 函数。

PMT 函数的语法为 PMT(rate, nper, pv, fv, type)。长期借款筹资的 PMT 函数是指在已知期数、利率及现值、终值的条件下,返回年金,即投资的每期付款额,包括本金和利息。

(2)IPMT 函数。

IPMT 函数的语法为 IPMT(rate, per, nper, pv, fv, type)。长期借款筹资的 IPMT 函数是指基于固定利率及等额分期付款方式,返回投资在给定期内的投资回报或贷款偿还利息额。

(3)PPMT 函数。

PPMT 函数的语法为 PPMT(rate, per, nper, pv, fv, type)。长期借款筹资的 PPMT 函数是指基于固定利率及等额分期付款方式,返回投资在给定期内的本金偿还额。

PMT 函数、IPMT 函数、PPMT 函数之间的关系为:PMT=IPMT+PPMT。

(4)IF 函数。

IF 函数的语法为 IF(logical_test, value_if_true, value_if_false)。IF 函数是指根据指定的条件来判断其真假,根据逻辑计算的真假值返回相应的内容。即如果指定条件的计算结果为 TRUE,IF 函数将返回某个值;如果指定条件的计算结果为 FALSE,IF 函数将返回另一个值。

(5)ABS 函数。

ABS 函数的语法为 ABS(number)。ABS 函数用于返回数字的绝对值,正数和 0 返回数字本身,负数返回数字的相反数。

(6)函数参数介绍。

rate 为每期利率。

per 用于计算利息的期次,必须介于 1 和付息总次数 nper 之间。

nper 为该项投资(或贷款)的付款期总数。

pmt 为年金,为各期所应支付(或得到)的金额,其数值在整个年金期间(或投资期内)保持不变。如果省略 pmt 参数,则必须包含 pv 参数。

pv 为现值,即从该项投资(或贷款)开始计算时已经入账的款项。如果省略 pv 参数,即假设其值为零,则必须包含 pmt 参数。

fv 为终值,是唯一选择性参数。如果此参数省略,则假设其值为 0。

type 为年金类型,用以指定各期的付款时间是在期初还是在期末。如果此值为 0 或者缺省,表明期末付款,即普通年金或后付年金;如果为 1,表明期初付款,即先付年金。

logical_ test 是计算结果为 TRUE 或 FALSE 的任何数值或表达式。

value_ if_ true 是 logical_ test 为 TRUE 时函数的返回值,如果 logical_ test 为 TRUE 并且省略了 value_ if_ true,则返回 TRUE。而且 value_ if_ true 可以是一个表达式。

value_ if_ false 是 logical_ test 为 FALSE 时函数的返回值。如果 logical_ test 为 FALSE 并且省略了 value_ if_ false,则返回 FALSE。value_ if_ false 也可以是一个表达式。

number(必选)表示要返回绝对值的数字,可以是直接输入的数字或单元格引用。

5. 长期借款筹资决策的模拟运算表

除了使用公式,Excel 模拟运算表也是用于模拟试算的工具。模拟运算表实际上是一个单元格区域,它可以用列表的形式显示计算模型中某些参数的变化对计算结果的影响。在这个区域中,生成的值所需要的若干个相同公式被简化成一个公式,从而简化了公式的输入。模拟运算根据行、列变量的个数,可分为单变量模拟运算表和双变量模拟运算表。

(1)单变量模拟运算表。

长期借款中的本金、利率和期限是互相影响的,借款金额不变,借款利率和借款期限的变化都会引起分期偿还金额的改变。财务人员通过 Excel 提供的模拟运算表可以清晰地了解借款金额、借款利率和借款期限的变化的相互影响,并进行可靠的决策。

3-1 单变量模拟运算表应用举例

本部分用单变量模拟运算表试算定额存款最终存款总额,进行单变量模拟运算表的演示。启动 Excel 2016,建立如图 3-1 所示的工作表,输入有关数据。运用 FV 函数,计算存款总额。选中单元格 B5,执行"公式"菜单下的"插入函数"命令,在"插入函数"对话框中,"或选择类别"下拉列表中选择"财务",在"选择函数"列表中选择"FV",单击"确定"按钮,如图 3-2 所示。

	A	B
1	存款额试算表	
2	年利率	0.58%
3	存款期限(月)	120
4	每月存款额	最终存款总额
5	-1000	
6	-1500	
7	-2000	
8	-2500	
9	-3000	

图 3-1 建立工作表并输入数据

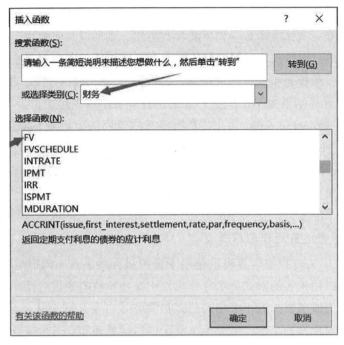

图 3-2 调用 FV 函数

在"函数参数"对话框中,在"Rate"文本框中输入"B2/12",即月利率;在"Nper"文本框中输入"B3",即存款期限(月);在"Pmt"文本框中输入"A5",即每月存款额。此时,在编辑栏中出现公式"=FV(B2/12,B3,A5)",如图 3-3 所示。单击"确定"按钮,最终 FV 函数计算结果如图 3-4 所示。

图 3-3 FV 函数参数设置

图 3-4 FV 函数计算结果

选中 A5：B9 单元格，单击"数据"菜单下的"模拟分析"选项，执行其中的"模拟运算表"命令，如图 3-5 所示。弹出"模拟运算表"对话框，在"输入引用列的单元格"文本框中单击单元格 A5，如图 3-6 所示。单击"确定"按钮，模拟运算完成，最终计算结果如图 3-7 所示。

图 3-5　调用模拟运算表

图 3-6　"模拟运算表"对话框单变量设置　　　图 3-7　模拟运算结果

（2）双变量模拟运算表。

在其他因素不变的条件下分析两个参数的变化对目标值的影响时，使用双变量模拟运算表更为方便快捷。本例采用双变量模拟运算表分析不同的利率和不同的贷款年限对贷款偿还额的影响。

3-2 双变量模拟运算表应用举例

启动 Excel 2016，建立如图 3-8 所示的工作表，输入有关数据。运用 PMT 函数，计算顾客每月支付额。先选中 D3 单元格，执行"公式"菜单下的"插入函数"命令，选择"PMT 函数"，单击"确定"按钮，弹出"函数参数"对话框，在"Rate"文本框中输入"B7/12"，即月利率；在"Nper"文本框中输入"B6 * 12"，即还款期限（月）；在"Pv"文本框中输入"-B5"，单击"确定"按钮，在编辑栏中出现公式"=PMT(B7/12,B6*12,-B5)",如图 3-9 所示,最终计算结果如图 3-10 所示。

	A	B	C	D	E	F	G	H	I	J
1				分期付款售车						
2					年限					
3	售车总价格	100000	顾客每月支付		5	6	7	8	9	10
4	首付金额	20000		4.58%						
5	贷款金额	80000		5.12%						
6	贷款年限	10	年利率	5.45%						
7	贷款利率	3.52%		5.55%						
8	实际还款期数(月)	60		5.80%						

图 3-8　输入分期付款售车相关数据

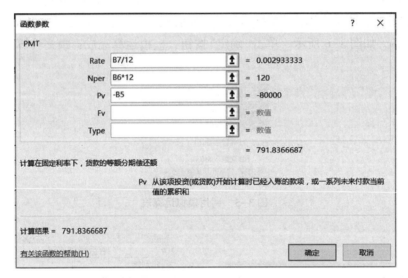

图 3-9　PMT 函数计算每月支付额的参数设置

	A	B	C	D	E	F	G	H	I	J
1				分期付款售车						
2					年限					
3	售车总价格	100000	顾客每月支付	¥791.84	5	6	7	8	9	10
4	首付金额	20000		4.58%						
5	贷款金额	80000		5.12%						
6	贷款年限	10	年利率	5.45%						
7	贷款利率	3.52%		5.55%						
8	实际还款期数(月)	60		5.80%						

图 3-10　分期付款售车顾客每月付款额计算结果

选择单元格区域 D3:J8,切换到"数据"选项卡,在"预测"组中单击"模拟分析"下拉按钮,执行"模拟运算表"命令,弹出"模拟运算表"对话框,在"输入引用行的单元格"文本框中单击单元格 B6,在"输入引用列的单元格"文本框中单击单元格 B7,如图 3-11 所示,单击"确定"按钮。在单元格区域 E4:J8 中显示出将年利率和年限都作为变量时顾客每月应支付的金额，计算结果如图 3-12 所示。

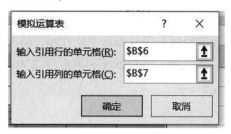

图 3-11 "模拟运算表"对话框双变量设置

	A	B	C	D	E	F	G	H	I	J
1				分期付款售车						
2					年限					
3	售车总价格	100000	顾客每月支付	¥791.84	5	6	7	8	9	10
4	首付金额	20000		4.58%	1494.353	1272.867	1114.992	996.8737	905.2589	832.1958
5	贷款金额	80000		5.12%	1514.101	1292.852	1135.229	1017.37	926.02	853.2243
6	贷款年限	10	年利率	5.45%	1526.247	1305.16	1147.706	1030.021	938.8471	866.2295
7	贷款利率	3.52%		5.55%	1529.94	1308.904	1151.503	1033.873	942.7549	870.1936
8	实际还款期数（月）	60		5.80%	1539.195	1318.291	1161.029	1043.541	952.5669	880.1505

图 3-12 分期付款售车不同还款年限每月支付额的计算结果

3.1.2 实验案例

【案例 3-1】长城有限公司准备向某银行借款 100 万元，借款期限为 10 年，借款年利率为 10%，银行要求公司每年年末付息，到期一次还本，请用 Excel 2016 编制长城有限公司每年的还款计划。

【案例 3-2】长城有限公司准备向某银行借款 100 万元，借款期限为 10 年，借款年利率为 10%，银行要求公司按等额本金法偿还借款，请用 Excel 2016 编制长城有限公司每年的还款计划。

【案例 3-3】长城有限公司准备向某银行借款 100 万元，借款期限为 10 年，借款年利率为 10%，银行要求公司按等额本息法偿还借款，请用 Excel 2016 编制长城有限公司每年的还款计划。

【案例 3-4】长城有限公司准备向某银行借款 100 万元，借款期限为 10 年，借款年利率为 10%，银行要求公司按到期一次还本付息法偿还借款，请用 Excel 2016 编制长城有限公司每年的还款计划。

【案例 3-5】长城有限公司准备向某银行借款 100 万元，借款期限为 10 年，借款年利率为 10%，银行要求公司的一半贷款按到期一次还本付息法偿还，另一半贷款按等额利息法偿还，请用 Excel 2016 编制长城有限公司每年的还款计划。

【案例 3-6】海通有限公司准备向某银行借款 2 000 万元，借款期限为 5 年，借款年利率为 6%，有一次还本付息、等额本金、等额利息、等额本息四种还款方式，请用 Excel 2016

计算海通有限公司每年还本付息额,并试比较哪种还款方式的还款总额最大,哪种还款方式的还款总额最小。

【案例3-7】海通有限公司准备向某银行借款500万元,借款期限为5年,每年还款次数有2次、4次、12次、24次,银行要求的借款年利率对应为8%、7.5%、6%、5%,那么,该企业应该选择哪种还款方式?

3.1.3 实验目的

掌握在不同的还款方式下(一次还本付息、等额本金、等额利息、等额本息),运用Excel 2016编制每年还款计划,并进行长期借款筹资决策。同时掌握长期借款筹资的各种函数运用,包括PMT函数、IPMT函数、PPMT函数。

3.1.4 实验操作

1.【案例3-1】的操作步骤

(1)创建工作簿。

创建一个工作簿,建立长期借款等额利息法计算表,并输入相关数据,如图3-13所示。

(2)计算每年支付利息额。

等额利息法的原理是每年年末按借款利率偿还固定利息,到期一次还本。因此,每年年末支付的利息额均相等。在C8单元格或编辑栏中输入公式"=＄C＄2*＄C＄4",并将公式复制到单元格区域C9:C17中,得到每年公司需要支付的借款利息。

(3)计算每年偿还本金金额。

本金到期一次偿还,因此,除单元格D17为1 000 000以外,其余各单元格均为0。

(4)计算年偿还金额。

在B8单元格或编辑栏中输入公式"=C8+D8",并将公式复制到单元格区域B9:B17中,得到每年公司需要支付的借款本金和利息。

(5)计算年剩余本金。

在E8单元格或编辑栏中输入公式"=E7-D8",并将公式复制到单元格区域E9:E17中,得到公司每年年末借款剩余本金金额。

(6)计算合计值。

在B18单元格或编辑栏中输入公式"=SUM(B7:B17)",并将公式复制到单元格区域C18:D18中,得到各项合计值。最终计算结果如图3-14所示。

	A	B	C	D	E
1			等额利息法		
2	借款金额（元）		1000000		
3	还款期限（年）		10		
4	还款年利率		10%		
5	还款计划表（元）				
6	年	年偿还额	支付利息	偿还本金	剩余本金
7	0	0	0	0	1000000
8	1				
9	2				
10	3				
11	4				
12	5				
13	6				
14	7				
15	8				
16	9				
17	10				
18	合计				

图 3-13　长期借款等额利息法计算表

	A	B	C	D	E
1			等额利息法		
2	借款金额（元）		1000000		
3	还款期限（年）		10		
4	还款年利率		10%		
5	还款计划表（元）				
6	年	年偿还额	支付利息	偿还本金	剩余本金
7	0	0	0	0	1000000
8	1	100000	100000	0	1000000
9	2	100000	100000	0	1000000
10	3	100000	100000	0	1000000
11	4	100000	100000	0	1000000
12	5	100000	100000	0	1000000
13	6	100000	100000	0	1000000
14	7	100000	100000	0	1000000
15	8	100000	100000	0	1000000
16	9	100000	100000	0	1000000
17	10	1100000	100000	1000000	0
18	合计	2000000	1000000	1000000	

图 3-14　长期借款等额利息法计算结果

2.【案例 3-2】的操作步骤

（1）创建工作簿。

创建一个工作簿，建立长期借款等额本金法计算表，并输入相关数据，如图 3-15 所示。

（2）计算每年偿还本金金额。

等额本金法的原理是每年年末偿还固定本金及按借款利率计算的相应利息。因此，每年年末支付的本金额均相等。在 D8 单元格或编辑栏中输入公式"=＄C＄2/＄C＄3"，并将公式复制到单元格区域 D9：D17 中，得到每年年末公司需要偿还的借款本金金额。

（3）计算年剩余本金。

在 E8 单元格或编辑栏中输入公式"=E7-D8"，并将公式复制到单元格区域 E9：E17 中，得到公司每年年末借款剩余本金金额。

（4）计算每年支付利息金额。

在 C8 单元格或编辑栏中输入公式"=E7＊＄C＄4"，并将公式复制到单元格区域 C9：C17 中，得到公司每年需要支付的利息金额。

（5）计算年偿还金额。

在 B8 单元格或编辑栏中输入公式"=C8+D8"，并将公式复制到单元格区域 B9：B17 中，得到每年公司需要支付的借款本金和利息。

（6）计算合计值。

在 B18 单元格或编辑栏中输入公式"=SUM(B7：B17)"，并将公式复制到单元格区域 C18：D18 中，得到各项合计值。最终计算结果如图 3-16 所示。

	A	B	C	D	E
1		等额本金法			
2	借款金额（元）		1000000		
3	还款期限（年）		10		
4	还款年利率		10%		
5		还款计划表（元）			
6	年	年偿还额	支付利息	偿还本金	剩余本金
7	0	0	0	0	1000000
8	1				
9	2				
10	3				
11	4				
12	5				
13	6				
14	7				
15	8				
16	9				
17	10				
18	合计				

图 3-15 长期借款等额本金法计算表

	A	B	C	D	E
1		等额本金法			
2	借款金额（元）		1000000		
3	还款期限（年）		10		
4	还款年利率		10%		
5		还款计划表（元）			
6	年	年偿还额	支付利息	偿还本金	剩余本金
7	0	0	0	0	1000000
8	1	200000	100000	100000	900000
9	2	190000	90000	100000	800000
10	3	180000	80000	100000	700000
11	4	170000	70000	100000	600000
12	5	160000	60000	100000	500000
13	6	150000	50000	100000	400000
14	7	140000	40000	100000	300000
15	8	130000	30000	100000	200000
16	9	120000	20000	100000	100000
17	10	110000	10000	100000	0
18	合计	1550000	550000	1000000	

图 3-16 长期借款等额本金法计算结果

3.【案例 3-3】的操作步骤

（1）创建工作簿。

创建一个工作簿，建立长期借款等额本息法计算表，并输入相关数据，如图 3-17 所示。

	A	B	C	D	E
1		等额本息法			
2	借款金额（元）		1000000		
3	还款期限（年）		10		
4	还款年利率		10%		
5		还款计划表（元）			
6	年	年偿还额	支付利息	偿还本金	剩余本金
7	0	0	0	0	1000000
8	1				
9	2				
10	3				
11	4				
12	5				
13	6				
14	7				
15	8				
16	9				
17	10				
18	合计				

图 3-17 长期借款等额本息法计算表

(2) 计算每年偿还本金金额。

等额本息法的原理是每年年末偿还的本金和利息之和相等。因此，公司年偿付额均相等。选中单元格区域 B8:B17，执行"公式"菜单下的"插入函数"命令，打开"插入函数"对话框，在"选择类别"下拉列表中选择"财务"，在"选择函数"列表中选择"PMT"，单击"确定"按钮。在弹出的"函数参数"对话框中输入相关参数，如图 3-18 所示，单击"确定"按钮。在编辑栏中出现公式"=PMT(＄C＄4,＄C＄3,-＄C＄2)"，得到最终 PMT 函数计算结果。将公式复制到单元格区域 B9:B17 中，得到每年年末公司需要偿还的借款本金和利息金额。

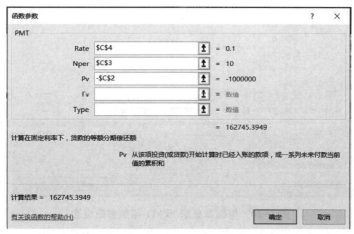

图 3-18　等额本息法 PMT 函数参数设置

(3) 计算每年支付利息金额。

选中单元格 C8，执行"公式"菜单下的"插入函数"命令，打开"插入函数"对话框，在"选择类别"下拉列表中选择"财务"，在"选择函数"列表中选择"IPMT"，单击"确定"按钮。在弹出的"函数参数"对话框中输入相关参数，如图 3-19 所示，单击"确定"按钮。在编辑栏中出现公式"=IPMT(＄C＄4,A8,＄C＄3,-＄C＄2)"，得到最终 IPMT 函数计算结果，并将公式复制到单元格区域 C9:C17 中，得到每年公司需要支付的利息金额。

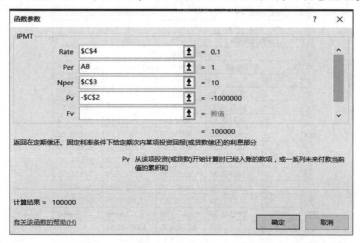

图 3-19　等额本息法 IPMT 函数参数设置

(4)计算年偿还本金金额。

选中单元格 D8,执行"公式"菜单下的"插入函数"命令,打开"插入函数"对话框,在"选择类别"下拉列表中选择"财务",在"选择函数"列表中选择"PPMT",单击"确定"按钮。在弹出的"函数参数"对话框中输入相关参数,如图 3-20 所示,单击"确定"按钮。在编辑栏中出现公式"=PPMT($C$4,A8,$C$3,-$C$2)",得到最终 PPMT 函数计算结果。将公式复制到单元格区域 D9:D17 中,得到每年年末公司需要偿还的本金金额。

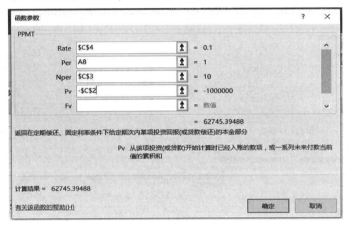

图 3-20 等额本息法 PPMT 函数参数设置

(5)计算年剩余本金金额。

在 E8 单元格或编辑栏中输入公式"=E7-D8",并将公式复制到单元格区域 E9:E17 中,得到每年公司年末借款剩余本金金额。

(6)计算合计值。

在 B18 单元格或编辑栏中输入公式"=SUM(B7:B17)",并将公式复制到单元格区域 C18:D18 中,得到各项合计值。最终计算结果如图 3-21 所示。

	A	B	C	D	E
1			等额本息法		
2	借款金额(元)			1000000	
3	还款期限(年)			10	
4	还款年利率			10%	
5			还款计划表(元)		
6	年	年偿还额	支付利息	偿还本金	剩余本金
7	0	0	0	0	1000000
8	1	162745.39	100000.00	62745.39	937254.61
9	2	162745.39	93725.46	69019.93	868234.67
10	3	162745.39	86823.47	75921.93	792312.74
11	4	162745.39	79231.27	83514.12	708798.62
12	5	162745.39	70879.86	91865.53	616933.09
13	6	162745.39	61693.31	101052.09	515881.00
14	7	162745.39	51588.10	111157.29	404723.71
15	8	162745.39	40472.37	122273.02	282450.69
16	9	162745.39	28245.07	134500.33	147950.36
17	10	162745.39	14795.04	147950.36	0.00
18	合计	1627453.95	627453.95	1000000.00	

图 3-21 长期借款等额本息法计算结果

4. 【案例3-4】的操作步骤

(1) 创建工作簿。

创建一个工作簿,建立长期借款到期一次还本付息法计算表,并输入相关数据,如图 3-22 所示。

(2) 计算每年偿还本金金额、年支付利息金额、年偿还额。

到期一次还本付息法的原理是最后一期偿还本金和利息。因此,每年年末支付的本金和利息额均为0,单元格区域 B7:D16 均为0。

(3) 计算年剩余本金。

在 E8 单元格或编辑栏中输入公式"=E7-D8",并将公式复制到单元格区域 E9:E17 中,得到公司每年年末借款剩余本金金额。

(4) 计算第 10 年年末的本金和利息。

在单元格 B17 或编辑栏中输入公式"=FV(＄C＄4,＄C＄3,,-＄C＄2)",得到公司第 10 年年末偿还的本金和利息金额。在单元格 D17 中输入偿还本金金额 1 000 000,则第 10 年年末应支付的利息金额即为偿还本息额减去支付利息额,在单元格 C17 或编辑栏中输入公式"=B17-D17",得到公司第 10 年年末应支付的利息金额。

(5) 计算合计值。

在 B18 单元格或编辑栏中输入公式"=SUM(B7:B17)",并将公式复制到单元格区域 C18:D18 中,得到各项合计值。最终计算结果如图 3-23 所示。

图 3-22 长期借款到期一次还本付息法计算表   图 3-23 长期借款到期一次还本付息法计算结果

5. 【案例3-5】的操作步骤

(1) 创建工作簿。

创建一个工作簿,建立长期借款分期等额偿还法计算表,并输入相关数据,如图 3-24 所示。

	A	B	C	D	E	F	G	H	I	J
1			分期等额偿还法							
2	借款金额（元）		1000000							
3	还款期限（年）		10							
4	还款年利率		10%							
5					部分还款计划表（元）					
6		500000元 到期一次还本付息法					500000元 等额利息法			
7	年	年偿还额	支付利息	偿还本金	剩余本金	年	年偿还额	支付利息	偿还本金	剩余本金
8	0					0				
9	1					1				
10	2					2				
11	3					3				
12	4					4				
13	5					5				
14	6					6				
15	7					7				
16	8					8				
17	9					9				
18	10					10				
19	合计					合计				
20		全部还款计划表（元）								
21	年	年偿还额	支付利息	偿还本金	剩余本金					
22	0									
23	1									
24	2									
25	3									
26	4									
27	5									
28	6									
29	7									
30	8									
31	9									
32	10									
33	合计									

图 3-24 长期借款分期等额偿还法计算表

（2）按【案例 3-4】的方法计算到期一次还本付息法还款计划表。

单元格区域 B8:D17 金额均为 0，单元格区域 E8:E17 和单元格 D18 金额均为 500 000，在单元格 B18 或编辑栏中输入公式"=FV（\$C\$4，\$C\$3,,-\$C\$2/2）"，即可得到第 10 年年末本息偿还额。在单元格 C18 或编辑栏中输入公式"=B18-D18"，即可得到第 10 年年末利息偿还额。在单元格 B19 或编辑栏中输入公式"=SUM（B8:B18）"，并将公式复制到单元格区域 C19:D19 中，得到各项合计值。最终计算结果如图 3-25 所示。

（3）按【案例 3-1】的方法计算等额利息法还款计划表。

在 H9 单元格或编辑栏中输入公式"=\$C\$2/2*\$C\$4"，并将公式复制到单元格区域 H10:H18 中，得到每年公司需要支付的借款利息。因为本金到期一次偿还，所以除单元格 I18 为 500 000 以外，单元格区域 I8:I17 均为 0。在 G9 单元格或编辑栏中输入公式"=H9+I9"，并将公式复制到单元格区域 G10:G18 中，得到每年公司需要支付的借款本金和利息。在 J9 单元格或编辑栏中输入公式"=J8-I9"，并将公式复制到单元格区域 J10:J18 中，得到公司每年年末借款剩余本金金额。在 G19 单元格或编辑栏中输入公式"=SUM（G8:G18）"，并将公式复制到单元格区域 H19:I19 中，得到各项合计值。最终计算结果如图 3-25 所示。

（4）计算全部贷款还款计划表。

在单元格区域 B22：E33 中输入数组公式"=B8:E19+G8:J19"，按〈Ctrl+Shift+Enter〉组合键确认，得到全部贷款还款计划表，最终计算结果如图 3-25 所示。

	A	B	C	D	E	F	G	H	I	J
1			分期等额偿还表							
2	借款金额（元）			1000000						
3	还款期限（年）			10						
4	还款年利率			10%						
5						部分还款计划表（元）				
6		500000元 到期一次还本付息法					500000元 等额利息法			
7	年	年偿还额	支付利息	偿还本金	剩余本金	年	年偿还额	支付利息	偿还本金	剩余本金
8	0	0	0	0	500000	0	0	0	0	500000
9	1	0	0	0	500000	1	50000	50000	0	500000
10	2	0	0	0	500000	2	50000	50000	0	500000
11	3	0	0	0	500000	3	50000	50000	0	500000
12	4	0	0	0	500000	4	50000	50000	0	500000
13	5	0	0	0	500000	5	50000	50000	0	500000
14	6	0	0	0	500000	6	50000	50000	0	500000
15	7	0	0	0	500000	7	50000	50000	0	500000
16	8	0	0	0	500000	8	50000	50000	0	500000
17	9	0	0	0	500000	9	50000	50000	0	500000
18	10	1,296,871.23	796,871.23	500000		10	550000	50000	500000	0
19	合计	1296871.23	796871.23	500000		合计	1000000	500000	500000	
20			全部还款计划表（元）							
21	年	年偿还额	支付利息	偿还本金	剩余本金					
22	0	0	0	0	1000000					
23	1	50000	50000	0	1000000					
24	2	50000	50000	0	1000000					
25	3	50000	50000	0	1000000					
26	4	50000	50000	0	1000000					
27	5	50000	50000	0	1000000					
28	6	50000	50000	0	1000000					
29	7	50000	50000	0	1000000					
30	8	50000	50000	0	1000000					
31	9	50000	50000	0	1000000					
32	10	1846871.23	846871.23	1000000	0					
33	合计	2296871.23	1296871.23	1000000	0					

图 3-25 长期借款分期等额偿还法计算结果

6. 【案例 3-6】的操作步骤

（1）创建工作簿。

创建一个工作簿，建立长期借款四种还款方式计算表，并输入相关数据，如图 3-26 所示。

	A	B	C	D	E	F	G	H	I	J
1			长期借款计算表							
2	借款金额（万元）			2000						
3	还款期限（年）			5						
4	还款年利率			6%						
5						各种还款方式还款计划表（万元）				
6			到期一次还本付息法					等额利息法		
7	年	年偿还额	支付利息	偿还本金	剩余本金	年	年偿还额	支付利息	偿还本金	剩余本金
8	0					0				
9	1					1				
10	2					2				
11	3					3				
12	4					4				
13	5					5				
14	合计					合计				
15			等额本息法					等额本金法		
16	年	年偿还额	支付利息	偿还本金	剩余本金	年	年偿还额	支付利息	偿还本金	剩余本金
17	0					0				
18	1					1				
19	2					2				
20	3					3				
21	4					4				
22	5					5				
23	合计					合计				

图 3-26 长期借款四种还款方式计算表

(2)运用到期一次还本付息、等额利息、等额本息、等额本金四种还款方式基本原理进行计算。

首先在单元格区域 B8:D8、G8:I8、B17:D17 和 G17:I17 中输入 0，在 E8、J8、E17 和 J17 中输入 2 000。

1)到期一次还本付息法。

在单元格 C9 中输入公式"=IF(A9<>＄C＄3，0，ABS(FV(＄C＄4,＄C＄3,,＄C＄2))-＄C＄2)"，将公式向下复制到单元格区域 C10:C13。

在单元格 D9 中输入公式"=IF(A9<>＄C＄3，0，＄C＄2)"，将公式向下复制到单元格区域 D10:D13。

在单元格 B9 中输入公式"=C9+D9"，将公式向下复制到单元格区域 B10:B13。

在单元格 E9 中输入公式"=E8-D9"，将公式向下复制到单元格区域 E10:E13。

在单元格 B14 中输入公式"=SUM(B8:B13)"，将公式向右复制到单元格 C14 和 D14 中。

2)等额利息法。

在单元格 I9 中输入公式"=IF(F9<>＄C＄3，0，＄C＄2)"，将公式向下复制到单元格区域 I10:I13。

在单元格 H9 中输入公式"=＄C＄2*＄C＄4"，将公式向下复制到单元格区域 H10:H13。

在单元格 G9 中输入公式"=H9+I9"，将公式向下复制到单元格区域 G10:G13。

在单元格 J9 中输入公式"=J8-I9"，将公式向下复制到单元格区域 J10:J13。

在单元格 G14 中输入公式"=SUM(G8:G13)"，将公式向右复制到单元格 H14 和 I14 中。

3)等额本息法。

在单元格 B18 中输入公式"=PMT(＄C＄4,＄C＄3,-＄C＄2)"，将公式向下复制到单元格区域 B19:B22。

在单元格 D18 中输入公式"=PPMT(＄C＄4，A18，＄C＄3，-＄C＄2)"，将公式向下复制到单元格区域 D19:D22。

在单元格 C18 中输入公式"=IPMT(＄C＄4，A18，＄C＄3，-＄C＄2)"，将公式向下复制到单元格区域 C19:C22。

在单元格 E18 中输入公式"=E17-D18"，将公式向下复制到单元格区域 E19:E22。

在单元格 B23 中输入公式"=SUM(B18:B22)"，将公式向右复制到单元格 C23 和 D23 中。

4)等额本金法。

在单元格 I18 中输入公式"=＄C＄2/＄C＄3"，将公式向下复制到单元格区域 I19:I22。

在单元格 J18 中输入公式"=J17-I18"，将公式向下复制到单元格区域 J19:J22。

在单元格 H18 中输入公式"=J17*＄C＄4"，将公式向下复制到单元格区域 H19:H22。

在单元格 G18 中输入公式"=H18+I18"，将公式向下复制到单元格区域 G19:G22。

在单元格 G23 中输入公式"=SUM(G18:G22)"，将公式向右复制到单元格 H23 和 I23 中。

长期借款四种还款方式的计算结果如图 3-27 所示。

	A	B	C	D	E	F	G	H	I	J
1			长期借款计算表							
2	借款金额（万元）			2000						
3	还款期限（年）			5						
4	还款年利率			6%						
5				各种还款方式还款计划表（万元）						
6		到期一次还本付息法					等额利息法			
7	年	年偿还额	支付利息	偿还本金	剩余本金	年	年偿还额	支付利息	偿还本金	剩余本金
8	0	0	0	0	2000	0	0	0	0	2000
9	1	0	0	0	2000	1	120	120	0	2000
10	2	0	0	0	2000	2	120	120	0	2000
11	3	0	0	0	2000	3	120	120	0	2000
12	4	0	0	0	2000	4	120	120	0	2000
13	5	2676.451	676.4512	2000	0	5	2120	120	2000	0
14	合计	2676.451	676.4512	2000		合计	2600	600	2000	
15			等额本息法					等额本金法		
16	年	年偿还额	支付利息	偿还本金	剩余本金	年	年偿还额	支付利息	偿还本金	剩余本金
17	0	0	0	0	2000	0	0	0	0	2000
18	1	474.79	120.00	354.79	1,645.21	1	520	120	400	1600
19	2	474.79	98.71	376.08	1,269.13	2	496	96	400	1200
20	3	474.79	76.15	398.65	870.48	3	472	72	400	800
21	4	474.79	52.23	422.56	447.92	4	448	48	400	400
22	5	474.79	26.88	447.92	0.00	5	424	24	400	0
23	合计	2,373.96	373.96	2,000.00		合计	2360	360	2000	

图 3-27 长期借款四种还款方式的计算结果

（3）得出决策结论。

对图 3-27 所示的计算结果进行分析，我们发现四种不同的还款方式中，到期一次还本付息方式的还款总额最大，等额本金方式的还款总额最小。

7.【案例 3-7】的操作步骤

（1）创建工作簿。

创建一个工作簿，建立长期借款分期还款计算表，并输入相关数据，如图 3-28 所示。

	A	B	C	D	E
1	长期借款分期还款				
2	借款用途		购买设备		
3	借款金额（万元）		500		
4	借款年利率		8%		
5	借款期限（年）		5		
6	每年还款次数（期）		2		
7	总还款期数（期）				
8	每年还款次数（期）		借款年利率		
9		8%	7.50%	6%	5%
10		2			
11		4			
12		12			
13		24			

图 3-28 长期借款分期还款计算表

（2）建立表格中各因素之间的勾稽关系。

总还款期数=借款年限×每年还款次数,即在 C7 单元格或编辑栏中输入公式"=C5*C6",得出总还款期数为 10 期。

(3)进行年金的计算。

在单元格 A9 进行年金的计算。选中单元格 A9,调用 PMT 函数,输入相关参数,如图 3-29 所示,单击"确定"按钮。在单元格 A9 及编辑栏中出现公式"=PMT(C4/C6,C7,-C3)",可得到结果 61.65。

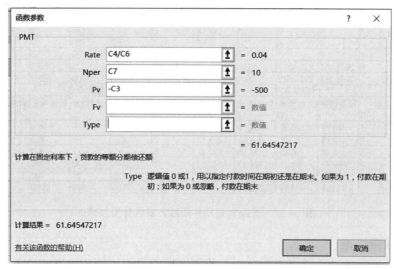

图 3-29 分期还款法 PMT 函数参数设置

(4)双变量模拟运算表的应用。

选中模拟运算区域 A9:E13,单击"数据"菜单,执行"模拟运算表"命令,打开"模拟运算表"对话框,如图 3-30 所示。在"模拟运算表"对话框中的"输入引用行的单元格"选项中输入"＄C＄4",在"输入引用列的单元格"选项中输入"＄C＄6",单击"确定"按钮,得到如图 3-31 所示的模拟运算结果。

图 3-30 "模拟运算表"对话框

	A	B	C	D	E
1	长期借款分期还款				
2	借款用途		购买设备		
3	借款金额(万元)		500		
4	借款年利率		8%		
5	借款期限(年)		5		
6	每年还款次数(期)		2		
7	总还款期数(期)		10		
8	每年还款次数(期)	借款年利率			
9	61.65	8%	7.50%	6%	5%
10	2	61.65	60.88	58.62	57.13
11	4	30.58	30.21	29.12	28.41
12	12	10.14	10.02	9.67	9.44
13	24	5.06	5.00	4.83	4.71

图 3-31 长期借款分期还款计算结果

3.2 债券筹资决策

3.2.1 知识点提炼

1. 债券的含义与特征

债券是债务人依照法定程序发行,承诺按约定的利率和日期支付利息,并在特定日期偿还本金的书面债务凭证。

债券的特征是偿还性、流动性、安全性、收益性。

2. 债券的要素

债券的基本要素主要包括以下四个。

(1) 债券面值。面值包括两个方面:一是币种;二是票面金额。债券的票面价值简称面值,是指债券发行时设定的票面金额,我国发行的债券一般是每张面值 100 元。

(2) 票面利率。债券的票面利率也称名义利率,是指债券年利息与债券票面价值的比值,用百分数表示,形式有单利、复利和贴现利率。影响票面利率的因素:借贷资金市场利率水平、筹资者的资信、债券期限。

(3) 债券期限。债券期限是指债券从发行之日起到偿清本息之日止的时间,也是债券发行人承诺履行合同义务的全部时间。决定债券期限的主要因素:资金使用方向、市场利率变化、债券变现能力。一般来说,当未来市场利率趋于下降时,应发行期限较短的债券;而当未来市场利率趋于上升时,应发行期限较长的债券,这样有利于降低筹资者的利息负担。

(4) 发行价格。债券的价格包括发行价格和交易价格。债券的发行价格可能不等同于债券面值。当债券发行价格高于面值时,称为溢价发行;当债券发行价格低于面值时,称为折价发行;当债券发行价格等于面值时,称为平价发行。

3. 债券的种类

债券按发行主体的不同可分为政府债券、企业债券和金融债券。

(1) 政府债券的发行主体是政府,可分为中央政府债券和地方政府债券。中央政府发行的债券称为国债,一般将 1 年以内的中央政府债券称为国库券,这是政府为解决财政收支季节性和临时性的资金需要,调节国库收支而发行的短期融资工具。1 年期以上的中央政府债券称为公债券,是国家为弥补财政赤字和筹集公共设施或建设项目资金而发行的。地方政府债券是地方政府为地方性建设项目筹集资金而发行的债券,一般为中长期债券。

(2) 企业债券的发行主体是企业,是企业为筹集经营所需的资金而向社会发行的借款凭证。企业债券以中长期居多。由于企业债券的发行主要靠企业的信誉和实力,因此企业债券的风险相对较大,而且有不同的信用等级。

(3) 金融债券是银行和其他非银行金融机构为了筹集资金而发行的债券。银行和非银行金融机构可以通过发行金融债券来改变资产负债结构,增加资金来源,相对于存款来说是一种主动负债。金融债券以中长期为主,比一般企业债券的风险小,这是因为金融机构具有较高的信用。

4. 债券的付息方式

(1) 一次付息。

一次付息又分为两种：一种是利随本清，债券到期是利息连同本金一次性支付给债权人；另一种是利息预扣方式，即投资者在购买债券时获得利息，到期只能获得本金。

(2) 分期付息。

分期付息有按年、半年和季度付息三种方式。

5. 债券发行的公式

理论上来说，债券的发行通常有三种：平价发行、溢价发行、折价发行。

平价发行是指以债券的票面金额作为发行价格；溢价发行是指按高于债券面额的价格发行债券；折价发行是指按低于债券面额的价格发行债券。

从资金时间价值来考虑，债券的发行价格由两部分组成：一是债券到期还本面额的现值；二是债券各期利息的年金现值，计算公式为：

$$债券发行价格 = F/(1+R_m)^n + \Sigma F \times r/(1+R_m)^t$$
$$= F \times (P/F, i, n) + F \times r \times (P/A, i, n)$$

式中，F 表示债券面值，即债券到期偿付的本金；R_m 表示债券发行时的市场利率；r 表示债券票面利率；t 表示债券付息期数；n 表示债券期限。

6. 债券筹资的优缺点

(1) 优点：资金成本低；有利于保证控制权；能发挥财务杠杆作用。

(2) 缺点：筹资风险高；限制条件多；筹资数额有限。

7. 债券发行筹资的函数

(1) PV 函数，语法为 PV(rate, nper, pmt, fv, type)。

(2) 年金函数 PMT，语法为 PMT(rate, nper, pv, fv, type)。

3.2.2 实验案例

实验案例 3-8

【案例 3-8】黄河股份有限公司发行面额为 100 元、票面利率为 10%、期限为 10 年的债券，每年年末付息一次，其发行价格可分下列三种情况来分析测算。

(1) 如果市场利率为 10%，与票面利率一致，请计算该债券的发行价格，并指出属于哪类发行方式。

(2) 如果市场利率为 8%，小于票面利率，请计算该债券的发行价格，并指出属于哪类发行方式。

(3) 如果市场利率为 12%，大于票面利率，请计算该债券的发行价格，并指出属于哪类发行方式。

【案例 3-9】长江机械有限公司发行面值为 5 000 元、票面年利率为 8%、期限为 10 年的债券，债券每年年末付息一次。公司最初决定发行债券时，认为 8% 的市场利率是合理的，当债券期限和市场利率均调整后，债券的发行价格将如何变化？

3.2.3 实验目的

掌握债券发行价格三种方法的判断：平价发行、溢价发行、折价发行。同时，掌握如何运用 Excel 2016 计算债券发行价格，并根据债券发行价格的影响因素，进行双变量模拟运算。

3.2.4 实验操作

1.【案例 3-8】的操作步骤

(1)市场利率为 10%。

1)计算债券发行价格。

第一，创建一个工作簿，在工作表中输入相关数据，如图 3-32 所示。

	A	B
1	债券发行价格计算	
2	发行面值（元）	100
3	期限（年）	10
4	票面利率	10%
5	市场利率	10%
6	发行价格（元）	
7		

图 3-32 市场利率为 10%的债券发行价格计算表

第二，公式法计算。根据债券发行价格计算公式，在单元格 B6 或编辑栏中输入公式“=B2/(1+B5)^10+B2 * B4/(1+B5)+B2 * B4/(1+B5)^2+B2 * B4/(1+B5)^3+B2 * B4/(1+B5)^4+B2 * B4/(1+B5)^5+B2 * B4/(1+B5)^6+B2 * B4/(1+B5)^7+B2 * B4/(1+B5)^8+B2 * B4/(1+B5)^9+B2 * B4/(1+B5)^10”，即可计算出债券发行价格为 100 元，如图 3-33 所示。

B6 =B2/(1+B5)^10+B2*B4/(1+B5)+B2*B4/(1+B5)^2+B2*B4/(1+B5)^3+B2*B4/(1+B5)^4+B2*B4/(1+B5)^5+B2*B4/(1+B5)^6+B2*B4/(1+B5)^7+B2*B4/(1+B5)^8+B2*B4/(1+B5)^9+B2*B4/(1+B5)^10

	A	B
1	债券发行价格计算	
2	发行面值（元）	100
3	期限（年）	10
4	票面利率	10%
5	市场利率	10%
6	发行价格（元）	¥100.00

图 3-33 公式法计算市场利率为 10%的债券发行价格

第三，函数法计算。选中单元格 B6，在“公式”菜单下，调用 PV 函数，在弹出的“函数参数”对话框中输入各参数，如图 3-34 所示，“Pmt”中输入用年票面利息表示的年金，单击“确定”按钮后，编辑栏显示公式“=PV(B5，B3，B2 * B4，B2)”，B6 单元格显示结果为-100 元，或者直接在 B6 单元格或编辑栏中录入公式“=PV(B5，B3，B2 * B4，B2)”，按〈Enter〉键确认，结果自动显示为-100 元，如图 3-35 所示。

Excel 在财务管理中的应用

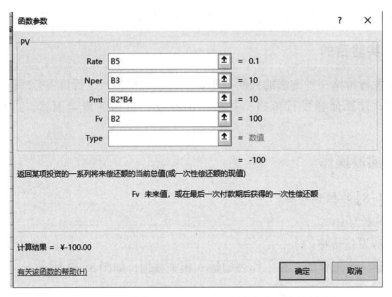

图 3-34 PV 函数计算市场利率为 10% 的债券发行价格的参数设置

图 3-35 函数法计算市场利率为 10% 的债券发行价格

2) 判断债券发行价格的方法。

黄河股份有限公司发行债券时的市场利率与票面利率一致，经计算后得知，该债券发行价格为 100 元，与发行面值相同，因此该债券属于平价发行。

(2) 市场利率为 8%。

1) 计算债券发行价格。

第一，创建一个工作簿，在工作表中输入相关数据，如图 3-36 所示。

图 3-36 市场利率为 8% 的债券发行价格计算表

第二，公式法计算。根据债券发行价格计算公式，在单元格 B6 或编辑栏中输入公式 "=B2/(1+B5)^10+B2*B4/(1+B5)+B2*B4/(1+B5)^2+B2*B4/(1+B5)^3+B2*B4/(1+B5)^4+

· 90 ·

B2*B4/(1+B5)^5+B2*B4/(1+B5)^6+B2*B4/(1+B5)^7+B2*B4/(1+B5)^8+B2*B4/(1+B5)^9+B2*B4/(1+B5)^10",即可计算出债券发行价格为113.42元。计算结果如图3-37所示。

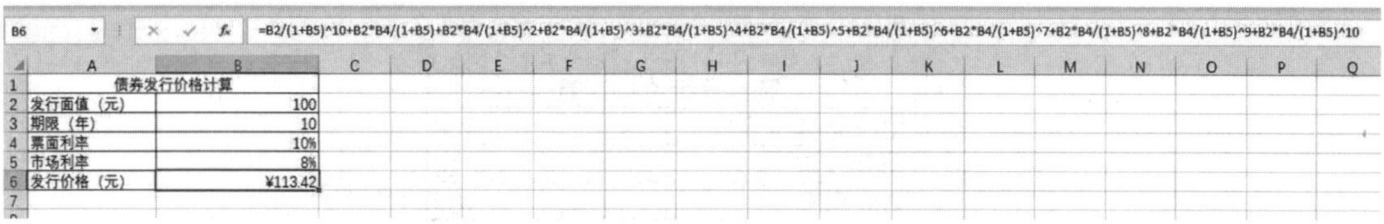

图3-37 公式法计算市场利率为8%的债券发行价格

第三,函数法计算。选中单元格B6,在"公式"菜单下,调用PV函数,在弹出的"函数参数"对话框中输入各参数,如图3-38所示,"Pmt"中输入用年票面利息表示的年金,单击"确定"按钮后,编辑栏显示公式"=PV(B5,B3,B2*B4,B2)",B6单元格显示结果为-113.42元,或者直接在B6单元格或编辑栏中录入公式"=PV(B5,B3,B2*B4,B2)",按〈Enter〉键确认,结果自动显示为-113.42元,如图3-39所示。

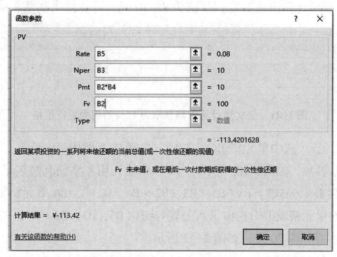

图3-38 PV函数计算市场利率为8%的债券发行价格的参数设置

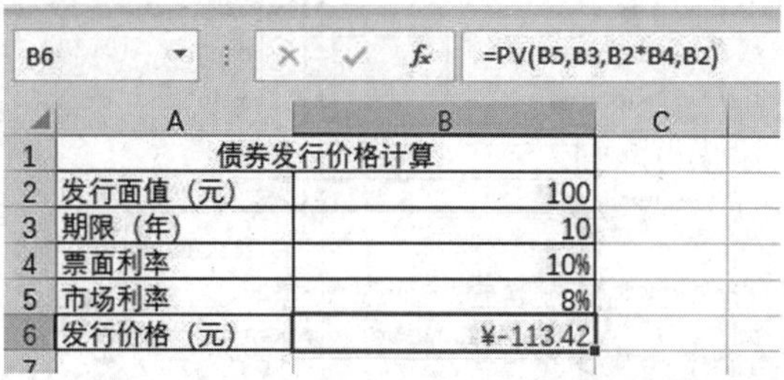

图3-39 函数法计算市场利率为8%的债券发行价格

2)判断债券发行价格的方法。

黄河股份有限公司发行债券时的市场利率小于票面利率,经计算后得知,该债券发行价格为113.42元,大于发行面值100元,因此该债券属于溢价发行。

(3)市场利率为 12%。

1)计算债券发行价格。

第一，创建一个工作簿，在工作表中输入相关数据，如图 3-40 所示。

	A	B
1	债券发行价格计算	
2	发行面值（元）	100
3	期限（年）	10
4	票面利率	10%
5	市场利率	12%
6	发行价格（元）	

图 3-40　市场利率为 12%的债券发行价格计算表

第二，公式法计算。根据债券发行价格计算公式，在单元格 B6 或编辑栏中输入公式“=B2/(1+B5)^10+B2＊B4/(1+B5)+B2＊B4/(1+B5)^2+B2＊B4/(1+B5)^3+B2＊B4/(1+B5)^4+B2＊B4/(1+B5)^5+B2＊B4/(1+B5)^6+B2＊B4/(1+B5)^7+B2＊B4/(1+B5)^8+B2＊B4/(1+B5)^9+B2＊B4/(1+B5)^10”，即可计算出债券发行价格为 88.70 元。计算结果如图 3-41 所示。

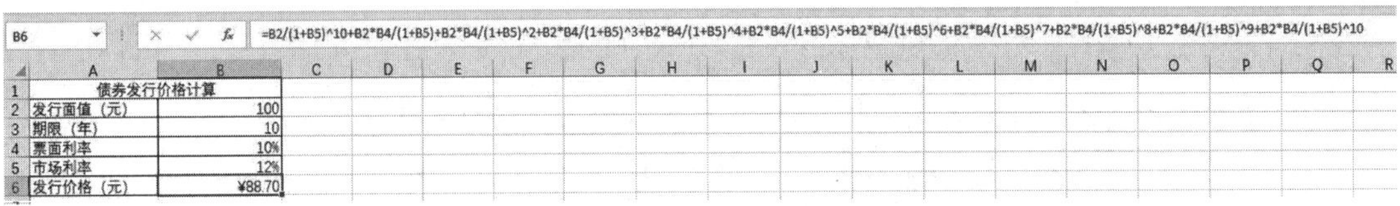

图 3-41　公式法计算市场利率为 12%的债券发行价格

第三，函数法计算。选中单元格 B6，在“公式”菜单下调用 PV 函数，在弹出的“函数参数”对话框中输入各参数，如图 3-42 所示，“Pmt”中输入用年票面利息表示的年金，单击“确定”按钮后，编辑栏显示公式“=PV(B5，B3，B2＊B4，B2)”，B6 单元格显示结果为-88.70 元，或者直接在 B6 单元格或编辑栏中录入公式“=PV(B5，B3，B2＊B4，B2)”，按〈Enter〉键确认，结果自动显示为-88.70 元，如图 3-43 所示。

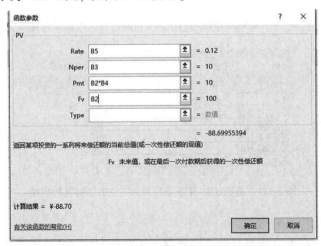

图 3-42　PV 函数计算市场利率为 12%的债券发行价格的参数设置

图 3-43 函数法计算市场利率为 12% 的债券发行价格

2）判断债券发行价格的方法。

黄河股份有限公司发行债券时的市场利率大于票面利率，经计算后得知，该债券发行价格为 88.70 元，小于发行面值 100 元，因此该债券属于折价发行。

2.【案例 3-9】的操作步骤

(1) 创建工作簿。

创建一个工作簿，在工作表中输入相关数据，如图 3-44 所示。

图 3-44 期限和市场利率调整后的债券发行价格计算表

(2) 计算发行价格。

选中单元格 B6，在"公式"菜单下调用 PV 函数，在弹出的"函数参数"对话框中输入各参数，"Pmt"中输入用年票面利息表示的年金，单击"确定"按钮后，编辑栏显示公式"=PV(B5, B3, B2*B4, B2)"，B6 单元格显示结果为-5 000 元，或者直接在 B6 单元格或编辑栏中录入公式"=PV(B5, B3, B2*B4, B2)"，按〈Enter〉键确认，结果自动显示为-5 000 元，如图 3-45 所示。

Excel 在财务管理中的应用

	A	B	C	D	E	F	G
1	债券发行价格计算						
2	发行面值（元）	5000					
3	期限（年）	10					
4	票面利率	8%					
5	市场利率	8%					
6	发行价格（元）	¥-5,000.00					
7							
8	期限和市场利率调整后的发行价格						
9	市场利率			期限			
10		10	9	8	7	6	5
11	6%						
12	7%						
13	8%						
14	9%						
15	10%						

B6 =PV(B5,B3,B2*B4,B2)

图 3-45 计算债券发行价格

（3）双变量模拟运算。

选中单元格 A10，在单元格 A10 或编辑栏中输入公式"=B6"。选中单元格区域 A10:G15，单击主菜单栏中的"数据"选项，在该选项卡下选择"模拟分析"，选中其下拉菜单中的"模拟运算表"，打开"模拟运算表"对话框，在"输入引用行的单元格"对话框中输入"$B$3"，在"输入引用列的单元格"对话框中输入"$B$5"，如图 3-46 所示，单击"确定"按钮，在单元格区域计算出不同利率和期限下的债券发行价格。计算结果如图 3-47 所示。

图 3-46 计算期限和利率调整后的发行价格的"模拟运算表"对话框

	A	B	C	D	E	F	G
1	债券发行价格计算						
2	发行面值（元）	5000					
3	期限（年）	10					
4	票面利率	8%					
5	市场利率	8%					
6	发行价格（元）	¥-5,000.00					
7							
8	期限和市场利率调整后的发行价格						
9	市场利率			期限			
10	¥-5,000.00	10	9	8	7	6	5
11	6%	-5736.008705	-5680.17	-5620.98	-5558.24	-5491.73	-5421.24
12	7%	-5351.179077	-5325.76	-5298.56	-5269.46	-5238.33	-5205.01
13	8%	-5000	-5000	-5000	-5000	-5000	-5000
14	9%	-4679.117115	-4700.24	-4723.26	-4748.35	-4775.7	-4805.52
15	10%	-4385.543289	-4424.1	-4466.51	-4513.16	-4564.47	-4620.92

图 3-47 计算期限和利率调整后的发行价格的双变量模拟运算结果

3.3 股票筹资决策

3.3.1 知识点提炼

1. 股票筹资概述

通过资本市场进行的股票筹集方式主要有普通股和优先股两种方式，普通股融资通常不需要归还本金且没有固定的股利负担，相对于债券融资而言，股票融资的融资成本较高。

(1) 股票的概念。

股票是指股份有限公司发行的，表示股东按其持有的股份享有权益和承担义务的可转让凭证。它可以作为买卖对象和抵押品，是资本市场主要的长期融资工具之一。股票具有两个方面的特征。

第一，股票是有价证券。股票之所以有价值，并且可以在资本市场上自由转让、买卖流通、继承、赠送或是作为抵押品，是因为它代表着对一定经济利益的分配和支配权，其持有者作为公司的股东，拥有法律和公司章程规定的权利和义务，股票的转让实质上是股东权利和义务的转让。

第二，股票是代表股东权益的证券。股东权益是指股东作为公司的投资者，根据其投入的资本数额享有的权利。股票所代表的这种权利，只起到证明的作用，而股东权利并不依赖于股票而存在。

(2) 股票的种类。

根据不同标准，可以对股票进行不同的分类。

1) 按照股东权利的不同分为普通股和优先股。普通股是最基本的一种股票形式，为了与优先股相区别而称之为普通股。它是指股份有限公司依法发行的具有表决权、股利不固定的一类股票。普通股具有股票的最一般特征，每一份股权包含对公司的财产享有的平等权利。优先股是指股份公司依法发行的，具有一定优先权的股票，是一种特殊的权益形式。从法律上讲，企业对优先股不承担法定的还本义务，它是企业自有资金的一部分。

2) 按股票是否标明金额分为面值股票和无面值股票。面值股票是在票面上标有一定金额的股票。持有这种股票的股东，对公司享有的权利和承担的义务大小，依其所持有的股票票面金额占公司发行在外股票总面值的比例而定。无面值股票是不在票面上标出金额，只载明所占公司股本总额的比例或股份数的股票。无面值股票的价值随公司财产的增减而变动，而股东对公司享有的权利和承担义务的大小，直接依股票标明的比例而定。目前，《中华人民共和国公司法》(以下简称《公司法》) 不承认无面值股票，规定股票应记载股票的面额，并且其发行价格不得低于票面金额。

2. 普通股筹资的特点

(1) 普通股股东对公司有经营管理权。

(2) 普通股股东对公司有盈利分配权，普通股股利分配在优先股分红之后进行。

(3) 普通股股东对公司有剩余财产要求权。公司解散、破产时，普通股股东的剩余财产求偿权位于公司各种债权人和优先股股东之后。

(4) 普通股股东对公司有优先认股权。在公司增发新股时，普通股股东有优先认股权，可以优先购买新发行的股票。

(5) 普通股股东对公司有股票转让权。

3. 普通股的发行价格

普通股的发行价格可以按照不同情况采取两种方法：一是按票面金额平价发行；二是按高于票面金额的价格发行，即溢价发行。《公司法》规定公司发行股票不得折价发行，即不得以低于股票面额的价格发行。

《中华人民共和国证券法》(以下简称《证券法》)规定，股票发行采取溢价发行的，其发行价格由发行人与承销的证券公司协商确定。发行人通常会参考公司经营业绩、净资产、发展潜力、发行数量、行业特点、股市状态等，确定发行价格。在实际工作中，股票发行价格的确定方法主要有市盈率法、净资产倍率法和现金流量折现法。

(1) 市盈率法。

市盈率又称本益比，是指公司普通股市价与每股收益的比率，计算公式为：

$$市盈率 = 每股市价 / 每股收益$$

市盈率法是以公司股票的市盈率为依据确定发行价格的一种方法。采用市盈率法确定股票发行价格的步骤如下。

第一步，根据注册会计师审核后的盈利预测计算出发行公司的每股收益，计算公式如下。

$$每股收益 = 属于普通股的净利润 / 发行在外的普通股股数$$

确定每股收益的方法有两种：一是完全摊薄法，用发行当年预测属于普通股的净利润除以总股数，直接得出每股收益；二是加权平均法，采用加权平均法确定每股收益较为合理。加权平均法的计算公式为：

$$每股收益 = \frac{发行当年预测属于普通股的净利润}{发行前普通股总股数 + 本次公开发行普通股股数 \times (12 - 发行月数)/12}$$

第二步，根据二级市场的平均市盈率、发行公司所处行业的情况(同类行业公司股票的市盈率)、发行公司的经营状况及其成长性等拟定发行市盈率。

第三步，依发行市盈率与每股收益之乘积决定发行价，计算公式如下。

$$股票发行价格 = 每股收益 \times 发行市盈率$$

(2) 净资产倍率法。

净资产倍率法又称资产净值法，是指通过资产评估和相关会计手段确定发行公司拟募股资产的每股净资产值，然后根据证券市场的状况将每股净资产值乘以一定的倍率，以此确定股票发行价格的方法。净资产倍率法在国外常用于房地产公司或资产现值重于商业利益的公司的股票发行，但在国内一直未采用。以此种方式确定每股发行价格不仅应考虑公平市值，还须考虑市场所能接受的溢价倍数。以净资产倍率法确定发行股票价格的计算公式为：

$$发行价格 = 每股净资产值 \times 溢价倍数$$

(3)现金流量折现法。

现金流量折现法是通过预测公司未来的盈利能力,据此计算出公司净现值,并按一定的折现率折算,从而确定股票发行价格的方法。其基本要点:首先是用市场接受的会计手段预测公司每个项目若干年内每年的净现金流量,再按照市场公允的折现率,分别计算出每个项目未来的净现金流量的净现值。公司的净现值除以公司股份数,即为每股净现值。

3.3.2 实验案例

实验案例3-10

【案例3-10】长江机械股份有限公司截至2020年5月的总股本为65 000万股,现因扩大生产、项目开发等需求拟于2020年8月增发新股20 000万股。股票的发行市盈率经过估算确定为20倍,当年可实现利润估计为25 000万元,波动区间为(-10%,20%),试用Excel 2016计算长江机械股份有限公司股票的发行价格。

【案例3-11】长江机械股份有限公司股票当前支付的股息为每股0.5元,预计该股票5年内的股息增长率为10%、9%、8%、7%、6%,5年之后股息会按照5%的固定增长率一直增长。假设该公司权益资本成本为10%,试用Excel 2016计算长江机械股份有限公司股票的发行价格。

3.3.3 实验目的

掌握普通股筹资的发行价格的两种计算方式:市盈率法和现金流量折现法。通过计算股票的价格,将股票价格与当前市场价格比较,帮助投资者进行投资决策。

3.3.4 实验操作

1.【案例3-10】的操作步骤

(1)创建工作簿。

创建一个工作簿,在工作表中输入相关数据,如图3-48所示。

	A	B
1	市盈率定价法	
2	当前总股本(万股)	65000
3	拟增发股本(万股)	20000
4	发行市盈率	20
5	发行月份	8
6	当年预计净利润(万元)	25000
7	利润波动	
8	每股收益(元)	
9	股票发行价格(元)	

图3-48 市盈率定价法计算表

（2）设置净利润波动区间。

根据利润的波动区间，可以计算得到利润的最大值和最小值。根据题意可知，本例中需要添加一滚动条来实现利润的波动。在窗口的左上方的"自定义快速访问工具栏"选项中选择"其他"命令，在弹出的"Excel 选项"对话框中选择"自定义功能区"，在右侧的"从下列位置选择命令"中选择"不在功能区中的命令"，在下拉列表中选择"滚动条（窗体控件）"，单击"添加"按钮后即可在"自定义快速访问工具栏"选项的左侧见到滚动条控件。选中"滚动条（窗体控件）"，将其按从左到右的顺序拖至单元格 B7，即在单元格 B7 出现一条滚动条，选中该滚动条，单击右键，在弹出的快捷菜单中选择"设置控件格式"，如图 3-49 所示。在弹出的"设置控件格式"对话框中，在"控制"选项中将"最小值"设定为 22 500，"最大值"设定为 30 000，"步长"设定为 1，"单元格链接"设为"＄B＄6"，如图 3-50 所示。

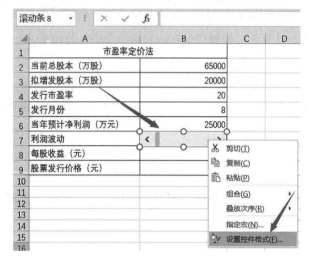

图 3-49　添加滚动条　　　　　　图 3-50　净利润变动区间的设置

（3）调整滚动条。

单击"确定"按钮后，适当调整滚动条大小，如图 3-51 所示。

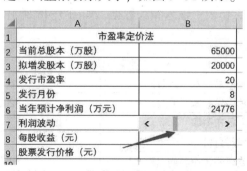

图 3-51　滚动条大小的调整

（4）计算每股收益。

在单元格 B8 或编辑栏中输入公式"＝B6/（B2+B3＊（12-B5）/12）"，按〈Enter〉键后得到当净利润为 25 000 万元时的每股收益为 0.348 837 209，如图 3-52 所示。向左向右分别滚动滚动条，每股收益也跟着变化。当净利润为 22 500 时，每股收益为 0.313 953 488；当净利润为 30 000 时，每股收益为 0.418 604 651。

图 3-52　每股收益的计算结果

(5) 计算股票发行价格。

在单元格 B9 或编辑栏中输入公式"=B8*B4"，按〈Enter〉键后即可得到股票发行价格。当净利润为 22 500 万元时，股票发行价格为 6.279 069 767 元；当净利润为 25 000 万元时，股票发行价格为 6.976 744 186 元；当净利润为 30 000 万元时，股票发行价格为 8.372 093 023 元。计算结果如图 3-53、图 3-54、图 3-55 所示。

图 3-53　股票发行价格 1

图 3-54　股票发行价格 2

图 3-55　股票发行价格 3

2.【案例 3-11】的操作步骤

假设该公司权益资本成本为 10%，计算该公司股票的发行价格。

(1) 创建工作簿。

创建一个工作簿，在工作表中输入相关数据，如图 3-56 所示。

	A	B	C	D	E	F	G	H
1			现金流量折现法					
2	权益资本成本	10%						
3	年	0	1	2	3	4	5	6
4	股息增长率		10%	9%	8%	7%	6%	5%
5	股息（元）	0.5						
6	现金流量（元）							
7	现值（元）							
8	股票价格							

图 3-56　现金流量折现法计算表

(2) 计算股息。

在单元格 C5 或编辑栏中输入公式"=B5*(1+C4)"，得到第一年股息为 0.55 元。拖动填充柄向右复制公式至单元格区域 D5:H5，计算结果如图 3-57 所示。

	A	B	C	D	E	F	G	H
1			现金流量折现法					
2	权益资本成本	10%						
3	年	0	1	2	3	4	5	6
4	股息增长率		10%	9%	8%	7%	6%	5%
5	股息（元）	0.5	0.55	0.60	0.65	0.69	0.73	0.77
6	现金流量（元）							
7	现值							
8	股票价格							

图 3-57　股息计算结果

(3) 计算现金流量。

在单元格 C6 或编辑栏中输入公式"=C5"，得到第一年现金流量为 0.55 元。拖动填充柄向右复制公式至单元格区域 D6:F6，计算结果如图 3-58 所示。

	A	B	C	D	E	F	G	H
1			现金流量折现法					
2	权益资本成本	10%						
3	年	0	1	2	3	4	5	6
4	股息增长率		10%	9%	8%	7%	6%	5%
5	股息（元）	0.5	0.55	0.60	0.65	0.69	0.73	0.77
6	现金流量（元）		0.55	0.60	0.65	0.69		
7	现值（元）							
8	股票价格							

图 3-58　现金流量计算结果

(4) 计算第 5 年的现金流量。

在单元格 G6 或编辑栏中输入公式"=G5+H5/(B2-H4)"，即可得到第 5 年的现金流量为 16.16 元，计算结果如图 3-59 所示。

图 3-59　第 5 年现金流量计算结果

(5) 计算现值。

在单元格 C7 或编辑栏中输入公式"=C6/((1+\$B\$2)^C3)"，即可得到第 1 年现金流量的现值为 0.5，拖动填充柄向右复制公式至单元格区域 D7:G7，计算结果如图 3-60 所示。

图 3-60　现金流量的现值计算结果

(6) 计算股票价格。

在单元格 B8 或编辑栏中输入公式"=SUM(C7:G7)"，即可得到股票计算价格为 11.99 元，计算结果如图 3-61 所示。

图 3-61　现金流量折现法计算股票价格

3.4 资本成本

3.4.1 知识点提炼

1. 资本成本的概念

资本成本是指企业为筹集和使用资金而付出的代价。这里的资本是指企业筹集的长期资本，包括股权资本和长期债务资本。从投资者角度来看，资本成本一般指的是投资资本的机会成本，即投资者要求的必要报酬或最低报酬。

2. 资本成本的构成

资本成本包括筹资费用和用资费用两部分。

筹资费用是指企业在资本筹措过程中为获取资本而付出的代价，如向银行支付的借款手续费，因发行股票、公司债券而支付的发行费等。筹资费用通常在资本筹集时一次性发生，在资本使用过程中不再发生，因此，视为筹资数额的一项扣除。

用资费用是指企业在使用资本过程中所支付的各项费用，主要包括资金时间价值和投资者要考虑的投资风险报酬两部分，如股票的股息、债券的利息、银行贷款的利息等。用资费用与筹资金额的大小、资金占用时间的长短有直接联系。与筹资费用相比，用资费用是企业经常发生的。

3. 资本成本的种类

资本成本的表现形式有两种：资本成本额(用绝对数表示)和资本成本率(用相对数表示)。在企业筹资实务中，资本成本通常用相对数表示，即资本成本率。资本成本率以用资费用与实际筹集到的资本数额的比值作为其衡量指标，通常用百分比来表示。其计算公式为：

$$K = \frac{D}{P-f} = \frac{D}{P(1-F)}$$

式中，K 表示资本成本率；D 表示用资费用；P 表示筹资数额；f 表示筹资费用；F 表示筹资费用率。

一般而言，资本成本率有下列种类。

(1) 个别资本成本率。

个别资本成本率是指公司各种长期资本的成本率。例如，股票资本成本率、债券资本成本率、长期借款资本成本率。公司在比较各种筹资方式时，需要使用个别资本成本率。

(2) 综合资本成本率。

综合资本成本率是指一个公司全部长期资本的成本率，通常是以各种长期资本的比例为权重，对个别资本成本率进行加权平均测算的，故亦称加权平均资本成本率。因此，综合资本成本率是由个别资本成本率和长期债券资本成本率这两个因素决定的。

(3) 边际资本成本率。

边际资本成本率是指公司追加筹资的资本成本率,即公司新增一元资本所需负担的成本。公司追加筹资有时可能只采取某一种筹资方式。在筹资数额较大或目标资本结构既定的情况下,往往需要通过多种筹资方式的组合来实现。这时,边际资本成本率应该按加权平均法测算,而且其资本比例必须以市场价值确定。

4. 个别资本成本的计算

(1) 长期借款资本成本。

长期借款资本成本包括借款时发生的筹资费用和以后要支付的借款利息两部分。由于长期借款利息一般计入财务费用,抵减了一部分公司所得税,因此计算时,实际借款成本应从利息中扣除所得税。其计算公式为:

$$K_L = \frac{I_t(1-T)}{L(1-F_L)}$$

式中,K_L 表示税后借款资本成本;I_t 表示长期借款年利息;T 表示所得税税率;L 表示长期借款筹资额;F_L 表示借款筹资费率。

上式也可改写为:

$$K_L = \frac{i(1-T)}{1-F_L}$$

式中,i 表示长期借款年利率。

(2) 债券资本成本。

债券资本成本由企业实际负担的债券利息和发行债券支付的筹资费用组成。债券利息与银行借款利息一样是税前列支成本,同样具有抵税作用。因此,债券资本成本可以比照长期借款来计算。其计算公式为:

$$K_B = \frac{I_t(1-T)}{B(1-F_B)}$$

式中,K_B 表示税后债券资本成本;I_t 表示债券年利息;T 表示所得税税率;B 表示筹集债券数额;F_B 表示筹资费用率。

(3) 普通股资本成本。

普通股资本成本是普通股股东要求的必要报酬率。普通股资本成本包括筹资费用和用资费用两部分。用资费用主要指股份公司支付给股东的股利。由于普通股的股利是不固定的,即未来现金流出是不确定的,因此很难准确估计出普通股的资本成本。常用的普通股资本成本估计的方法:股利折现模型、资本资产定价模型和风险溢价法。

1) 股利折现模型法。股利折现模型法就是按照资本成本的基本概念来计算普通股资本成本,即将企业发行股票所收到资金净额现值与预计未来资金流出现值相等的贴现率作为普通股资本成本。其中,预计未来资金流出包括支付的股利和回收股票所支付的现金。因为一般情况下,企业不得回购已发行的股票,所以运用股利折现模型法计算普通股资本成本时只考虑股利支付。因为普通股按股利支付方式的不同可以分为零成长股票、固定成长股票和非固定成长股票等,所以相应的资本成本计算也有所不同。具体如下。

第一种,零成长股票。零成长股票是各年支付的股利相等,股利的增长率为 0。根据其估价模型可以得到其资本成本计算公式为：

$$K_c = \frac{D_t}{P_c(1 - F_c)}$$

式中，K_c 表示普通股资本成本率；D_t 表示普通股第 t 年股利；P_c 表示普通股筹集数额；F_c 表示普通股筹资费用率。

第二种，固定成长股票。固定成长股票是指每年的股利按固定的比例 g 增长。根据其估价模型得到的股票资本成本计算公式为：

$$K_c = \frac{D_t}{P_c(1 - F_c)} + g$$

式中，g 表示股利固定支付率。

第三种，非固定成长股票。有些股票股利增长率是从高于正常水平的增长率转为一个被认为正常水平的增长率，如高科技企业的股票，这种股票称为非固定成长股票。其计算公式为：

$$P_c(1 - F_c) = \sum_{t=1}^{\infty} \frac{D_t}{(1 + K_c)^t}$$

根据上式计算可求出其中的 K_c，就是该股票的资本成本率。

2) 资本资产定价模型法。在市场均衡的条件下，投资者要求的报酬率与筹资者的资本成本是相等的，因此可以按照确定普通股预期报酬率的方法来计算普通股的资本成本。资本资产定价模型是计算普通预期报酬率的基本方法，其计算公式为：

$$K_c = R_f + \beta_i(R_m - R_f)$$

式中，K_c 表示普通股资本成本率；R_f 表示无风险报酬率；β_i 表示第 i 种股票的 β 系数；R_m 表示市场报酬率。在已确定无风险报酬率、市场报酬率和某种股票的 β 值后，即可测算出该股票的资本成本率，即必要报酬率。

3) 风险溢价法。根据投资"风险越大，要求的报酬率越高"的原则，普通股股东对企业的投资风险大于债券投资者，因而会在债券投资者要求的收益率上再要求一定的风险溢价。依照这一理论，普通股资本成本率的计算公式为：

$$K_c = K_B + RP_c$$

式中，K_c 表示普通股资本成本率；K_B 表示债务资本成本率；RP_c 表示股东比债权人承担更大风险所要求的风险溢价。

债务资本成本率(长期借款资本成本率、债券资本成本率等)比较容易计算，难点在于确定风险溢价。风险溢价可以凭借经验估计。一般认为，某企业普通股风险溢价对其自己发行的债券来讲，在3%~5%。当市场利率达到历史性高点时，风险溢价通常较低，在3%左右；当市场利率处于历史性低点时，风险溢价通常较高，在5%左右；而通常情况下，常常采用4%的平均风险溢价。这样，普通股资本成本率则为：

$$K_c = K_B + 4\%$$

例如，对于债券成本为9%的企业来讲，其普通股资本成本率为：$K_c = 9\% + 4\% =$

13%；而对于债券成本为13%的另一家企业，其普通股资本成本率为：$K_c = 13\% + 4\% = 17\%$。

(4) 优先股资本成本。

优先股资本成本是优先股股东要求的必要报酬率。优先股资本成本包括优先股股息和发行费用。优先股的股息是固定的，先于普通股股利派发。优先股资本成本的计算公式为：

$$K_p = \frac{D_t}{P_p(1 - F_p)}$$

式中，K_p 表示优先股资本成本率；D_t 表示优先股第 t 年股息；P_p 表示优先股筹集数额；F_p 表示优先股筹资费用率。

(5) 留存收益资本成本。

留存收益是由公司税后净利润形成的，经股东同意，不作为股利分配，留在企业供生产经营继续使用的那部分税后净利润，是股东对企业的追加投资。股东对这部分追加投资，同样要求与购买普通股股票的股东获得相同的报酬。因此，留存收益资本成本视同普通股资本成本，不同之处在于不必考虑发行费用。计算留存收益成本的方法很多，主要有三种：股利折现模型法、资本资产定价模型法、风险溢价法。

5. 综合资本成本

实务中，企业的资本往往有多种筹资方式，未进行筹资决策，就要计算确定企业全部长期资本的总成本，即综合资本成本。综合资本成本是指一个公司全部长期资本的成本率，通常是以各种长期资本的比例为权重，对个别资本成本率进行加权平均测算的，故亦称加权平均资本成本率。它是由个别资本成本率和各种长期资本比例这两个因素所决定的。其计算公式为：

$$K_w = \sum_{i=1}^{n} K_i W_i$$

式中，K_w 表示综合资本成本率；K_i 表示第 i 种个别资本成本率；W_i 表示第 i 种个别资本成本占全部资本的比重，即权数。

6. 边际资本成本

一般情况，资本成本率在一定范围内不会改变，而在保持某资本成本率的条件下可以筹集到的资金总限度称为保持现有资本结构下的筹资突破点。一旦筹资额超过突破点，即使维持现有的资本结构，其资本成本率也会增加。企业在追加筹资时，需要知道筹资额在什么数额时资本成本会发生变化，这就需要用到边际资本成本的概念。边际资本成本是指公司追加筹资的资本成本率，即公司新增一元资本所需负担的成本。

边际资本成本的计算可以按照以下四个步骤进行。

第一步，确定追加筹资的目标资本结构。

第二步，测算个别资本成本在不同筹资额度内的资本成本。

第三步，计算筹资总额的成本分界点。在一定的筹资数额内，资本成本率不变，超过某一筹资限度，就会引起原资本成本的变化，于是就把在保持某资本成本的条件下可以筹集到的资本总限度作为现有资本结构下的筹资分界点（或筹资突破点）。在筹资突破点范围内筹资，资本成本不会改变，一旦筹资额超过筹资分界点，即使维持原有的资本结构，其资本成本也会增加。筹资总额成本分界点的计算公式为：

$$B_i = \frac{F}{W_i}$$

式中，B_i 表示第 i 种资本引起的筹资总额成本分界点；F 表示第 i 种资本的成本分界点；W_i 表示第 i 种资本在目标资本结构中占的比重。

第四步，计算筹资总额的不同筹资范围内的边际资本成本。

7. 资本成本的函数

（1）IF 函数。

1）语法：IF（logical_ test，value_ if_ true，value_ if_ false）。

2）用途：执行逻辑判断，它可以根据逻辑表达式的真假，返回不同的结果，从而执行数值或公式的条件检测任务。

3）参数。

logical_ test 是计算结果为 TRUE 或 FALSE 的任何数值或表达式。

value_ if_ true 是 logical_ test 为 TRUE 时函数的返回值，如果 logical_ test 为 TRUE 并且省略了 value_ if_ true，则返回 TRUE，而且 value_ if_ true 可以是一个表达式。

value_ if_ false 是 logical_ test 为 FALSE 时函数的返回值，如果 logical_ test 为 FALSE 并且省略 value_ if_ false，则返回 FALSE，value_ if_ false 也可以是一个表达式。

（2）ROUND 函数。

1）语法：ROUND（number，num_ digits）。

2）用途：返回某个数字按指定位数四舍五入后的数字。

3）参数。

number 是要四舍五入的数。

digits 是要小数点后保留的位数。如果 num_ digits 大于 0，则四舍五入到指定的小数位；如果 num_ digits 等于 0，则四舍五入到最接近的整数；如果 num_ digits 小于 0，则在小数点左侧进行四舍五入。

（3）SUMPRODUCT 函数。

1）语法：SUMPRODUCT（array1，[array2]，[array3]，…）。

2）用途：用于计算给定的几组数组中对应元素的乘积之和。

3）参数。

array1（必选）表示要参与计算的第 1 个数组，如果只有一个参数，那么 SUMPRODUCT 函数直接返回该参数中的各元素之和。

array2，array3，…（可选）表示要参与计算的第 2～255 个数组。

3.4.2　实验案例

【案例 3-12】海通有限公司取得 8 年期的长期借款 1 000 万元，年利率为 10%，每年付息一次，到期还本付息，长期借款的筹资费用率为 0.5%，企业所得税税率为 25%，试用 Excel 计算该笔长期借款的资本成本。

【案例 3-13】海通有限公司拟发行总面额为 800 万元的债券 1 000 张，总价格为 900 万元，票面利率为 12%，发行费用占发行价格的 10%，公司所得税税率为 25%，试用 Excel 计算该债券的资本成本。若债券的发行总价格为 800 万元，请计算其资本成本。若债券的发行总价格为 700 万元，请计算其资本成本。

【案例 3-14】长江机械股份有限公司拟发行普通股 100 万股，每股的发行价格为 10 元，总价格 1 000 万元，筹资费用率为 5%，预计第一年股利率为 12%，以后每年股利增长 5%，试用 Excel 计算该普通股的资本成本。

【案例 3-15】长江机械股份有限公司拟发行优先股总面额为 200 万元，总发行价为 250 万元，筹资费用率为 6%，预计年股息率为 15%，试用 Excel 计算该优先股的资本成本。

【案例 3-16】长江机械股份有限公司 2017 年发行的普通股市价为每股 20 元，预计股利年增长率为 5%，2017 年按每股 1 元发放股利，试用 Excel 计算该公司留存收益的资本成本。

【案例 3-17】长江机械股份有限公司因发展需要，准备外部筹资 2 300 万元。其中，计划向银行长期借款 400 万元，年利率为 8%，筹资费用率为 1%；计划通过发行债券筹资 600 万元，票面年利率为 10%，发行费用率为 3%；计划发行普通股筹资 1 000 万元，预计第一年股利为 12%，以后每年股利按 1% 的增长率发放，发行费用率为 4%；计划发行优先股筹资 300 万元，年股息率为 14%，发行费用率为 4%；留存收益为 200 万元。企业所得税税率为 25%，试用 Excel 计算该公司综合资本成本。

实验案例 3-17

【案例 3-18】渤海股份有限公司现有长期资金 1 000 万元，其中长期借款 350 万元，普通股 500 万元，优先股 150 万元，个别资本成本相关资料如表 3-1 所示。因扩大经营规模的需要，企业拟筹集新资金。假定该公司财务人员经过分析后确定按目标资本结构以万元为单位进行筹集。试用 Excel 计算该公司新筹集资本的边际资本成本，并绘制边际资本成本规划图。

表 3-1　渤海股份有限公司筹资规模与资本成本

资金种类	目标资本结构	新增筹资额范围/万元	资本成本
长期借款	35%	1~50	6%
		51~100	7%
		101 以上	8%
优先股	15%	1~75	10%
		76 以上	12%
普通股	50%	1~150	14%
		151~350	15%
		351 以上	16%

3.4.3　实验目的

掌握用 Excel 计算长期借款、债券、普通股、优先股、留存收益的个别资本成本，掌握在多种筹资方案下综合资本成本的计算，以及边际资本成本的计算，为筹资决策提供依据。

3.4.4 实验操作

1.【案例3-12】的操作步骤

(1) 创建工作簿。

创建一个工作簿，在工作表中输入相关数据，如图3-62所示。

(2) 计算长期借款资本成本。

根据长期借款资本成本的计算原理，在B8单元格或编辑栏中输入公式"=B2*B4*(1-B7)/(B2*(1-B6))"，即可得到海通有限公司该笔长期借款的资本成本为7.54%，计算结果如图3-63所示。

图3-62　长期借款资本成本计算表

图3-63　长期借款资本成本计算结果

2.【案例3-13】的操作步骤

(1) 若债券的发行总价格为900万元，计算其资本成本如下。

创建一个工作簿，在工作表中输入相关数据，如图3-64所示。本例中发行价格大于债券面值，可知该债券溢价发行。根据债券资本成本的计算原理，在B7单元格或编辑栏中输入公式"=B2*B3*(1-B5)/(B6*(1-B4))"，即可得到海通有限公司该笔债券的资本成本为8.89%，计算结果如图3-65所示。

图3-64　债券资本成本计算表

图3-65　溢价发行的债券资本成本计算结果

(2) 若债券的发行总价格为800万元，计算其资本成本如下。

创建一个工作簿，在工作表中输入相关数据。本例中发行价格等于债券面值，可知该债

第3章　筹资决策

券以平价发行。根据债券资本成本的计算原理，在 B7 单元格或编辑栏中输入公式"= B2 * B3 * (1−B5)/(B6 * (1−B4))"，即可得到海通有限公司该笔债券的资本成本为 10.00%，计算结果如图 3-66 所示。

B7		fx	=B2*B3*(1-B5)/(B6*(1-B4))
	A	B	C D E
1	债券资本成本计算		
2	债券面值（万元）	800	
3	票面利率	12%	
4	筹资费用率	10%	
5	所得税税率	25%	
6	发行价格（万元）	800	
7	债券资本成本	10.00%	

图 3-66　平价发行的债券资本成本计算结果

（3）若债券的发行总价格为 700 万元，计算其资本成本如下。

创建一个工作簿，在工作表中输入相关数据。本例中发行价格小于债券面值，可知该债券以折价发行。根据债券资本成本的计算原理，在 B7 单元格或编辑栏中输入公式"= B2 * B3 * (1−B5)/(B6 * (1−B4))"，即可得到海通有限公司该笔债券的资本成本为 11.43%，计算结果如图 3-67 所示。

B7		fx	=B2*B3*(1-B5)/(B6*(1-B4))
	A	B	C D E
1	债券资本成本计算		
2	债券面值（万元）	800	
3	票面利率	12%	
4	筹资费用率	10%	
5	所得税税率	25%	
6	发行价格（万元）	700	
7	债券资本成本	11.43%	

图 3-67　折价发行的债券资本成本计算结果

3.【案例 3-14】的操作步骤

（1）创建工作簿。

创建一个工作簿，在工作表中输入相关数据，如图 3-68 所示。

	A	B
1	普通股资本成本计算	
2	普通股筹资额（万元）	1000
3	筹资费用率	5%
4	第一年股利率	12%
5	股利增长率	5%
6	普通股资本成本	

图 3-68　普通股资本成本计算表

(2)计算普通股资本成本。

根据股利折现模型法的计算原理，第一年以后每年的股利按固定的比例 g 增长。在 B6 单元格或编辑栏中输入公式“=B2 * B4/B2 * (1-B3)+B5”，即可得到长江机械股份有限公司该普通股的资本成本为 16.40%，计算结果如图 3-69 所示。

B6 =B2*B4/B2*(1-B3)+B5

	A	B	C	D
1	普通股资本成本计算			
2	普通股筹资额（万元）	1000		
3	筹资费用率	5%		
4	第一年股利率	12%		
5	股利增长率	5%		
6	普通股资本成本	16.40%		

图 3-69　普通股资本成本计算结果

4.【案例 3-15】的操作步骤

(1)创建工作簿。

创建一个工作簿，在工作表中输入相关数据，如图 3-70 所示。

	A	B
1	优先股资本成本计算	
2	优先股面额（万元）	200
3	优先股筹资额（万元）	250
4	筹资费用率	6%
5	预计股息率	15%
6	优先股资本成本	

图 3-70　优先股资本成本计算表

(2)计算优先股资本成本。

根据优先股资本成本的计算原理，在 B6 单元格或编辑栏中输入公式“=B2 * B5/(B3 * (1-B4))”，即可得到长江机械股份有限公司该优先股的资本成本为 12.77%，计算结果如图 3-71 所示。

B6 =B2*B5/(B3*(1-B4))

	A	B	C	D
1	优先股资本成本计算			
2	优先股面额（万元）	200		
3	优先股筹资额（万元）	250		
4	筹资费用率	6%		
5	预计股息率	15%		
6	优先股资本成本	12.77%		

图 3-71　优先股资本成本计算结果

5. 【案例 3-16】的操作步骤

(1) 创建工作簿。

创建一个工作簿，在工作表中输入相关数据，如图 3-72 所示。

	A	B
1	留存收益资本成本计算	
2	普通股市价（元）	20
3	股利增长率	5%
4	当年股利（元）	1
5	下一年股利	
6	留存收益资本成本	

图 3-72　留存收益资本成本计算表

(2) 计算留存收益资本成本。

根据留存收益资本成本的计算原理，首先根据股利增长率计算该股票下一年的股利，在 B5 单元格或编辑栏中输入公式"＝B4＊(1+B3)"，即可得到该股票下一年的股利为 1.05 元。然后计算该公司留存收益资本成本，在单元格 B6 或编辑栏中输入公式"＝B5/B2+B3"，即可得到该公司留存收益资本成本 10.25%。计算结果如图 3-73 所示。

B6		✕	✓	fx	=B5/B2+B3	
	A			B		C
1	留存收益资本成本计算					
2	普通股市价（元）			20		
3	股利增长率			5%		
4	当年股利（元）			1		
5	下一年股利			1.05		
6	留存收益资本成本			10.25%		

图 3-73　留存收益资本成本计算结果

6. 【案例 3-17】的操作步骤

(1) 创建工作簿。

创建一个工作簿，在工作表中输入相关数据，如图 3-74 所示。

	A	B	C	D	E	F
1	综合资本成本计算					
2	筹资方式	长期借款	债券	普通股	优先股	留存收益
3	筹资额（万元）	400	600	1000	300	200
4	年利率	8%	10%			
5	第1年股利（息）率			12%	14%	12%
6	年股利增长率			1%		1%
7	筹资费用率	1%	3%	4%	4%	
8	所得税税率	25%	25%			
9	资本比重					
10	个别资本成本					
11	综合资本成本					

图 3-74　综合资本成本计算表

(2)计算资本比重。

根据资本比重的计算原理,在单元格 B9 或编辑栏中输入公式"=B3/SUM($B$3：$F$3)",并拖动填充柄复制公式至单元格区域 C9:F9,即可得到各筹资方式的资本比重,依次为长期借款 0.16,债券 0.24,普通股 0.4,优先股 0.12,留存收益 0.08。

(3)计算长期借款的资本成本。

根据长期借款资本成本的计算原理,在 B10 单元格或编辑栏中输入公式"=B4*(1-B8)/(1-B7)",即可得到该长期借款的资本成本为 6.06%。

(4)计算债券的资本成本。

根据债券资本成本的计算原理,在 C10 单元格或编辑栏中输入公式"=C4*(1-C8)/(1-C7)",即可得到该债券的资本成本为 7.73%。

(5)计算普通股的资本成本。

该公司的普通股按照固定增长股利政策发行。根据普通股资本成本的股利折现模型法计算原理,在 D10 单元格或编辑栏中输入公式"=D5/(1-D7)+D6",即可得到该普通股的资本成本为 13.50%。

(6)计算优先股的资本成本。

根据优先股资本成本的计算原理,在 E10 单元格或编辑栏中输入公式"=E5/(1-E7)",即可得到该优先股的资本成本为 14.58%。

(7)计算留存收益的资本成本。

根据留存收益资本成本的计算原理,留存收益资本成本的计算方法同普通股,但不需考虑筹资费用。在 F10 单元格或编辑栏中输入公式"=F5+F6",即可得到该留存收益的资本成本为 13.00%。

(8)计算综合资本成本。

根据综合资本成本的计算原理,选中单元格 B11,在"插入函数"对话框中调用 SUMPRODUCT 函数,在出现的"函数参数"对话框中输入相关参数,如图 3-75 所示,单击"确定"按钮,或者在 B11 单元格或编辑栏中输入公式"=SUMPRODUCT(B9:F9,B10:F10)",即可得到该公司的综合资本成本为 11.02%。最终计算结果如图 3-76 所示。

图 3-75 SUMPRODUCT 函数计算综合资本成本的参数设置

	A	B	C	D	E	F
1		综合资本成本计算				
2	筹资方式	长期借款	债券	普通股	优先股	留存收益
3	筹资额（万元）	400	600	1000	300	200
4	年利率	8%	10%			
5	第1年股利（息）率			12%	14%	12%
6	年股利增长率			1%		1%
7	筹资费用率	1%	3%	4%	4%	
8	所得税税率	25%	25%			
9	资本比重	0.16	0.24	0.4	0.12	0.08
10	个别资本成本	6.06%	7.73%	13.50%	14.58%	13.00%
11	综合资本成本			11.02%		

图 3-76 综合资本成本计算结果

7. 【案例 3-18】的操作步骤

(1) 创建工作簿。

创建一个工作簿，建立筹资突破点计算表格，并输入相关数据，如图 3-77 所示。

	A	B	C	D	E	F
1			筹资突破点计算			
2	资金种类	目标资本结构	新增筹资额范围（万元）		资本成本	筹资突破点（万元）
3			下限	上限		
4	长期借款	35%	1	50	6%	
5			51	100	7%	
6			101	以上	8%	
7	优先股	15%	1	75	10%	
8			76	以上	12%	
9	普通股	50%	1	150	14%	
10			151	350	15%	
11			351	以上	16%	

图 3-77 筹资突破点计算表

(2) 计算筹资突破点。

根据筹资突破点的计算原理，在单元格 F4 或编辑栏中输入公式"=D4/＄B＄3"，即可得到相对应的筹资突破点为 142.86；同理，在单元格 F5 或编辑栏中输入公式"=D5/＄B＄3"，在单元格 F7 或编辑栏中输入公式"=D7/＄B＄6"，在单元格 F9 或编辑栏中输入公式"=D9/＄B＄8"，在单元格 F10 或编辑栏中输入公式"=D10/＄B＄8"，即可计算得到各筹资突破点。计算结果如图 3-78 所示。

	A	B	C	D	E	F
1			筹资突破点计算			
2	资金种类	目标资本结构	新增筹资额范围（万元）		资本成本	筹资突破点（万元）
3			下限	上限		
4	长期借款	35%	1	50	6%	142.86
5			51	100	7%	285.71
6			101	以上	8%	
7	优先股	15%	1	75	10%	500.00
8			76	以上	12%	
9	普通股	50%	1	150	14%	300.00
10			151	350	15%	700.00
11			351	以上	16%	

图 3-78 筹资突破点计算结果

（3）建立边际资本成本计算表。

根据所计算出的筹资突破点，可以得到 6 组筹资总额范围，结合已知条件则可建立边际资本成本计算表，如图 3-79 所示。

	A	B	C	D	E	F	G
13				边际资本成本计算			
14	筹资总额范围（万元）		资本种类	目标资本结构	个别资本成本	边际资本成本	筹资总额范围（万元）
15	下限	上限					
16			长期借款				
17			优先股				
18			普通股				
19			长期借款				
20			优先股				
21			普通股				
22			长期借款				
23			优先股				
24			普通股				
25			长期借款				
26			优先股				
27			普通股				
28			长期借款				
29			优先股				
30			普通股				
31			长期借款				
32			优先股				
33			普通股				

图 3-79 边际资本成本计算表

1）A 列、B 列相关单元格公式如下。

A16：=C4。B16：=ROUND(F4，0)。A19：=B16+1。

B19：=ROUND(F5，0)。A22：=B19+1。

B22：=ROUND(F9，0)。A25：=B22+1。

B25：=ROUND(F7，0)。A28：=B25+1。

B28：=ROUND(F10，0)。A31：=B28+1。

在单元格 B31 中输入"以上"。

2）D 列相关单元格公式如下。

D16：=＄B＄4。D17：=＄B＄7。D18：=＄B＄9。

选取单元格区域 D16：D18，将其分别复制到单元格区域 D19：D21，D22：D24，D25：

D27、D28;D30、D31;D33。

3) E列相关单元格公式如下。

E16：=IF(B16>＄F＄5，＄E＄6，IF(B16>＄F＄4，＄E＄5，＄E＄4))。分别复制公式至单元格E19、E22、E25、E28、E31，判断长期借款的个别资本成本。

E17：=IF(B16>＄F＄7，＄E＄8，＄E＄7)。分别复制公式至单元格E20、E23、E26、E29、E32，判断优先股的个别资本成本。

E18：=IF(B16>＄F＄10，＄E＄11，IF(B16>＄F＄9，＄E＄10，＄E＄9))。分别复制公式至单元格E21、E24、E27、E30、E33，判断普通股的个别资本成本。

4) F列相关单元格公式如下。

分别合并单元格F16、F17、F18，F19、F20、F21，F22、F23、F24，F25、F26、F27，F28、F29、F30，F31、F32、F33，在单元格F16中输入公式"=SUMPRODUCT(D16:D18，E16:E18)"，并分别复制公式至单元格F19、F22、F25、F28、F31，得到筹资总额各区间对应的边际资本成本。

5) G列相关单元格公式如下。

分别合并单元格G16、G17、G18，G19、G20、G21，G22、G23、G24，G25、G26、G27，G28、G29、G30，G31、G32、G33，在单元格G16中输入公式"=A16&" ~ "&B16"，并分别复制公式至单元格G19、G22、G25、G28、G31。最终计算结果如图3-80所示。

	A	B	C	D	E	F	G
13				边际资本成本计算			
14	筹资总范围（万元）		资本种类	目标资本结构	个别资本成本	边际资本成本	筹资总额范围（万元）
15	下限	上限					
16	1	143.00	长期借款	35%	7.00%	10.95%	1~143
17			优先股	15%	10.00%		
18			普通股	50%	14.00%		
19	144.00	286.00	长期借款	35%	8.00%	11.30%	144~286
20			优先股	15%	10.00%		
21			普通股	50%	14.00%		
22	287.00	300.00	长期借款	35%	8.00%	11.30%	287~300
23			优先股	15%	10.00%		
24			普通股	50%	14.00%		
25	301.00	500.00	长期借款	35%	8.00%	11.80%	301~500
26			优先股	15%	10.00%		
27			普通股	50%	15.00%		
28	501.00	700.00	长期借款	35%	8.00%	12.10%	501~700
29			优先股	15%	12.00%		
30			普通股	50%	15.00%		
31	701.00	以上	长期借款	35%	8.00%	12.60%	701~以上
32			优先股	15%	12.00%		
33			普通股	50%	16.00%		

图3-80　边际资本成本计算结果

(4) 绘制边际资本成本规划图。

根据计算所得的边际资本成本，插入一个三维柱形图，并进行调整，得到边际资本成本规划图，如图3-81所示。

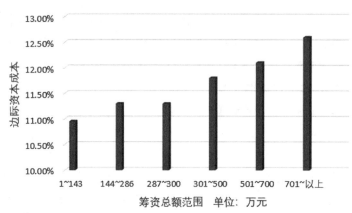

图 3-81 边际资本成本规划图

3.5 杠杆效应和资本结构

3.5.1 知识点提炼

1. 杠杆效应的概念

杠杆效应是指固定成本提高公司期望收益，同时也增加公司风险的现象。财务管理中涉及的杠杆主要有经营杠杆、财务杠杆和总杠杆。经营杠杆是由与产品生产或提供劳务有关的固定性经营成本所引起的。而财务杠杆则是由债务利息等固定性融资成本所引起的。两种杠杆具有放大盈利波动性的作用，影响企业的风险与收益。

2. 经营杠杆

(1) 经营杠杆原理。

经营杠杆是指在某一固定成本比重的作用下，由于营业收入一定程度的变动引起营业利润产生更大程度变动的现象。经营杠杆的大小一般用经营杠杆系数 DOL 表示，即息税前利润变动率与销售量变动率之间的比率。

(2) 经营杠杆系数。

$$DOL = \frac{\Delta EBIT/EBIT}{\Delta Q/Q} = \frac{(P-V)\Delta Q/EBIT}{\Delta Q/Q} = \frac{(P-V)Q}{EBIT} = \frac{M}{EBIT}$$

用销量表示为：$DOL_q = \frac{Q(P-V)}{Q(P-V)-F}$，可用于计算单一产品的经营杠杆系数。

用销售收入表示为：$DOL_s = \frac{S-VC}{S-VC-F} = \frac{EBIT+F}{EBIT}$，除了单一产品外，还可用于计算多种产品的经营杠杆系数。

式中，EBIT 表示息税前利润；Q 表示产品销售数量；P 表示单位销售价格；V 表示单位变动成本；F表示固定成本总额；S表示产品销售额(营业收入)；VC表示变动成本总额；M表示边际贡献。

在固定成本不变的情况下，经营杠杆系数DOL说明了营业收入增长(减少)所引起利润增长(减少)的幅度。

(3)经营杠杆和经营风险的关系。

经营风险是指企业未使用债务时经营的内在风险。影响企业经营风险的因素很多，主要有产品需求、产品售价、产品成本、调整价格的能力和固定成本的比重。

由于经营杠杆对经营风险的影响最为综合，因此常常被用来衡量经营风险的大小。经营杠杆和经营风险的关系可表示为：在固定成本不变的情况下，营业收入越大，经营杠杆系数越小，经营风险也就越小；营业收入越小，经营杠杆系数越大，经营风险也就越大。

3. 财务杠杆

(1)财务杠杆原理。

财务杠杆是指在某一固定的债务与权益融资结构下由于息税前利润的变动引起每股收益产生更大变动程度的现象。财务杠杆效应的大小一般用财务杠杆系数DFL表示，即每股收益变动率与息税前利润变动率之间的比率。

(2)财务杠杆系数。

$$DFL = \frac{\Delta EPS/EPS}{\Delta EBIT/EBIT} = \frac{[\Delta EBIT(1-T)/N]/EPS}{\Delta EBIT/EBIT} = \frac{EBIT(1-T)/N}{EPS}$$

$$= \frac{EBIT(1-T)/N}{[(EBIT-I)(1-T)-PD]/N} = \frac{EIBT(1-T)}{(EBIT-I)(1-T)-PD}$$

$$= \frac{EBIT}{EBIT-I-PD/(1-T)}$$

式中，EPS表示每股收益；EBIT表示息税前利润；I表示债务利息；T表示所得税税率；N表示普通股股数；PD表示优先股股息。

(3)财务杠杆和财务风险的关系。

财务风险是指由于企业运用了债务筹资方式而产生的丧失偿付能力的风险，而这种风险最终是由普通股股东承担的。

在影响财务风险的因素中，债务利息或优先股股息这类固定性融资成本是基本因素。在一定的息税前利润范围内，债务融资的利息成本是不变的，随着息前税前利润的增加，单位利润所负担的固定性利息费用就会相对减少，单位利润可供股东分配的部分会相应增加，普通股股东每股收益的增长率将大于息税前利润的增长率。相反，当息税前利润减少时，单位利润所负担的固定利息费用就会相对增加，单位利润可供股东分配的部分相应减少，普通股股东每股收益的下降率将大于息税前利润的下降率。如果不存在固定性融资费用，则普通股股东每股收益的变动率将与息前税前利润的变动率保持一致。因此，固定性融资成本是引发财务杠杆效应的根源。

财务杠杆放大了息税前利润变化对普通股收益的影响，财务杠杆系数越高，表明普通股收益的波动程度越大，财务风险也就越大。现实中，负债比率是可以控制的。企业可以通过合理安排资本结构，适度负债，使财务杠杆利益抵消风险增大所带来的不利影响。

4. 总杠杆

（1）总杠杆原理。

从以上介绍可知，经营杠杆考察营业收入变化对息前税前利润的影响程度，而财务杠杆则是考察息前税前利润变化对每股收益的影响程度。如果直接考察营业收入的变化对每股收益的影响程度，即考察了两种杠杆的共同作用，通常把这两种杠杆的连锁作用称为总杠杆作用。

总杠杆作用直接考察营业收入的变化对每股收益的影响程度，其作用的大小可以用总杠杆系数 DTL 表示。

（2）总杠杆系数。

$$DTL = \frac{每股收益变化的百分比}{营业收入变化的百分比} = \frac{\frac{\Delta EPS}{EPS}}{\frac{\Delta S}{S}}$$

依据经营杠杆系数与财务杠杆系数的定义表达式，总杠杆系数可以进一步表示为经营杠杆系数和财务杠杆系数的乘积，反映了企业经营风险与财务风险的组合效果。其计算公式为：

$$DTL = DOL \times DFL$$

总杠杆也有两个具体计算公式。

公式1：

$$DTL = \frac{Q(P-V)}{Q(P-V) - F - I - PD/(1-T)}$$

公式2：

$$DTL = \frac{EBIT + F}{EBIT - I - PD/(1-T)}$$

（3）总杠杆和总风险的关系。

只要企业同时存在固定性经营成本和固定性融资费用的债务或优先股，就存在营业收入较小变动引起每股收益较大变动的总杠杆效应。

总杠杆放大了销售收入变动对普通股收益的影响，总杠杆系数越高，表明普通股收益的波动程度越大，整体风险也就越大。

5. 资本结构

（1）资本结构的概念。

资本结构是指企业各种长期资金筹集来源的构成和比例关系。短期资金的需要量和筹集是经常发生变化的，且在整个资金总量中所占比重不稳定，因此不列入资本结构管理的范围，而作为营运资金管理。通常情况下，企业的资本结构由长期债务资本和权益资本构成，也就是企业长期负债和权益资本的比例关系。

（2）最佳资本结构确定方法。

最佳资本结构是指在一定条件下使企业加权资金成本最低、企业价值最大的资本结构。一般来说，最佳资本结构的确定方法主要有三种。

1）比较资本成本法。

比较资本成本法是指企业在筹资决策时，首先拟定多个备选方案，分别计算各个方案的加权平均资本成本,并通过相互比较来确定最佳资本结构。即,通过计算不同资本结构的综合资本成本率,并以此为标准相互比较,选择综合资本成本率最低的资本结构作为最佳资本结构的方法。

2)每股收益分析法。

每股收益分析是利用每股收益的无差别点进行的。所谓每股收益无差别点,是指每股收益 EPS 不受融资方式影响的 EBIT 水平。该种方法判断资本结构是否合理,是通过分析每股收益的变化来衡量。能提高每股收益的资本结构就是合理的,反之则不够合理。其计算公式为:

$$\mathrm{EPS} = \frac{(\mathrm{EBIT} - I_1)(1-T) - \mathrm{PD}_1}{N_1} = \frac{(\mathrm{EBIT} - I_2)(1-T) - \mathrm{PD}_2}{N_2}$$

实务中,当息前税前利润大于每股收益无差别点的息前税前利润时,运用负债筹资可获得较高的每股收益;反之,则运用权益筹资可获得较高的每股收益。

3)公司价值比较法。

公司价值比较法是在充分反映公司财务风险的前提下,以公司价值的大小为标准,经过测算确定公司最佳资本结构的方法。

与资本成本比较法和每股收益分析法相比,公司价值比较法充分考虑了公司的财务风险和资本成本等因素的影响,进行资本结构的决策以公司价值最大为标准,更符合公司价值最大化的财务目标,但其测算原理及测算过程较为复杂,通常用于资本规模较大的上市公司。

目前,公司价值的测算方法有三种。

第一种,公司价值等于其未来净收益(或现金流量)按照一定折现率折现的价值,即公司未来净收益的折现值。

第二种,公司价值是其股票的现行市场价值。

第三种,公司价值等于其长期债务和股票的折现价值之和。其计算公式为:

$$V = B + S$$

$$S = \frac{(\mathrm{EBIT} - I)(1-T) - \mathrm{PD}}{K_s}$$

公司资本成本率的测算公式为:

$$K_W = K_B\left(\frac{B}{V}\right) \times (1-T) + K_S\left(\frac{S}{V}\right)$$

$$K_S = R_f + \beta_i(R_m - R_f)$$

K_B 按公司长期债务年利率测算了公司的总价值和综合资本成本率之后,应以公司价值最大化为标准比较确定公司的最佳资本结构。公司最佳资本结构为:V 最大,且 K_W 最小。

3.5.2 实验案例

【案例3-19】海通有限公司只生产和销售一种产品,单价为500元/件,单位变动成本为300元/件。该公司没有负债,每月销售额为75万元,税后净利为6万元,公司所得税税率为25%。要求如下。

(1)试计算该公司每月的固定经营成本。

(2) 试计算该公司每月的保本销售量和销售额。

(3) 当每月销售量分别为300、600、900、1 200、1 500、1 800、2 100、2 400件时，试计算该公司的经营杠杆系数。

【案例3-20】海通有限公司拟定了三种资本结构方案，共筹集资金100万元，预计息税前利润为10万元，预计投资收益率为10%，所得税税率为25%。第一种方案：发行10万股普通股筹资，每股股票面值为10元。第二种方案：发行债券筹资40万元，年利率为8%，发行6万股普通股筹资60万元。第三种方案：发行债券筹资50万元，年利率为12%，发行5万股普通股筹资50万元。试分别计算三种资本结构的财务杠杆系数，并比较三种方案的财务杠杆效应。

【案例3-21】海通有限公司计划下年度生产一种新产品，该产品销售价格为18元/件，预计销售量为200 000件。现有两个生产方案。第一种方案：单位变动成本为10元/件，固定成本为90万元。第二种方案：单位变动成本为12元/件，固定成本为55万元。公司总资产为300万元，资产负债率为40%，债务利息率为8%，固定成本中不含利息。试分别计算两种方案的经营杠杆系数、财务杠杆系数、总杠杆系数，并判断两种方案的风险大小。

实验案例3-21

【案例3-22】海通有限公司拟追加筹资6 000万元，现有三个追加筹资方案可供选择，有关信息如表3-2所示。

表3-2 三种追加筹资方案

筹资方式	方案A		方案B		方案C	
	筹资额/万元	资本成本	筹资额/万元	资本成本	筹资额/万元	资本成本
长期借款	600	5%	1 800	7%	1 500	6%
债券	1 200	8%	1 200	8%	1 500	9%
优先股	1 200	11%	1 200	11%	1 500	12%
普通股	3 000	15%	1 800	15%	1 500	15%
合计	6 000		6 000		6 000	

要求：分别测算该公司三种追加筹资方案的加权平均资本成本，并比较选择最优追加筹资方案。

【案例3-23】黄河股份有限公司现有普通股600万股，股本总额6 000万元，公司债券3 600万元。公司拟扩大筹资规模，有两种备选方案：方案一，增发普通股300万股，每股发行价格15元；方案二，平价发行公司债券4 500万元。若公司债券年利率为8%，所得税税率为25%。要求如下：

(1) 计算两种筹资方案的每股收益无差别点。

(2) 若该公司预计息税前利润为1 800万元，对两个筹资方案进行择优决策。

【案例3-24】黄河股份有限公司息前税前利润为500万元，资金全部由普通股资金组成，股票账面价值为2 000万元。假设所得税税率为25%，该公司认为目前的资本结构不够合理，准备用发行债券购回部分股票的方法予以调整。经咨询调查，目前的债务年利率及有关数据如表3-3所示。

表3-3 公司市场价值和资本构成

债券市场价值 B/万元	税前债券资金成本 K_B	股票 β 值	无风险报酬率 R_f	市场报酬率 R_m
0	0	1.2	0.1	0.14
200	10%	1.25	0.1	0.14
400	10%	1.3	0.1	0.14
600	12%	1.4	0.1	0.14
800	14%	1.55	0.1	0.14
1 000	16%	2.1	0.1	0.14

要求：分析黄河股份有限公司的最优资本结构。

3.5.3 实验目的

【案例3-19】、【案例3-20】、【案例3-21】通过计算息税前利润、净利润、每股收益等指标，分析企业的经营杠杆系数、财务杠杆系数和总杠杆系数，以此来衡量企业的杠杆效应。通过实验，掌握运用Excel来计算各项指标，并判断多个方案的经营风险、财务风险和总风险的大小，为筹资决策提供依据。

【案例3-22】、【案例3-23】、【案例3-24】通过计算加权平均资本成本、每股收益无差别点、公司价值，分析判断最佳资本结构。通过实验，掌握运用Excel来计算各项指标，并判断多个方案的最佳资本结构。

3.5.4 实验操作

1.【案例3-19】的操作步骤

(1) 创建工作簿。

创建一个工作簿，建立经营杠杆系数计算分析表，并在工作表中输入相关数据，如图3-82所示。

(2) 计算该公司每月的固定经营成本。

根据息税前利润EBIT的计算原理 EBIT=S-VC-F，可知 F=S-VC-EBIT。在单元格B8或编辑栏中输入公式"=B4-B4/B2*B3-B5/(1-B6)"，即可计算得出该公司月固定成本为220 000元。

(3) 计算该公司每月的保本销售量和销售额。

根据保本销售量和销售额的计算原理 EBIT=S-VC-F=Q(P-V)-F，当 EBIT=0 时，Q 和 S 即为保本销售量和销售额。在单元格B9或编辑栏中输入公式"=B8/(B2-B3)"，即可计算得出该公司每月的保本销售量为1 100件。在单元格B10或编辑栏中输入公式"=B9*B2"，即可计算得出该公司每月的保本销售额为550 000元。

(4) 当每月销售量分别为300、600、900、1 200、1 500、1 800、2 100、2 400件时，计算该公司的经营杠杆系数。

根据经营杠杆系数 DOL 的计算公式 DOL=(S-VC)/(S-VC-F)，在单元格 D3 或编辑栏中输入公式"=(C3*$B$2-C3*$B$3)/(C3*$B$2-C3*$B$3-$B$8)"，即可得到当月销售量为 300 件时的经营杠杆系数为 -0.375。拖动填充柄将公式复制到单元格区域 D4:D10，得到各销量对应的经营杠杆系数。最终计算结果如图 3-83 所示。

	A	B	C	D
1	公司成本资料		经营杠杆系数	
2	单价（元/件）	500	月销售量（件）	
3	单位变动成本（元/件）	300	300	
4	月销售额（元）	750000	600	
5	税后净利（元）	60000	900	
6	所得税税率	25%	1200	
7	保本点计算		1500	
8	月固定成本（元）		1800	
9	保本点销售量（件）		2100	
10	保本点销售额（元）		2400	

图 3-82 经营杠杆系数计算分析表

	A	B	C	D
1	公司成本资料		经营杠杆系数	
2	单价（元/件）	500	月销售量（件）	
3	单位变动成本（元/件）	300	300	-0.375
4	月销售额（元）	750000	600	-1.2
5	税后净利（元）	60000	900	-4.5
6	所得税税率	25%	1200	12
7	保本点计算		1500	3.75
8	月固定成本（元）	220000	1800	2.571429
9	保本点销售量（件）	1100	2100	2.1
10	保本点销售额（元）	550000	2400	1.846154

图 3-83 经营杠杆系数计算结果

2.【案例 3-20】的操作步骤

（1）创建工作簿。

创建一个工作簿，建立财务杠杆系数计算表，并在工作表中输入相关数据，如图 3-84 所示。

	A	B	C	D
1	财务杠杆系数计算表			
2	项目	方案一	方案二	方案三
3	债券（利率8%）（元）		400000	
4	债券（利率12%）（元）			500000
5	普通股股本（元）	1000000	600000	500000
6	资金总额（元）	1000000	1000000	1000000
7	息税前利润（元）	100000	100000	100000
8	利息（元）			
9	税前利润（元）			
10	所得税（元）			
11	税后利润（元）			
12	普通股股数（股）	100000	60000	50000
13	每股收益（元/股）			
14	财务杠杆系数			

图 3-84 财务杠杆系数计算表

（2）计算利息、税前利润、所得税、税后利润。

1）利息。

方案一：无债券，因此不需要计算利息。

方案二：债券利率为 8%，在单元格 C8 或编辑栏中输入公式"=C3*8%"，可计算得到该债券利息为 32 000 元。

方案三：债券利率为12%，在单元格D8或编辑栏中输入公式"=D4*12%"，可计算得到该债券利息为60 000元。

2）税前利润。

根据"税前利润=息税前利润-利息"，在单元格B9或编辑栏中输入公式"=B7-B8"，可计算得到方案一的税前利润为100 000元，向右拖动填充柄至单元格区域C9:D9，可得到方案二和方案三的税前利润为68 000元、40 000元。

3）所得税。

根据"所得税=税前利润×25%"，在单元格B10或编辑栏中输入公式"=B9*25%"，可计算得到方案一的所得税为25 000元，向右拖动填充柄至单元格区域C10:D10，可得到方案二和方案三的所得税为17 000元、10 000元。

4）税后利润。

根据"税后利润=税前利润-所得税"，在单元格B11或编辑栏中输入公式"=B9-B10"，可计算得到方案一的税后利润为75 000元，向右拖动填充柄至单元格区域C11:D11，可得到方案二和方案三的税后利润为51 000元、30 000元。

(3) 计算每股收益。

根据"每股收益=税后利润/普通股股数"，在单元格B13或编辑栏中输入公式"=B11/B12"，可计算得到方案一的每股收益为0.75，向右拖动填充柄至单元格区域C13:D13，可得到方案二和方案三的每股收益为0.85、0.6。

(4) 计算财务杠杆系数。

根据"财务杠杆系数=息税前利润/(息税前利润-利息)"，在单元格B14或编辑栏中输入公式"=B7/(B7-B8)"，可计算得到方案一的财务杠杆系数为1.00，向右拖动填充柄至单元格区域C14:D14，可得到方案二和方案三的财务杠杆系数分别为1.47、2.50。最终计算结果如图3-85所示。

	A	B	C	D
1	财务杠杆系数计算表			
2	项目	方案一	方案二	方案三
3	债券（利率8%）（元）		400000	
4	债券（利率12%）（元）			500000
5	普通股股本（元）	1000000	600000	500000
6	资金总额（元）	1000000	1000000	1000000
7	息税前利润（元）	100000	100000	100000
8	利息（元）		32000	60000
9	税前利润（元）	100000	68000	40000
10	所得税（元）	25000	17000	10000
11	税后利润（元）	75000	51000	30000
12	普通股股数（股）	100000	60000	50000
13	每股收益（元/股）	0.75	0.85	0.6
14	财务杠杆系数	1.00	1.47	2.50

图3-85 财务杠杆系数计算结果

(5)比较三种方案的财务杠杆效应。

三种方案的投资总额、息税前利润、投资收益率均相同，不同的是资本结构。

方案一：资本全部是普通股股本，因此没有财务杠杆效应。

方案二：资本结构中负债占 40%，债务利息率 8% 小于投资收益率 10%，计算得出的普通股每股收益由方案一的 0.75 元上升至 0.85 元。财务杠杆系数为 1.47，即普通股每股收益的变动是息税前利润变动的 1.47 倍，因此企业举债经营使得财务风险增加。

方案三：资本结构中负债比重上升至 50%，债务利息率 12% 大于投资收益率 10%，计算得出的普通股每股收益由方案一的 0.75 元降低至 0.6 元。财务杠杆系数为 2.50，即普通股每股收益的变动是息税前利润变动的 2.5 倍，因此企业举债经营使得财务风险显著增加，财务风险比方案二大。

3.【案例 3-21】的操作步骤

(1)创建工作簿。

创建一个工作簿，建立总杠杆系数计算表，并在工作表中输入相关数据，如图 3-86 所示。

	A	B	C
1	总杠杆系数计算表		
2	项目	方案一	方案二
3	售价（元/件）	18	18
4	单位变动成本（元/件）	10	12
5	固定成本（元）	900000	550000
6	预计销售量（件）	200000	200000
7	资金总额（元）	3000000	3000000
8	资产负债率	40%	40%
9	债务利息率	8%	8%
10	息税前利润（元）		
11	经营杠杆系数		
12	财务杠杆系数		
13	总杠杆系数		

图 3-86　总杠杆系数计算表

(2)计算息税前利润。

根据息税前利润的计算公式 $EBIT=(P-V)Q-F$，在单元格 B10 或编辑栏中输入公式"=(B3-B4)*B6-B5"，可计算得到方案一的息税前利润为 700 000 元，向右拖动填充柄至单元格 C10，可得到方案二的息税前利润为 650 000 元。

(3)计算经营杠杆系数。

根据经营杠杆系数的计算公式 $DOL=1+F/(Q\times(P-V)-F)$，在单元格 B11 或编辑栏中输入公式"=1+B5/(B6*(B3-B4)-B5)"，可计算得出方案一的经营杠杆系数为 2.29，向右拖动填充柄至单元格 C11，可得到方案二的经营杠杆系数为 1.85。

(4)计算财务杠杆系数。

根据财务杠杆系数的计算公式 $DFL=EBIT/(EBIT-I)$，在单元格 B12 或编辑栏中输入公式"=B10/(B10-B7*B8*B9)"，可计算得出方案一的财务杠杆系数为 1.16，向右拖动填充柄至单元格 C12，可得到方案二的财务杠杆系数为 1.17。

(5) 计算总杠杆系数。

根据总杠杆系数的计算公式 DTL=DOL×DFL，在单元格 B13 或编辑栏中输入公式"=B11*B12"，可计算得出方案一的总杠杆系数为 2.65，向右拖动填充柄至单元格 C13，可得到方案二的总杠杆系数为 2.17。最终计算结果如图 3-87 所示。

	A	B	C
1	总杠杆系数计算表		
2	项目	方案一	方案二
3	售价（元/件）	18	18
4	单位变动成本（元/件）	10	12
5	固定成本（元）	900000	550000
6	预计销售量（件）	200000	200000
7	资金总额（元）	3000000	3000000
8	资产负债率	40%	40%
9	债务利息率	8%	8%
10	息税前利润（元）	700000	650000
11	经营杠杆系数	2.29	1.85
12	财务杠杆系数	1.16	1.17
13	总杠杆系数	2.65	2.17

图 3-87 总杠杆系数计算结果

(6) 分析两种方案的风险。

两方案的财务杠杆系数几乎相等，财务风险几乎一样。经营杠杆系数方案一大于方案二，总杠杆系数方案一大于方案二，因此，方案一的经营风险和总风险均大于方案二。

4.【案例 3-22】的操作步骤

(1) 创建工作簿。

创建一个工作簿，并在工作表中输入相关数据，如图 3-88 所示。

	A	B	C	D	E	F	G
1	三种追加筹资方案						
2		方案A		方案B		方案C	
3	筹资方式	筹资额（万元）	资本成本	筹资额（万元）	资本成本	筹资额（万元）	资本成本
4							
5	长期借款	600	5%	1800	7%	1500	6%
6	债券	1200	8%	1200	8%	1500	9%
7	优先股	1200	11%	1200	11%	1500	12%
8	普通股	3000	15%	1800	15%	1500	15%
9	合计	6000		6000		6000	
10							
11							
12							
13							
14			数据分析				
15	筹资方式	方案A	方案B	方案C			
16	长期借款	10.00%	30.00%	25.00%			
17	债券	20.00%	20.00%	25.00%			
18	优先股	20.00%	20.00%	25.00%			
19	普通股	50.00%	30.00%	25.00%			
20	加权平均资本成本	11.80%	10.40%	10.50%			
21	最小值		10.40%				
22	决策		方案B				

图 3-88 三种追加筹资方案

(2)计算各筹资方案的各筹资方式筹资额占总筹资额的比重。

1)创建工作表。

创建一个数据分析表,如图3-89所示。

	A	B	C	D
13				
14		数据分析		
15	筹资方式	方案A	方案B	方案C
16	长期借款			
17	债券			
18	优先股			
19	普通股			
20	加权平均资本成本			
21	最小值			
22	决策			

图3-89 各筹资方案的数据分析表

2)方案A相关单元格公式如下。

B16:=B5/＄B＄9。

B17:=B6/＄B＄9。

B18:=B7/＄B＄9。

B19:=B8/＄B＄9。

3)方案B相关单元格公式如下。

C16:=D5/＄D＄9。

C17:=D6/＄D＄9。

C18:=D7/＄D＄9。

C19:=D8/＄D＄9。

4)方案C相关单元格公式如下。

D16:=F5/＄F＄9。

D17:=F6/＄F＄9。

D18:=F7/＄F＄9。

D19:=F8/＄F＄9。

5)计算各筹资方案加权平均资本成本。

方案A加权平均资本成本:在单元格B20中输入公式"=SUMPRODUCT(C5:C8,B16:B19)"。

方案B加权平均资本成本:在单元格C20中输入公式"=SUMPRODUCT(E5:E8,C16:C19)"。

方案C加权平均资本成本:在单元格D20中输入公式"=SUMPRODUCT(G5:G8,D16:D19)"。

计算结果如图 3-90 所示。

	A	B	C	D
13				
14		数据分析		
15	筹资方式	方案A	方案B	方案C
16	长期借款	10.00%	30.00%	25.00%
17	债券	20.00%	20.00%	25.00%
18	优先股	20.00%	20.00%	25.00%
19	普通股	50.00%	30.00%	25.00%
20	加权平均资本成本	11.80%	10.40%	10.50%

图 3-90　加权平均资本成本计算结果

6）分析决策。

A、B、C 三个方案中，加权平均资本成本最小值可以用函数 MIN 确定。合并单元格 B21、C21、D21，在单元格 B21 中输入公式"＝MIN(B20:D20)"，计算出最小值为 10.40%，从而确定方案 B 为最佳方案。最终计算结果如图 3-91 所示。

	A	B	C	D	E	F	G
1				三种追加筹资方案			
2							
3	筹资方式	方案A		方案B		方案C	
4		筹资额（万元）	资本成本	筹资额（万元）	资本成本	筹资额（万元）	资本成本
5	长期借款	600	5%	1800	7%	1500	6%
6	债券	1200	8%	1200	8%	1500	9%
7	优先股	1200	11%	1200	11%	1500	12%
8	普通股	3000	15%	1800	15%	1500	15%
9	合计	6000		6000		6000	
10							
11							
12							
13							
14		数据分析					
15	筹资方式	方案A	方案B	方案C			
16	长期借款	10.00%	30.00%	25.00%			
17	债券	20.00%	20.00%	25.00%			
18	优先股	20.00%	20.00%	25.00%			
19	普通股	50.00%	30.00%	25.00%			
20	加权平均资本成本	11.80%	10.40%	10.50%			
21	最小值	10.40%					
22	决策	方案B					

图 3-91　筹资方案的最终计算结果

5.【案例 3-23】的操作步骤

(1) 创建工作簿。

创建一个工作簿，并在工作表中输入相关数据，如图 3-92 所示。

	A	B	C	D	E
1		每股收益分析法			
2	项目	方案一		方案二	
3		股数（万股）	金额（万元）	股数（万股）	金额（万元）
4	普通股	600	6000	600	6000
5	新增普通股	300	4500		
6	债券		3600		3600
7	新增债券				4500
8	债券年利率	8%			
9	所得税税率	25%			
10	EPS1				
11	EPS2				
12	EPS1-EPS2				
13	EBIT				
14	预计EBIT	1800			
15	决策结果				

图3-92 每股收益分析法计算表

（2）计算两种筹资方案的每股收益无差别点。

根据公式 $EPS = \frac{(EBIT - I)(1 - T) - PD}{N}$，在单元格B10中输入公式"=(B13-C6*B8)*(1-B9)/(B4+B5)"，得到方案一的 EPS_1；在单元格B11中输入公式"=(B13-E6*B8-E7*B8)*(1-B9)/D4"，得到方案二的 EPS_2。

$EPS_1 - EPS_2 = -0.18$。

根据公式 $EPS = \frac{(EBIT - I_1)(1 - T) - PD_1}{N_1} = \frac{(EBIT - I_2)(1 - T) - PD_2}{N_2}$，可计算得出每股收益无差别点的 EBIT=1 368(万元)。

（3）对两个筹资方案做出择优决策。

根据每股收益分析法原理，在单元格B15中输入公式"=IF(B14>B13,"发行债券","发行股票")"，题目中预计息税前利润为1 800万元，大于每股收益无差别点的息税前利润1 368万元，因此发行债券为最优决策。最终计算结果如图3-93所示。

	A	B	C	D	E
1		每股收益分析法			
2	项目	方案一		方案二	
3		股数（万股）	金额（万元）	股数（万股）	金额（万元）
4	普通股	600	6000	600	6000
5	新增普通股	300	4500		
6	债券		3600		3600
7	新增债券				4500
8	债券年利率	8%			
9	所得税税率	25%			
10	EPS1	0.9			
11	EPS2	0.9			
12	EPS1-EPS2	0			
13	EBIT	1368			
14	预计EBIT	1800			
15	决策结果	发行债券			

图3-93 每股收益分析法计算结果

6.【案例 3-24】的操作步骤

(1) 创建工作簿。

创建一个工作簿,并在工作表中输入相关数据,如图 3-94 所示。

A	B	C	D	E	F	G
公司价值比较法						
息税前利润(万元)	500	所得税税率	25%			
无风险报酬率 Rf	10%	市场报酬率 Rm	14%			
债券市场价值 B(万元)	股票市场价值 S(万元)	股票β值	公司的市场价值 V(万元)	税前债券资金成本 K_B	权益资金成本 Ks	综合资本成本 Kw
0		1.2		0%		
200		1.25		10%		
400		1.3		10%		
600		1.4		12%		
800		1.55		14%		
1000		2.1		16%		

图 3-94 公司价值比较法计算表

(2) 计算权益资本成本。

根据资本资产定价模型原理,在单元格 F5 或编辑栏中输入公式"=＄B＄3+C5*(＄D＄3-＄B＄3)",并向下拖动填充柄将公式复制到单元格区域 F6:F10 中,得到相对应的权益资本成本。

(3) 计算股票的市场价值。

根据股票的市场价值的计算公式,在单元格 B5 或编辑栏中输入公式"=(＄B＄2-A5*E5)*(1-＄D＄2)/F5",并向下拖动填充柄将公式复制到单元格区域 B6:B10 中,得到相对应的股票的市场价值。

(4) 计算公司的市场价值。

根据公司的市场价值的计算公式,在单元格 D5 或编辑栏中输入公式"=A5+B5",并向下拖动填充柄将公式复制到单元格区域 D6:D10 中,得到相对应的公司的市场价值。

(5) 计算综合资本成本。

根据综合资本成本的计算公式,在单元格 G5 或编辑栏中输入公式"=E5*(A5/D5)*(1-＄D＄2)+F5*B5/D5",并向下拖动填充柄将公式复制到单元格区域 G6:G10 中,得到相对应的综合资本成本。最终计算结果如图 3-95 所示。

公司价值比较法

息税前利润(万元)	500	所得税税率	25%			
无风险报酬率Rf	10%	市场报酬率Rm	14%			
债券市场价值B(万元)	股票市场价值S(万元)	股票β值	公司的市场价值V(万元)	税前债券资金成本K_B	权益资金成本Ks	综合资本成本Kw
0	2533.78	1.2	2533.78	0%	14.80%	14.80%
200	2400.00	1.25	2600.00	10%	15.00%	14.42%
400	2269.74	1.3	2669.74	10%	15.20%	14.05%
600	2057.69	1.4	2657.69	12%	15.60%	14.11%
800	1796.30	1.55	2596.30	14%	16.20%	14.44%
1000	1385.87	2.1	2385.87	16%	18.40%	15.72%

图 3-95 公司价值比较法计算结果

（6）确定最优资本结构。

选定债券市场价值数据区域和公司市场价值数据区域，插入折线图，调整后得到公司市场价值与债务资本的关系曲线，如图 3-96 所示。从图 3-96 中可以看出，当债务资本为 400 万元时，公司市场价值达到峰值，故债务为 400 万元时的资本结构为该公司最优资本结构。

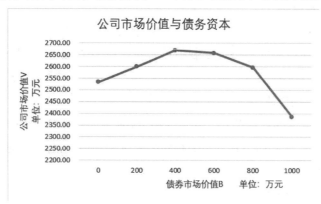

图 3-96 公司市场价值与债务资本的关系

课后习题

1. 假设海通有限公司为购置某型号机床拟向银行借款 2 000 万元，借款年利率为 8%，借款期限为 5 年，所得税税率为 25%。

（1）假设每年年末等额偿还本息，试用 Excel 计算这台机床的年偿还额、税款节约额以及支付总现值。

（2）假设每年年末等额偿还利息，试用 Excel 计算这台机床的年偿还额、税款节约额以及支付总现值。

（3）假设到期一次偿还本金和利息，试用 Excel 计算这台机床的年偿还额、税款节约额以及支付总现值。

(4) 假设每年年末等额偿还本金，试用 Excel 计算这台机床的年偿还额、税款节约额以及支付总现值。

2. 海通有限公司从银行取得 5 年期的长期借款 10 万元，借款年利率为 10%，与银行约定采用等额还款方式每年末偿还本金和利息，请计算每年分期等额偿还金额，并试用 Excel 模拟运算表来分析借款利率从 5% 每次增加 1% 一直变化到 12% 的情况下，不同借款利率对偿还金额的影响。

3. 假设海通有限公司购置一项固定资产需要资金 500 万元，决定向银行贷款筹得资金，年利率为 8%，借款期限为 5 年，每年年末等额偿还本息，试用 Excel 模拟运算表来计算当利率分别为 8%、9%、10%，借款期限为 5 年、6 年、7 年时，每期的还款额，并分析不同利率、不同年限对偿还金额的影响。

4. 长江机械股份有限公司购买了一套设备，需要向银行借款 100 万元，年利率 8%，借款期限为 4 年，每年年末偿还一次。该公司企业所得税税率为 25%，现金利率的贴现率为 5%，试用 Excel 计算每期偿还金额。如果还款总次数为 2 次、3 次、4 次、5 次、6 次，年利率为 5%、6%、7%、8%、9%，试用 Excel 模拟运算表来计算不同借款利率和还款次数下应支付的分期还款金额。

5. 长江机械股份有限公司为筹集扩大生产规模所需资金，于 2019 年 1 月 1 日发行 5 年期、一次还本的债券，面值 500 万元，债券利息每半年支付一次，票面年利率 6%，试用 Excel 计算该债券的发行价格。

6. 海通有限公司欲从银行取得一笔长期借款 2 000 万元，手续费率为 1%，年利率为 5%，借款期限为 3 年，每年付息一次，到期一次还本。公司所得税税率为 25%，试用 Excel 计算该笔借款的资本成本。

7. 黄河股份有限公司准备增发普通股，每股的发行价格为 10 元，每股发行费用为 1.5 元，预定第一年分派现金股利每股 1.5 元，以后每股股利增长 5%，试用 Excel 计算该笔普通股的资本成本。

8. 黄河股份有限公司拟发行一批优先股，每股发行价格为 108 元，每股发行费用为 5 元，预计每股年股息为 10 元，试用 Excel 计算该优先股的资本成本。

9. 黄河股份有限公司已发行的普通股总价格为 200 万元，发行总股数为 10 万股，发行股票第一年的股利为每股 1.5 元，以后预计股利年增长率为 5%，试用 Excel 计算该公司留存收益的资本成本。

10. 黄河股份有限公司拟外部筹资 10 000 万元，其中长期借款 2 000 万元，借款年利率为 6%；发行债券 2 000 万元，票面利率为 8%，筹资费用率为 2%；发行普通股 200 万股，每股发行价为 25 元，预计第一年每股股利为 1.8 元，以后每年股利增长 6%，每股支付发行费 0.5 元；发行优先股 1 000 万元，年股息为 10%，筹资费用率为 5%；留存收益为 500 万元。试用 Excel 计算该公司个别资本成本和综合资本成本。

11. 渤海股份有限公司拥有长期资金 400 万元，其中长期借款 60 万元，债券 100 万元，普通股 240 万元。由于扩大经营规模的需要，拟筹集新资金。经分析，认为渤海股份有限公司筹集新资金后仍应保持目前的资本结构，即长期借款占 15%，债券占 25%，普通股占 60%，经测算随筹资的增加，各种资本成本的变化如表 3-4 所示。试用 Excel 计算该公司新筹集资金的边际资本成本。

表 3-4　筹资规模与资本成本

资金种类	目标资本结构	新增筹资额范围/元	资本成本
长期借款	15%	1～45 000	3%
		45 001～90 000	5%
		90 001 以上	7%
债券	25%	1～200 000	10%
		200 001～400 000	11%
		400 001 以上	12%
普通股	60%	1～300 000	13%
		300 001～600 000	14%
		600 001 以上	15%

12. 海通有限公司 2019 年销售收入为 3 500 万元，变动成本为 1 500 万元，固定成本为 1 000 万元，利息费用为 400 万元，普通股总股本为 1 800 万股，所得税税率为 25%。该公司预测 2020 年销售收入将会有 30% 的增长幅度，其他条件不变。试用 Excel 计算该公司两年的经营杠杆系数、财务杠杆系数及总杠杆系数，并进行杠杆效应分析。

13. 海天股份有限公司 2019 年长期资本总额为 12 000 万元。其中，长期借款 4 000 万元，年利率 10%；普通股本总额 8 000 万元，总股数 240 万股。2020 年，公司预定将长期资本总额增至 15 000 万元，需要追加筹资 3 000 万元。现有两个方案可供选择：方案一，发行公司债券，票面利率为 12%；方案二，增发普通股 100 万股。预计 2020 年息税前利润为 2 500 万元，公司所得税税率为 25%。

要求：

(1) 测算两个方案下无差别点的息税前利润和普通股每股收益；

(2) 测算两个方案下 2020 年普通股每股收益，并判断出最佳方案。

14. 海天股份有限公司现有全部长期资本为股票资本，账面价值为 10 000 万元。公司认为目前的资本结构不合理，打算发行长期债券并回购部分股票予以调整。公司预计年度息税前利润为 2 500 万元，公司所得税税率为 25%。经初步测算，该公司不同资本结构下的 β 值、债券的年利率、股票的资本成本、无风险报酬率及市场平均报酬率如表 3-5 所示。

表 3-5 已知条件

债券市场价值/万元	债券资本成本	β值	无风险报酬率	市场平均报酬率	股票的资本成本
0	0	1.15	8%	12%	13.6%
800	10%	1.20	8%	12%	14.6%
2 000	12%	1.25	8%	12%	15.0%
3 000	14%	1.30	8%	12%	15.2%
4 000	16%	1.35	8%	12%	15.4%
5 000	18%	1.40	8%	12%	15.6%

要求：试用 Excel 计算该公司不同资本结构下的公司价值，并据以判断公司最佳资本结构。

第 4 章

投资决策

学习目标

- 了解投资决策方法。
- 掌握各种投资决策指标的计算。
- 掌握固定资产折旧的计算。
- 掌握固定资产更新决策分析。
- 掌握投资风险分析。

案例导入

海天电机厂生产线项目的投资决策

海天电机厂生产的电机质量优良、价格合理,长期以来供不应求。为了扩大生产,海天电机厂准备新建一条生产线。

张某是该厂投资部工作人员,主要负责项目投资工作。经过十几天的调查研究,张某得到以下资料。

(1)该生产线的初始投资是525万元,分两年投入。第一年投入300万元,第二年年初投入225万元,第二年可完成建设并正式投产。投产后,每年可生产电机500台,每台销售价格是10 000元,每年可获销售收入500万元。生产线可使用5年,5年后残值可忽略不计。在投资项目经营期间要垫支流动资金25万元,这笔资金在项目结束时可如数收回。

(2)该项目生产的产品年总成本的构成情况:原材料费用50万元,工资费用10万元,管理费(扣除折旧)8万元,折旧费8.5万元。

张某又对电机厂的各种资金来源进行了分析研究,得出该厂加权平均的资金成本为10%,同时还计算出该投资项目的营业现金流量、现金流量、净现值,并把这些数据资料整理汇总,写出投资项目的财务评价报告,提交厂领导。在报告中,张某对他提供的有关数据进行了必要的说明,并对该投资项目的营业现金流量、现金流量、净现值进行分析,认为这个项目是可行的。

厂领导召开会议对张某的报告进行了分析研究,认为张某在搜集资料方面付出了很大努力,计算方法正确,但却忽略了物价变动问题,使得张某提供的信息失去了客观性和准确性。总会计师认为,在项目投资和使用期间内,通货膨胀率为10%左右,他要求各有关负责人认真研究通货膨胀对投资项目的影响。基建处长认为,由于受物价变动的影响,初始投资将增加10%,投资项目终结后,设备残值将增加到37 500元。生产处长认为,由于物价变动的影响,原材料费用每年将增加14%,工资费用也将增加10%。财务处长认为,扣除折旧以后的管理费用每年将增加4%,折旧费用每年仍为85 000元。销售处长认为,产品销售价格预计每年可增加10%。

厂长指出,除了考虑通货膨胀对现金流量的影响以外,还要考虑通货膨胀对货币购买力的影响。他要求张某根据以上意见,重新计算投资项目的现金流量和净现值,提交下次会议讨论。

讨论:
(1) 影响海天电机厂投资项目决策的各因素是什么?
(2) 海天电机厂投资决策中为什么要分析计算营业现金流量、现金流量、净现值?
(3) 项目投资决策的方法有哪些?

4.1 投资决策方法

4.1.1 知识点提炼

1. 投资决策的概念

投资决策是指投资者为了实现其预期的投资目标,运用一定的科学理论、方法和手段,通过一定的程序对投资的必要性、投资目标、投资规模、投资方向、投资结构、投资成本与收益等经济活动中的重大问题所进行的分析、判断和方案选择。投资实质上是企业用资金换取资产并用所换取的资产创造未来现金流量,是生产环节的重要过程。

2. 投资决策中的现金流量

所谓现金流量,是指在投资决策中一个项目引起的企业现金支出和现金收入增加的数量。这时的"现金"是广义的现金,它不仅包括各种货币资金,而且还包括项目需要投入的企业现有的非货币资源的变现价值。新建项目的现金流量包括现金流出量、现金流入量和现金净流量三个具体概念。

(1) 现金流出量。

一个方案的现金流出量,是指该方案引起的企业现金支出的增加额,主要包括固定资产投资、无形资产投资、递延资产投资、流动资产投资及各种税金支出等。例如,企业增加一条生产线,通常会引起以下的现金流出。

1)增加生产线的价款。购置生产线的价款可能是一次性支出,也可能分几次支出。

2)垫支营运资本。由于该生产线扩大了企业的生产能力,引起对流动资产需求的增加。企业需要追加的营运资本也是购置该生产线引起的,应列入该方案的现金流出量。只有在营业终了或出售(报废)该生产线时才能收回这些资金,并用于别处。

(2)现金流入量。

一个方案的现金流入量,是指该方案所引起的企业现金收入的增加额或现金支出的节约额,主要包括营业现金流入、出售(报废)时固定资产的残值收入、收回的流动资金等。例如,企业增加一条生产线,通常会引起下列现金流入。

1)营业现金流入。增加的生产线扩大了企业的生产能力,使企业销售收入增加。扣除有关的付现成本增量后的余额,是该生产线引起的一项现金流入。假设不考虑所得税,则:

$$营业现金流入 = 营业收入 - 付现成本$$

付现成本在这里是指需要每年支付现金的成本。成本中不需要每年支付现金的部分称为非付现成本,其中主要是折旧费,有时还包括其他摊销费用。所以,付现成本可以用成本减折旧来估计。

$$付现成本 = 营业成本 - 折旧$$
$$营业现金流入 = 营业收入 - 付现成本$$
$$= 营业收入 - (成本 - 折旧)$$
$$= 利润 + 折旧$$

2)该生产线出售(报废)时的残值收入及出售时的税赋损益。资产出售或报废时的残价收入,应作为投资方案的一项现金流入。

3)收回的流动资金。该生产线出售(报废)时,企业可以相应收回营运资本,收回的资金可以用于别处。因此应将其作为该方案的一项现金流入。

(3)现金净流量。

现金净流量是指项目引起的,一定期间现金流入量和现金流出量的差额。这里所说的"一定期间",有时是指 1 年内,有时是指投资项目持续的整个年限内。现金流入量大于现金流出量,现金净流量是正数,则为净流入;如果是负数,则为净流出。现金净流量反映了企业各类活动形成的现金流量的最终结果。现金净流量是现金流量表要反映的一个重要指标,有如下两种计算方式。

$$每年净现金流量 = 营业收入 - 付现成本 - 所得税$$
$$= 营业收入 - (营业成本 - 折旧) - 所得税$$
$$= 营业收入 - 营业成本 - 所得税 + 折旧$$
$$= 营业利润 - 所得税 + 折旧$$
$$= 税后净利润 + 折旧$$

$$每年净现金流量 = 营业收入 - 付现成本 - 所得税$$
$$= 营业收入 - 付现成本 - (营业收入 - 营业成本) \times 所得税税率$$
$$= 营业收入 - 付现成本 - [营业收入 - (付现成本 + 折旧)] \times 所得税税率$$
$$= (营业收入 - 付现成本) \times (1 - 所得税税率) + 折旧 \times 所得税税率$$

其中,"折旧×所得税税率"被称为税赋节余。

3. 投资决策的方法

评价投资方案时使用的指标分为贴现指标和非贴现指标。贴现指标是指考虑了时间价值因素的指标,主要包括净现值、现值指数、内含报酬率等。非贴现指标是指没有考虑时间价值因素的指标,主要包括投资回收期、会计收益率等。相应地,将投资决策方法分为贴现的方法和非贴现的方法,具体包括以下六种。

(1) 净现值法(NPV)。

净现值是指特定方案未来现金流入的现值与未来现金流出的现值之间的差额。计算净现值 NPV 的公式为:

$$\text{NPV} = \sum_{t=0}^{n} \frac{I_t}{(1+K)^t} - \sum_{t=0}^{n} \frac{O_t}{(1+K)^t}$$

式中,n 表示投资涉及的年限;I_t 表示第 t 年的现金流入量;O_t 表示第 t 年的现金流出量;K 表示预定的贴现率。

若净现值为正数,说明贴现后现金流入大于贴现后现金流出,该投资项目的报酬率大于预定的贴现率,项目是可行的;若净现值为负数,说明贴现后现金流入小于贴现后现金流出,该投资项目的报酬率小于预定的贴现率,项目是不可行的。

(2) 现值指数法(PI)。

现值指数是指未来现金流入现值与现金流出现值的比率,亦称现值比率、获利指数等。其计算公式为:

$$\text{PI} = \sum_{t=0}^{n} \frac{I_t}{(1+K)^t} \div \sum_{t=0}^{n} \frac{O_t}{(1+K)^t}$$

式中,n 表示投资涉及的年限;I_t 表示第 t 年的现金流入量;O_t 表示第 t 年的现金流出量;K 表示预定的贴现率。

若现值指数大于1,说明贴现后现金流入大于贴现后现金流出,该投资项目的报酬率大于预定的贴现率,项目是可行的;若现值指数小于1,说明贴现后现金流入小于贴现后现金流出,该投资项目的报酬率小于预定的贴现率,项目是不可行的。

(3) 内含报酬率法(IRR)。

内含报酬率是指能够使未来现金流入量现值等于未来现金流出量的贴现率,或者说是使方案净现值为零的贴现率,又称为内部收益率。其计算公式为:

$$\text{IRR} = \sum_{t=0}^{n} \frac{I_t}{(1+K)^t} = \sum_{t=0}^{n} \frac{O_t}{(1+K)^t}$$

若内含报酬率大于企业所要求的最低报酬率(即净现值中所使用的贴现率),就接受该投资项目;若内含报酬率小于企业所要求的最低报酬率,就放弃该项目。实际上,内含报酬率大于贴现率时接受一个项目,也就是接受了一个净现值为正的项目。

使用内含报酬率法计算,通常需要使用逐步测试法,计算比较烦琐。不过在 Excel 中提供了计算内含报酬率法的函数,使计算变得很简单。

(4) 修正的内含报酬率法(MIRR)。

传统的内含报酬率存在两个缺陷:一是当两个项目的现金流入时间不一致时,用传统的内含报酬率评价项目可能会与净现值评价的结论相反;二是当投资项目为非常规型时,传统的内含报酬率可能有多个解或者无解。

修正的内含报酬率是在一定的贴现率条件下,将投资项目未来的现金流入量按照预定的贴现率计算至最后一年的终值,而将投资项目的现金流出量(投资额)折算成现值,并使现金流入量的终值与投资项目的现金流出量达到价值平衡的贴现率。修正的内含报酬率考虑了投资的成本和再投资的报酬率。

(5)投资回收期法(PP)。

投资回收期是指从项目的投建之日起,用项目所得的净收益偿还原始投资所需要的年限。投资回收期分为静态投资回收期与动态投资回收期两种。

1)静态投资回收期(PP)。

静态投资回收期是在不考虑资金时间价值的条件下,以项目的净收益回收其全部投资所需要的时间。投资回收期可以自项目建设开始年算起,也可以自项目投产年开始算起,但应注明。其计算公式可分为两种情况。

第一种情况,当项目建成投产后各年的净收益(即净现金流量)均相同时,静态投资回收期的计算公式为:

$$PP = 原始投资额/每年现金净流入量$$

第二种情况,当项目建成投产后各年的净收益不相同时,静态投资回收期可根据累计净现金流量求得,也就是在现金流量表中累计净现金流量由负值转向正值的年份。其计算公式为:

$$PP = 累计净现金流量开始出现正值的年份数 - 1 + \frac{上一年累计净现金流量的绝对值}{出现正值年份的净现金流量}$$

将计算出的静态投资回收期 PP 与所确定的基准投资回收期 PP_c 进行比较,若 $PP \leqslant PP_c$,表明项目投资能在规定的时间内收回,则方案可以考虑接受;若 $PP > PP_c$,则方案不可行。对于互斥项目,则选择回收期最短的项目。

2)动态投资回收期(PP')。

动态投资回收期 PP' 是把投资项目各年的净现金流量按基准收益率折成现值之后,再来推算投资回收期,这就是它与静态投资回收期的根本区别。动态投资回收期就是净现金流量累计现值等于零时的年份。动态投资回收期弥补了静态投资回收期没有考虑资金的时间价值这一缺点,使其更符合实际情况。其计算公式为:

$$PP' = (累计净现金流量现值出现正值的年数 - 1) + \frac{上一年累计净现金流量现值的绝对值}{出现正值年份的净现金流量的现值}$$

同样,将计算出的动态投资回收期 PP' 与所确定的基准投资回收期 PP_c 进行比较。

(6)会计收益率法。

会计收益率是指项目的原始投资所获得的年平均净收益率。会计收益率法就是将投资项目的年平均净收益率与该项投资的资金成本进行比较,判断投资是否可取,然后在可取投资方案中选择会计收益率大的投资方案的一种投资决策方法。其计算公式为:

会计收益率＝年平均净收益/原始投资额×100％

对于独立项目，设定一个基准投资收益率，当会计收益率大于基准投资收益率时，该方案可以考虑；当会计收益率小于基准投资收益率时，该方案不可行。对于互斥项目，通过比较各项目的会计收益率，选择会计收益率最高的项目。

4. 投资决策方法的函数

（1）NPV 函数。

1）语法：NPV(rate，value1，value2，…)。

2）功能：通过使用贴现率以及一系列未来支出（负值）和收入（正值），返回一项投资的净现值。

3）参数。

rate 为某一期间的贴现率，是一固定值。

value1，value2，…代表支出及收入的 1 到 254 个参数。value1，value2，…在时间上必须具有相等间隔，并且都发生在期末。

注意：NPV 使用 value1，value2，…的顺序来解释现金流的顺序，所以，务必保证支出和收入的数额按正确的顺序输入。如果参数为数值、空白单元格、逻辑值或数字的文本表达式，则都会计算在内；如果参数是错误值或不能转化为数值的文本，则被忽略。如果参数是一个数组或引用，则只计算其中的数字，数组或引用中的空白单元格、逻辑值或文本将被忽略。

（2）IRR 函数。

1）语法：IRR(values，guess)。

2）功能：返回由数值代表的一组现金流的内部收益率。

3）参数。

values 为数组或单元格的引用，必须包括至少一个正数和一个负数，以计算内部报酬率。

guess 为函数计算结果的估计值，大多数情况下，并不需要为函数的计算结果提供 guess 值，如果省略，假设它为 0.1。

注意：values 必须包含至少一个正值和一个负值，以计算内部收益率。函数 IRR 根据数值的顺序来解释现金流的顺序，故应确定按需要的顺序输入支付和收入的数值。如果数组或引用包含文本、逻辑值或空白单元格，这些数值将被忽略。

Excel 使用迭代法计算函数 IRR。从 guess 开始，函数 IRR 进行循环计算，直至结果的精度达到 0.000 01％。如果函数 IRR 经过 20 次迭代，仍未找到结果，则返回错误值"#NUM!"。在大多数情况下，并不需要为函数 IRR 的计算提供 guess 值。如果省略 guess，则假设它为 0.1(10％)。如果函数 IRR 返回错误值"#NUM!"，或结果没有靠近期望值，则可用另一个 guess 值再试一次。

（3）MIRR 函数。

1）语法：MIRR(values，finance_rate，reinvest_rate)。

2)功能:返回某连续期间内现金流量的修正内含报酬率。

3)参数。

values 为必需,是一个数组或对包含数字的单元格的引用。这些数值代表各期的一系列支出(负值)及收入(正值)。参数 values 中必须至少包含一个正值和一个负值,才能计算修正后的内部收益率,否则 MIRR 函数会返回错误值"#DIV/0!"。如果数组或引用参数包含文本、逻辑值或空白单元格,则这些值将被忽略,但包含零值的单元格将被计算在内。

finance_rate 为必需,是现金流中使用的资金支付的利率。

reinvest_rate 为必需,是将现金流再投资的收益率。

(4)MATCH 函数。

1)语法:MATCH(lookup_value,lookup_array,match_type)。

2)功能:返回指定数值在指定数组区域中的位置。

3)参数。

lookup_value,需要在数据表(lookup_array)中查找的值,可以为数值(数字、文本或逻辑值)或对数字、文本或逻辑值的单元格引用,可以包含通配符、星号(*)和问号(?)。星号可以匹配任何字符序列;问号可以匹配单个字符。

lookup_array:可能包含有所要查找数值的连续的单元格区域,区域必须是某一行或某一列,即必须为一维数据,引用的查找区域是一维数组。

match_type:表示查询的指定方式,用数字-1、0 或者 1 表示。match_type 省略相当于 match_type 为 1。match_type 为 1 时,查找小于或等于 lookup_value 的最大数值在 lookup_array 中的位置,lookup_array 必须按升序排列,否则,当遇到比 lookup_value 更大的值时,即时终止查找并返回此值之前小于或等于 lookup_value 的最大数值的位置;match_type 为 0 时,查找等于 lookup_value 的第一个数值,lookup_array 按任意顺序排列;match_type 为-1 时,查找大于或等于 lookup_value 的最小数值在 lookup_array 中的位置,lookup_array 必须按降序排列。

利用 MATCH 函数查找功能时,若查找条件存在,MATCH 函数结果为具体位置(数值),否则显示"#N/A",表示错误。注意:当所查找对象在指定区域未发现匹配对象时将报错。

(5)INDEX 函数。

1)语法:INDEX(array,row_num,column_num),返回数组中指定的单元格或单元格数组的数值;INDEX(reference,row_num,column_num,area_num),返回引用中指定单元格或单元格区域的引用。

2)功能:INDEX 函数是返回表或区域中的值或对值的引用。INDEX 函数有两种形式:数组形式和引用形式。数组形式通常返回数值或数值数组;引用形式通常返回引用。

3)参数。

array 为单元格区域或数组常数。

row_num 为数组中某行的行序号,函数从该行返回数值。如果省略 row_num,则必须有 column_num。

column_num 是数组中某列的列序号,函数从该列返回数值。如果省略 column_num,

则必须有 row_num。

reference 是对一个或多个单元格区域的引用,如果为引用输入一个不连续的选定区域,必须用括号括起来。

area_num 是选择引用中的一个区域,并返回该区域中 row_num 和 column_num 的交叉区域。选中或输入的第一个区域序号为1,第二个为2,以此类推。如果省略 area_num,则 INDEX 函数使用区域为1。

(6)IF 函数。

1)语法:IF(logical_test,value_if_true,value_if_false)。

2)功能:根据指定的条件来判断其真(TRUE)、假(FALSE),根据逻辑计算的真假值,返回相应的内容。即如果指定条件的计算结果为 TRUE,则 IF 函数将返回某个值;如果指定条件的计算结果为 FALSE,则 IF 函数将返回另一个值。

3)参数。

logical_test 是计算结果为 TRUE 或 FALSE 的任何数值或表达式。

value_if_true 是 logical_test 为 TRUE 时函数的返回值,如果 logical_test 为 TRUE 并且省略了 value_if_true,则返回 TRUE,而且 value_if_true 可以是一个表达式。

value_if_false 是 logical_test 为 FALSE 时函数的返回值,如果 logical_test 为 FALSE 并且省略了 value_if_false,则返回 FALSE,value_if_false 也可以是一个表达式。

(7)ABS 函数。

1)语法:ABS(number)。

2)功能:返回数字的绝对值,正数和0返回数字本身,负数返回数字的相反数。

3)参数:number(必选)表示要返回绝对值的数字,可以是直接输入的数字或单元格引用。参数必须为数值类型,即数字、文本格式的数字或逻辑值;如果是文本,则返回错误值"#VALUE!"。

4.1.2 实验案例

【案例4-1】海天公司为满足市场需求准备上一个新生产线生产某型号设备,初始投资为120万元,预计今后6年产生的现金流量分别为5万元、15万元、30万元、60万元、30万元和20万元。

实验案例 4-1

(1)假设该公司的资本成本为8%,试用 Excel 计算该项目的净现值,并判断该投资项目是否可行。

(2)假设该公司基准的项目投资回收期为5年,试用 Excel 计算该项目的投资回收期,并判断该投资项目是否可行。

(3)假设该公司的资本成本为8%,公司每年的再投资报酬率为10%,试用 Excel 计算该项目的内含报酬率,并运用内含报酬率法进行项目决策。

(4)假设该公司的资本成本为8%,试用 Excel 计算该项目的现值指数,并运用现值指数法进行项目决策。

【案例 4-2】 海天公司为满足市场需求准备新建一个生产线生产某型号设备，现有三个投资方案可供选择。方案一：初始投资 15 万元，预计今后 5 年获得的收益分别为 4.5 万元、6 万元、4.8 万元、4.2 万元、4 万元。方案二：初始投资 20 万元，预计今后 5 年获得的收益分别为 5 万元、5.4 万元、5.3 万元、5.8 万元、5.6 万元。方案三：初始投资 25 万元，预计今后 5 年获得的收益分别为 6 万元、5.8 万元、6.3 万元、6.8 万元、7.9 万元。假设公司资本成本为 10%，每年的再投资报酬率为 12%，试通过计算净现值、内含报酬率、修正的内含报酬率、现值指数、投资回收期，比较三个投资方案，并选择其中的最佳投资方案。

【案例 4-3】 蓝天公司有一项固定资产投资方案，一次性投资 200 万元，可用 5 年，期末无残值，采用直线法计提固定资产折旧，该公司每年营业收入 160 万元，付现成本 80 万元，企业所得税税率 25%。试计算该方案的净现值、现值指数（贴现率 8%）、内含报酬率、会计收益率、投资回收期。

4.1.3 实验目的

了解各种投资决策的方法，包括净现值法、内含报酬率法、修正的内含报酬率法、现值指数法、投资回收期法、会计收益率法等，掌握运用 Excel 进行各项投资决策方法的计算，并采用某一种或某几种方法评价投资方案是否可行或判断投资方案的优劣。

4.1.4 实验操作

1. **【案例 4-1】的操作步骤**

(1) 计算该项目的净现值，并判断该投资项目是否可行。

1) 创建工作簿。

创建一个工作簿，在项目净现值计算表中输入相关数据，如图 4-1 所示。

	A	B	C	D	E	F	G	H
1	项目净现值计算							
2	年	0	1	2	3	4	5	6
3	各年的现金流量（万元）	-120	5	15	30	60	30	20
4	资本成本	8%						
5	净现值NPV							

图 4-1 项目净现值计算表

2) 计算项目的净现值。

选中单元格 B5，根据净现值 NPV 的计算原理，在"插入函数"命令中调用"NPV 函数"，在打开的"函数参数"对话框中输入有关参数，如图 4-2 所示，此时，在单元格 B5 和编辑栏中出现公式"=NPV(B4,C3:H3)"，后编辑公式"=NPV(B4,C3:H3)+B3"，即可得到该新生产线项目的净现值为 -1.57，或者直接在单元格 B5 或编辑栏中输入公式"=NPV(B4,C3:H3)+B3"。计算结果如图 4-3 所示。

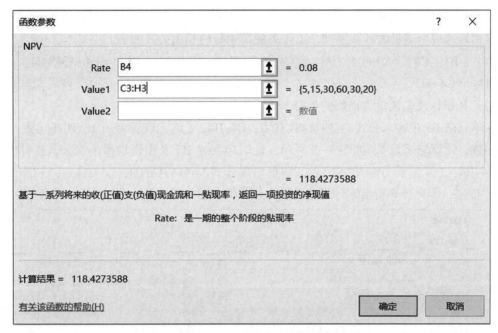

图 4-2　NPV 函数计算项目净现值的参数设置

图 4-3　项目净现值计算结果

3）进行可行性判断。

通过计算可知，该新生产线项目的净现值为-1.57，小于 0，所以可以判断该新生产线项目不可行。

（2）计算该项目的投资回收期，并判断该投资项目是否可行。

1）创建工作表。

创建一个项目投资回收期计算工作表，并输入相关数据，如图 4-4 所示。

图 4-4　项目投资回收期计算表

2）计算累计现金流量。

根据累计现金流量的计算原理，工作表的第 4 行的相关公式如下。

B4：=B3。C4：=C3+B4。D4：=C4+D3。E4：=D4+E3。F4：=E4+F3。G4：=F4+G3。H4：=G4+H3。

3）计算累计现金流量为正数的年份。

在单元格 B5 中输入公式"=1+MATCH(0，C4:H4，1)"，或者调用 MATCH 函数，输入相关参数，计算结果为 4，如图 4-5 所示，此时单元格 B5 及编辑栏中出现公式"=MATCH(0，C4:H4，1)"，手动输入"+1"后，即可出现公式"=MATCH(0，C4:H4，1)+1"，单击"确定"按钮，即可计算得出累计现金流量为正数的年份为第 5 年。

图 4-5　MATCH 函数计算现金流量为正数的年份的参数设置

4）计算项目的静态投资回收期。

由于本例中项目建成投产后各年的净收益不相同，因此其计算公式为：

$$PP = 累计净现金流量开始出现正值的年份数 - 1 + \frac{上一年累计净现金流量的绝对值}{出现正值年份的净现金流量}$$

在单元格 B6 中输入公式"=4+ABS(@INDEX(C4:H4，1，B5-1)/@INDEX(C3:H3，1，B5))"，即可计算得出项目的静态投资回收期为 4.33 年。最终计算结果如图 4-6 所示。

	A	B	C	D	E	F	G	H
1	项目投资回收期的计算							
2	年	0	1	2	3	4	5	6
3	各年的现金流量（万元）	-120	5	15	30	60	30	20
4	累计现金流量（万元）	(120.00)	(115.00)	(100.00)	(70.00)	(10.00)	20.00	40.00
5	累计现金流量为正数的年份（年）	5.00						
6	项目投资回收期（年）	4.33						

图 4-6　项目的静态投资回收期计算结果

5）进行可行性判断。

通过计算可知，该新生产线项目的静态投资回收期为 4.33 年，小于基准项目投资回收期 5 年，所以仅从静态回收期的角度来看，该新生产线项目可行，可以进行下一步的评价。

(3) 计算该项目的内含报酬率,并运用内含报酬率法进行项目决策。

1) 创建工作簿。

创建一个项目的内含报酬率计算表,并输入相关数据,如图 4-7 所示。

	A	B	C	D	E	F	G	H
1	项目内含报酬率计算							
2	年	0	1	2	3	4	5	6
3	各年的现金流量(万元)	-120	5	15	30	60	30	20
4	资本成本	8%						
5	再投资报酬率	10%						
6	内含报酬率IRR							
7	修正的内含报酬率MIRR							

图 4-7 项目的内含报酬率计算表

2) 计算项目的内含报酬率。

选中单元格 B6,根据内含报酬率 IRR 的计算公式,在"公式"选项卡下执行"插入函数"命令,在打开的"函数参数"对话框中输入相关数据,如图 4-8 所示,单击"确定"按钮,或者在单元格 B6 或编辑栏中输入公式"=IRR(B3:H3)",即可得出项目的内含报酬率为 7.63%。

图 4-8 IRR 函数计算内容报酬率的参数设置

3) 计算修正的内含报酬率。

选中单元格 B7,根据修正的内含报酬率 MIRR 的计算公式,在"公式"选项卡下,执行"插入函数"命令,在打开的"函数参数"对话框中输入相关数据,如图 4-9 所示,单击"确定"按钮,或者在单元格 B7 或编辑栏中输入公式"=MIRR(B3:H3,$B$4,$B$5)",即可得出项目修正的内含报酬率为 8.48%。最终计算结果如图 4-10 所示。

图 4-9　MIRR 函数计算修正的内含报酬率的参数设置

	A	B	C	D	E	F	G	H
1				项目内含报酬率计算				
2	年	0	1	2	3	4	5	6
3	各年的现金流量（万元）	-120	5	15	30	60	30	20
4	资本成本	8%						
5	再投资报酬率	10%						
6	内含报酬率IRR	7.63%						
7	修正的内含报酬率MIRR	8.48%						

图 4-10　项目内含报酬率计算结果

4) 进行可行性判断。

通过计算可知，该新生产线项目的内含报酬率为 7.63%，小于资本成本率 8%，所以从内含报酬率角度来分析，该项目不可行；该项目修正的内含报酬率为 8.48%，大于资本成本率 8%，所以从修正的内含报酬率的角度来看，该新生产线项目可行，可以进行下一步的评价。修正的内含报酬率考虑了投资的成本和再投资的报酬率。

(4) 计算该项目的现值指数，并运用现值指数法进行项目决策。

1) 创建工作簿。

创建一个项目现值指数计算表，并输入相关数据，如图 4-11 所示。

	A	B	C	D	E	F	G	H
1				项目现值指数计算				
2	年	0	1	2	3	4	5	6
3	各年的现金流量（万元）	-120	5	15	30	60	30	20
4	资本成本	8%						
5	现值指数PI							

图 4-11　项目的现值指数计算表

2)计算项目的现值指数。

选中单元格 B5,根据现值指数 PI 的计算公式,在"公式"选项卡下,执行"插入函数"命令,调用 NPV 函数,在打开的"函数参数"对话框中输入相关数据,如图 4-12 所示,此时单元格 B5 以及编辑栏中出现公式"=NPV(B4,C3:H3)";再调用 ABS 函数,在打开的"函数参数"对话框中输入相关数据,如图 4-13 所示,编辑栏中出现公式"=NPV(B4,C3:H3)/ABS(B3)",单击"确定"按钮,即可计算得出现值指数 PI 为 0.99。或者在单元格 B5 中输入公式"=NPV(B4,C3:H3)/ABS(B3)"。最终计算结果如图 4-14 所示。

图 4-12　计算现值指数的 NPV 函数参数设置

图 4-13　计算现值指数的 ABS 函数参数设置

	A	B	C	D	E	F	G	H
1	项目现值指数计算							
2	年	0	1	2	3	4	5	6
3	各年的现金流量(万元)	-120	5	15	30	60	30	20
4	资本成本	8%						
5	现值指数PI	0.99						

图 4-14　项目现值指数计算结果

3)进行可行性判断。

通过计算可知,该新生产线项目的现值指数为 0.99,小于 1,所以该项目不可行。

2.【案例 4-2】的操作步骤

(1)创建工作簿。

创建一个工作簿,在项目的投资决策评价方法计算表中输入相关数据,如图 4-15 所示。

	A	B	C	D	E	F
1	投资决策评价方法					
2	年	方案一现金流量(元)	方案二现金流量(元)	方案三现金流量(元)	资本成本	再投资报酬率
3	0	-150000	-200000	-250000		
4	1	45000	50000	60000		
5	2	60000	54000	58000		
6	3	48000	53000	63000		
7	4	42000	58000	68000		
8	5	40000	56000	79000	10%	12%
9	净现值					
10	内含报酬率					
11	修正的内含报酬率					
12	现值指数					
13	投资回收期					

图 4-15 投资决策评价方法计算表

(2)计算净现值。

在单元格 B9 中输入公式"=NPV($E$3,B4:B8)+B3",向右拖动填充柄将公式复制到单元格 C9 和 D9 中,得到三种方案的净现值分别为 30 082.40、4 288.70、-4 690.13。

(3)计算内含报酬率。

在单元格 B10 中输入公式"=IRR(B3:B8)",向右拖动填充柄将公式复制到单元格 C10 和 D10 中,得到三种方案的内含报酬率分别为 17.87%、10.82%、9.30%。

(4)计算修正内含报酬率。

在单元格 B11 中输入公式"=MIRR(B3:B8,$E$3,$F$3)",向右拖动填充柄将公式复制到单元格 C11 和 D11 中,得到三种方案的修正内含报酬率分别为 15.05%、11.33%、10.40%。

(5)计算现值指数。

在单元格 B12 中输入公式"=NPV($E$3,B4:B8)/(-B3)",向右拖动填充柄将公式复制到单元格 C12 和 D12 中,得到三种方案的现值指数分别为 1.20、1.02、0.98。

(6)计算投资回收期。

在单元格 B13 中输入公式"=IF(B3+B4>0,-B3/B4,IF(B3+B4+B5>0,1+(-B3-B4)/B5,IF(B3+B4+B5+B6>0,2+(-B3-B4-B5)/B6,IF(B3+B4+B5+B6+B7>0,3+(-B3-B4-B5-B6)/B7,4+(-B3-B4-B5-B6-B7)/B8))))",向右拖动填充柄将公式复制到单元格 C13 和 D13 中,得到三种方案的投资回收期分别为 2.94、3.74、4.01。最终计算结果如图 4-16 所示。

	A	B	C	D	E	F
1	投资决策评价方法					
2	年	方案一现金流量（元）	方案二现金流量（元）	方案三现金流量（元）	资本成本	再投资报酬率
3	0	-150000	-200000	-250000		
4	1	45000	50000	60000		
5	2	60000	54000	58000		
6	3	48000	53000	63000	10%	12%
7	4	42000	58000	68000		
8	5	40000	56000	79000		
9	净现值	30082.40	4288.70	(4690.13)		
10	内含报酬率	17.87%	10.82%	9.30%		
11	修正的内含报酬率	15.05%	11.33%	10.40%		
12	现值指数	1.20	1.02	0.98		
13	投资回收期	2.94	3.74	4.01		

图 4-16　投资决策评价方法计算结果

（7）选择最佳投资方案。

根据净现值、内含报酬率、修正的内含报酬率、现值指数、投资回收期的计算结果可知，方案一各项指标均优于其他方案，因此方案一为最佳方案。

3.【案例 4-3】的操作步骤

（1）创建工作簿。

创建一个工作簿，在投资决策评价方法计算表中输入相关数据，如图 4-17 所示。

	A	B	C	D	E	F	G
1	投资决策评价方法计算						
2	年	0	1	2	3	4	5
3	各年的营业收入（元）	-2000000	1600000	1600000	1600000	1600000	1600000
4	各年的付现成本（元）		800000	800000	800000	800000	800000
5	固定资产计提折旧（元）						
6	各年的现金流量（元）						
7	贴现率			8%			
8	所得税税率			25%			
9	净现值NPV						
10	现值指数PI						
11	内含报酬率IRR						
12	会计收益率						
13	投资回收期						

图 4-17　投资决策评价方法计算表

（2）计算净现值、现值指数、内含报酬率、会计收益率、投资回收期。

1）第 5 行单元格相关公式如下。

B5：=0。

C5、D5、E5、F5、G5：输入公式"=2000000/5"。即各年的固定资产计提折旧额为 400 000 元。

2）第 6 行单元格相关公式如下。

B6：=B3。

C6：=(C3-C4)*(1-$B$8)+C5*$B$8。向右拖动填充柄将公式复制至单元格区域D6:G6，可计算得出每年的现金净流量。

3）净现值。

在单元格B9输入公式"=NPV($B$7,C6:G6)+B6"。

4）现值指数。

在单元格B10输入公式"=NPV($B$7,C6:G6)/(-B6)"。

5）内含报酬率。

在单元格B11输入公式"=IRR(B6:G6)"。

6）会计收益率。

在单元格B12输入公式"=(C6-C5)/(-$B$3)"。

7）投资回收期。

在单元格B13输入公式"=(-B3)/C6"。

最终计算结果如图4-18所示。

	A	B	C	D	E	F	G
1		投资决策评价方法计算					
2	年	0	1	2	3	4	5
3	各年的营业收入（元）	-2000000	1600000	1600000	1600000	1600000	1600000
4	各年的付现成本（元）		800000	800000	800000	800000	800000
5	固定资产计提折旧（元）	0	400000	400000	400000	400000	400000
6	各年的现金流量（元）	-2000000	700000	700000	700000	700000	700000
7	贴现率	8%					
8	所得税税率	25%					
9	净现值NPV	794897.03					
10	现值指数PI	1.40					
11	内含报酬率IRR	22%					
12	会计收益率	15%					
13	投资回收期	2.86					

图4-18 投资决策评价方法计算结果

4.2 固定资产折旧

4.2.1 知识点提炼

1. 固定资产折旧概述

固定资产折旧是指在固定资产使用寿命内，按照确定的方法对应计折旧额进行系统分摊。使用寿命是指固定资产的预计寿命，或者该固定资产所能生产产品或提供劳务的数量。

固定资产应计折旧额是指应计提折旧的固定资产的原价扣除其预计净残值后的金额。已计提减值准备的固定资产，还应扣除已计提的固定资产减值准备累计金额。

2. 固定资产折旧的影响因素

(1) 固定资产原值，即固定资产的账面成本。

(2) 固定资产的净残值，是指假定固定资产预计使用寿命已满并处于使用寿命终了时的预期状态，是企业目前从该项资产处置中获得的扣除预计处置费用以后的金额。由于在计算折旧时，固定资产的残余价值和清理费用是人为估计的，因此净残值的确定有一定的主观性。

(3) 固定资产减值准备，是指固定资产已计提的固定资产减值准备累计金额。

(4) 固定资产的使用寿命，是指企业使用固定资产的预计期间，或者该固定资产所能生产产品或提供劳务的数量。

3. 固定资产折旧计提原则

企业应当按月计提固定资产折旧，当月增加的固定资产，当月不计提折旧，从下月起计提折旧；当月减少的固定资产，当月仍计提折旧，从下月起停止计提折旧。提足折旧后，不管能否继续使用，均不再提取折旧；提前报废的固定资产，也不再补提折旧。

4. 固定资产折旧方法

企业应根据固定资产所含经济利益的预期实现方式选择折旧方法，可供选择的折旧方法主要有平均年限法、工作量法、双倍余额递减法、年数总和法等。双倍余额递减法、年数总和法又称为加速折旧法。折旧方法一经选定，不得随意变更，如果企业在对折旧方法定期的复核中发现固定资产包含经济利益的预期实现方式有重大改变，则应当相应改变固定资产折旧方法，变更时应报有关部门进行备案，并在财务报表附注中予以说明。

(1) 平均年限法。

平均年限法又称为直线法，是将固定资产的折旧均衡地分摊到各期的一种方法。采用这种方法计算的每期折旧额均是相等的。计算公式为：

$$年折旧率 = (1 - 预计净值率) \div 预计使用年限 \times 100\%$$

$$月折旧率 = 年折旧率 \div 12$$

$$月折旧额 = 固定资产原价 \times 月折旧率$$

(2) 工作量法。

工作量法是指按照固定资产在整个试用期间内预计可完成的总工作量计提折旧额的方法。实质上，工作量法是平均年限法的补充和延伸，可以弥补平均年限法只重使用时间、不考虑使用强度的缺点。

1) 按照行驶里程计算折旧，其计算公式为：

$$单位里程折旧额 = 原值 \times (1 - 预计净残值率) \div 总行驶里程$$

2) 按工作小时计算折旧，其计算公式为：

$$每工作小时折旧额 = 原值 \times (1 - 预计净残值率) \div 工作总小时$$

3) 按台班计算折旧，其计算公式为：

$$每台班折旧额 = 原值 \times (1 - 预计净残值率) \div 工作总台班数$$

(3) 双倍余额递减法。

双倍余额递减法是在不考虑固定资产残值的情况下，根据每一期期初固定资产账面净值和双倍直线法折旧额计算固定资产折旧的一种方法，计算公式如下。

$$年折旧率 = 2 \div 预计的折旧年限 \times 100\%$$

$$月折旧率 = 年折旧率 \div 12$$

$$月折旧额 = 固定资产账面净值 \times 月折旧率$$

这种方法没有考虑固定资产的残值收入，因此，不能使固定资产的账面折余价值降低到它的预计残值收入以下，即实行双倍余额递减法计提折旧的固定资产，应当在其固定资产折旧年限到期的最后两年将固定资产净值扣除预计净残值后的余额平均摊销。

(4) 年数总和法。

年数总和法也称为合计年限法，是将固定资产的原值减去净残值后的净额和以一个逐年递减的分数计算每年的折旧额，这个分数的分子代表固定资产尚可使用的年数，分母代表使用年数的逐年数字总和。年折旧率计算公式为：

$$年折旧率 = 尚可使用年限 \div 预计使用年限折数总和$$

$$年折旧率 = (预计使用年限 - 已使用年限) \div [预计使用年限 \times (预计使用年限 + 1) \div 2] \times 100\%$$

$$月折旧率 = 年折旧率 \div 12$$

$$月折旧额 = (固定资产原值 - 预计净残值) \times 月折旧率$$

5. 固定资产折旧函数

(1) SLN 函数。

语法：SLN(cost, salvage, life)。

功能：返回某项资产在一个期间中的线性折旧值。

参数：cost 为资产原值；salvage 为资产在折旧期末的价值（有时也称为资产残值）；life 为折旧期限（有时也称作资产的使用寿命）；所有参数都必须是正数。

(2) SYD 函数。

语法：SYD(cost, salvage, life, per)。

功能：返回在指定期间内资产按年限总和折旧法计算的折旧额。

参数：cost 为资产原值；salvage 为资产在折旧期末的价值（有时也称为资产残值）；life 为折旧期限（有时也称作资产的使用寿命）；per 为指定期间，必须与 life 使用相同的单位；所有参数都必须是正数。

(3) DDB 函数。

语法：DDB(cost, salvage, life, period, [factor])。

功能：用双倍余额递减法或其他指定方法，返回指定期间内某项固定资产的折旧值。

参数：cost 为资产原值；salvage 为资产在折旧期末的价值（有时也称为资产残值）；life 为折旧期限（有时也称作资产的使用寿命）；per 为指定期间，必须与 life 使用相同的单位；factor（可选）表示余额递减速率，如果省略 factor，则缺省值为 2（双倍余额递减法）；所有参数都必须是正数。

4.2.2 实验案例

【案例4-4】信达公司新购买了一台设备,价值3万元,预计使用年限为5年,预计净残值为7 500元,试用Excel建立模型用平均年限法计算各年的折旧额。

【案例4-5】信达公司一辆运输卡车,原价为8万元,预计净残值率为5%,预计总工作量为500 000千米,当月完成工作量为4 000千米,试用Excel建立模型用工作量法计算本月的折旧额。

【案例4-6】信达公司购买一台数控设备,价值30万元,预计使用年限为5年,净残值为3.5万元,试用Excel建立模型用年数总和法计算各年的折旧额。

【案例4-7】信达公司购买一台机床,价值24万元,预计使用年限为10年,净残值为5 000元,试用Excel建立模型用双倍余额递减法计算各年的折旧额。

【案例4-8】信达公司3年前购买了一台数控机床A,现已技术更新,正在考虑购买新数控机床B来更换。两台数控机床的具体资料如下。数控机床A:资产原值为6万元,预计使用年限为8年,已使用3年,预计净残值为1万元。数控机床B:资产原值为8万元,预计使用年限为5年,预计净残值为1万元。试用Excel建立模型用平均年限法、年数总和法、双倍余额递减法分别计算数控机床A和B各年的折旧额,以及数控机床A现在的变现价值。

实验案例4-8

4.2.3 实验目的

折旧的计提是固定资产投资决策中很重要的因素。不同的折旧方法会计算产生不同的折旧额,从而影响利润值。通过本实验,掌握运用Excel计算不同折旧方法(平均年限法、工作量法、年数总和法、双倍余额递减法)下的折旧额,从而为固定资产投资决策提供依据。

4.2.4 实验操作

1.【案例4-4】的操作步骤

(1) 创建工作簿。

创建一个工作簿,在平均年限法计提折旧计算表中输入相关数据,如图4-19所示。

图4-19 平均年限法计提折旧计算表

(2) 平均年限法计提折旧。

根据平均年限法的计算原理,选中单元格B6,在"公式"选项卡下,执行"插入函数"命令,调用SLN函数,在打开的"函数参数"对话框中输入相关数据,如图4-20所示,此时单元格B6以及编辑栏中出现公式"=SLN($B$2,$B$4,$B$3)",单击"确定"按钮,即可计算得出第一年的折旧额为4 500元;或者在单元格B6中输入公式"=SLN($B$2,$B$4,$B$3)"。向右拖动填充柄将公式复制到单元格区域C6:F6,分别得到第2年至第5年的折旧额。最终计算结果如图4-21所示。

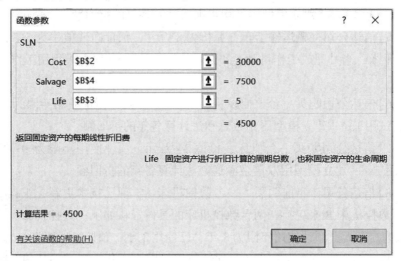

图4-20　SLN函数计算平均年限法计提折旧的参数设置

A	B	C	D	E	F
1	平均年限法计提折旧				
2 固定资产原值(元)	30000				
3 预计使用年限(年)	5				
4 净残值(元)	7500				
5 年	1	2	3	4	5
6 平均年限法计提折旧额(元)	¥4,500.00	¥4,500.00	¥4,500.00	¥4,500.00	¥4,500.00

图4-21　平均年限法计提折旧计算结果

2.【案例4-5】的操作步骤

(1)创建工作簿。

创建一个工作簿,在工作量法计提折旧计算表中输入相关数据,如图4-22所示。

	A	B
1	工作量法计提折旧	
2	固定资产原值(元)	80000
3	预计净残值率	5%
4	预计总工作量(千米)	500000
5	当月完成工作量(千米)	4000
6	工作量法计提折旧额(元)	

图4-22　工作量法计提折旧计算表

(2)工作量法计提折旧。

根据工作量法的计算原理,在单元格B6中输入公式"=B2*(1-B3)/B4*B5",可计算得到本月的折旧额为608.00元。最终计算结果如图4-23所示。

	B6	:	×	✓	f_x	=B2*(1-B3)/B4*B5

	A	B
1	工作量法计提折旧	
2	固定资产原值（元）	80000
3	预计净残值率	5%
4	预计总工作量（千米）	500000
5	当月完成工作量（千米）	4000
6	工作量法计提折旧额（元）	¥608.00

图 4-23　工作量法计提折旧计算结果

3.【案例 4-6】的操作步骤

(1) 创建工作簿。

创建一个工作簿，在年数总和法计提折旧计算表中输入相关数据，如图 4-24 所示。

	A	B	C	D	E	F
1	年数总和法计提折旧					
2	固定资产原值（元）			300000		
3	预计使用年限（年）			5		
4	净残值（元）			35000		
5	年		1	2	3	4	5
6	年数总和法计提折旧额（元）					

图 4-24　年数总和法计提折旧计算表

(2) 年数总和法计提折旧。

根据年数总和法的计算原理，选中单元格 B6，在"公式"选项卡下，执行"插入函数"命令，调用 SYD 函数，在打开的"函数参数"对话框中输入相关数据，如图 4-25 所示，此时单元格 B6 以及编辑栏中出现公式"＝SYD（＄B＄2，＄B＄4，＄B＄3，B5）"，单击"确定"按钮，即可计算得出第一年的折旧额为 88 333.33 元；或者在单元格 B6 中输入公式"＝SYD（＄B＄2，＄B＄4，＄B＄3，B5）"。向右拖动填充柄将公式复制到单元格区域 C6:F6，分别得到第 2 年至第 5 年的折旧额。最终计算结果如图 4-26 所示。

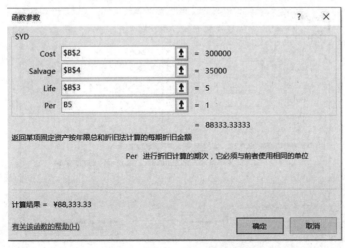

图 4-25　SYD 函数参数

Excel 在财务管理中的应用

	A	B	C	D	E	F
1	年数总和法计提折旧					
2	固定资产原值（元）	300000				
3	预计使用年限（年）	5				
4	净残值（元）	35000				
5	年	1	2	3	4	5
6	年数总和法计提折旧额（元）	¥88,333.33	¥70,666.67	¥53,000.00	¥35,333.33	¥17,666.67

B6 =SYD($B$2,$B$4,$B$3,B5)

图 4-26　年数总和法计提折旧计算结果

4.【案例 4-7】的操作步骤

(1) 创建工作簿。

创建一个工作簿，在双倍余额递减法计提折旧计算表中输入相关数据，如图 4-27 所示。

	A	B	C	D	E	F	G	H	I	J	K
1	双倍余额递减法计提折旧										
2	固定资产原值（元）	240000									
3	预计使用年限（年）	10									
4	净残值（元）	5000									
5	年	1	2	3	4	5	6	7	8	9	10
6	双倍余额递减法计提折旧额（元）										

图 4-27　双倍余额递减法计提折旧计算表

(2) 双倍余额递减法计提折旧。

1) 计算第 1 年至第 8 年计提折旧额。

根据双倍余额递减法的计算原理，选中单元格 B6，在"公式"选项卡下，执行"插入函数"命令，调用 DDB 函数，在打开的"函数参数"对话框中输入相关数据，如图 4-28 所示，此时单元格 B6 以及编辑栏中出现公式"=DDB($B$2,$B$4,$B$3,B5)"，单击"确定"按钮，即可计算得出第一年的折旧额为 48 000.00 元；或者在单元格 B6 中输入公式"=DDB($B$2,$B$4,$B$3,B5)"。向右拖动填充柄将公式复制到单元格区域 C6:I6，分别得到第 2 年至第 8 年的折旧额。计算结果如图 4-29 所示。

图 4-28　DDB 函数计算双倍余额递减法计提折旧的参数设置

	A	B	C	D	E	F	G	H	I	J	K
1	双倍余额递减法计提折旧										
2	固定资产原值（元）	240000									
3	预计使用年限（年）	10									
4	净残值（元）	5000									
5	年	1	2	3	4	5	6	7	8	9	10
6	双倍余额递减法计提折旧额（元）	¥48,000.00	¥38,400.00	¥30,720.00	¥24,576.00	¥19,660.80	¥15,728.64	¥12,582.91	¥10,066.33		

图 4-29　第 1 年至第 8 年计提折旧额计算结果

2）计算第 9 年、第 10 年计提折旧额。

由双倍余额递减法的计算原理可知，固定资产使用年限的最后两年计算公式与之前不同，因此选中单元格 J6，调用 SLN 函数，在打开的"函数参数"对话框中输入相关数据，如图 4-30 所示，此时单元格 J6 以及编辑栏中出现公式"＝SLN（＄B＄2-SUM（＄B＄6：＄I＄6），＄B＄4，2）"，单击"确定"按钮，或者在单元格 J6 或编辑栏中输入公式"＝SLN（＄B＄2-SUM（＄B＄6：＄I＄6），＄B＄4，2）"，即可计算得出第 9 年的折旧额为 17 632.66 元。将此公式复制至单元格 K6 中，可得出第 10 年的折旧额为 17 632.66 元。计算结果如图 4-31 所示。

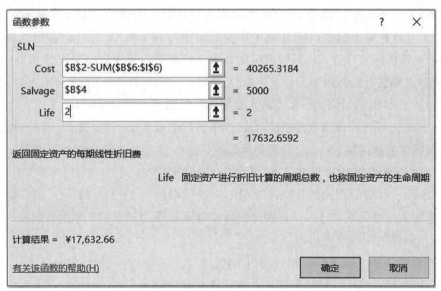

图 4-30　SLN 函数计算双倍余额递减法计提折旧的参数设置

	A	B	C	D	E	F	G	H	I	J	K
1	双倍余额递减法计提折旧										
2	固定资产原值（元）	240000									
3	预计使用年限（年）	10									
4	净残值（元）	5000									
5	年	1	2	3	4	5	6	7	8	9	10
6	双倍余额递减法计提折旧额（元）	¥48,000.00	¥38,400.00	¥30,720.00	¥24,576.00	¥19,660.80	¥15,728.64	¥12,582.91	¥10,066.33	¥17,632.66	¥17,632.66

图 4-31　双倍余额递减法计提折旧计算结果

5.【案例4-8】的操作步骤

(1) 创建工作簿。

创建一个工作簿,在固定资产计提折旧计算表中输入相关数据,如图4-32所示。

	A	B	C	D	E	F	G	H	I	J	K
1				固定资产计提折旧计算表							
2		原值(元)	净残值(元)	使用年限(年)							
3	数控机床(A)	60000	10000	8							
4	数控机床(B)	80000	10000	5							
5	年	1	2	3	4	5	6	7	8	合计	A变现价值(元)
6	A平均年限法计提折旧额(元)										
7	B平均年限法计提折旧额(元)										
8	A年数总和法计提折旧额(元)										
9	B年数总和法计提折旧额(元)										
10	A双倍余额递减法计提折旧额(元)										
11	B双倍余额递减法计提折旧额(元)										

图4-32 固定资产计提折旧计算表

(2) 平均年限法计提折旧。

根据平均年限法的计算原理,在单元格B6中输入公式"=SLN($B$3,$C$3,$D$3)",可计算得出数控机床A第1年的折旧额为6 250.00元。向右拖动填充柄将公式复制到单元格区域C6:I6,得到数控机床A第2年至第8年的折旧额均为6 250.00元。

根据平均年限法的计算原理,在单元格B7中输入公式"=SLN($B$4,$C$4,$D$4)",可计算得出数控机床B第1年的折旧额为14 000.00元。向右拖动填充柄将公式复制到单元格区域C7:F7,得到数控机床B第2年至第5年的折旧额均为14 000.00元。

(3) 年数总和法计提折旧。

根据年数总和法的计算原理,在单元格B8中输入公式"=SYD($B$3,$C$3,$D$3,B5)",可计算得出数控机床A第1年的折旧额为11 111.11元。向右拖动填充柄将公式复制到单元格区域C8:I8,分别得到数控机床A第2年至第8年的折旧额。

根据年数总和法的计算原理,在单元格B9中输入公式"=SYD($B$4,$C$4,$D$4,B5)",可计算得出数控机床B第1年的折旧额为23 333.33元。向右拖动填充柄将公式复制到单元格区域C9:F9,分别得到数控机床B第2年至第5年的折旧额。

(4) 双倍余额递减法计提折旧。

1) 数控机床A第1年至第6年计提折旧额。

根据双倍余额递减法的计算原理,在单元格B10中输入公式"=DDB($B$3,$C$3,$D$3,B5)",可计算得出数控机床A第1年的折旧额为15 000.00元。向右拖动填充柄将公式复制到单元格区域C10:G10,分别得到数控机床A第2年至第6年的折旧额。

2) 数控机床A第7年、第8年计提折旧额。

在单元格H10中输入公式"=($B$3-$C$3-SUM($B$10:$G$10))/2",可计算得出数控机床A第7年的折旧额为339.36元。向右拖动填充柄将公式复制到单元格I10,可得到数控机床A第8年的折旧额为339.36元。

3) 数控机床B第1年至第3年计提折旧额。

根据双倍余额递减法的计算原理,在单元格B11中输入公式"=DDB($B$4,$C$4,$D$4,B5)",可计算得出数控机床B第1年的折旧额为32 000.00元。向右拖动填充柄将公式复制到单元格区域 C11:D11，分别得到数控机床 A 第 2 年、第 3 年的折旧额。

4）数控机床 B 第 4 年、第 5 年计提折旧额。

在单元格 E11 中输入公式"=($B$4-$C$4-SUM($B$11:$D$11))/2"，可计算得出数控机床 B 第 4 年的折旧额为 3 640.00 元。向右拖动填充柄将公式复制到单元格 F11，可得到数控机床 B 第 5 年的折旧额为 3 640.00 元。

(5) 计算合计折旧额。

在单元格 J6 中输入公式"=SUM(B6:I6)"，得到数控机床 A 使用平均年限法计提的折旧总额为 50 000.00 元，向下拖动填充柄将公式复制到单元格区域 J7:J11，可得到所有的折旧合计数。

(6) 计算数控机床 A 的变现价值。

在单元格 K6 中输入公式"=B3-SUM(B6:D6)"，可得到数控机床 A 使用平均年限法计提 3 年折旧后的变现价值为 41 250.00 元。

在单元格 K8 中输入公式"=B3-B8-C8-D8"，可得到数控机床 A 使用年数总和法计提 3 年折旧后的变现价值为 30 833.33 元。

在单元格 K10 中输入公式"=B3-B10-C10-D10"，可得到数控机床 A 使用双倍余额递减法计提 3 年折旧后的变现价值为 25 312.50 元。

最终计算结果如图 4-33 所示。

	A	B	C	D	E	F	G	H	I	J	K
1	固定资产计提折旧计算表										
2		原值（元）	净残值（元）	使用年限（年）							
3	数控机床(A)	60000	10000	8							
4	数控机床(B)	80000	10000	5							
5	年	1	2	3	4	5	6	7	8	合计	A变现价值（元）
6	A平均年限法计提折旧额（元）	¥6,250.00	¥6,250.00	¥6,250.00	¥6,250.00	¥6,250.00	¥6,250.00	¥6,250.00	¥6,250.00	¥50,000.00	¥41,250.00
7	B平均年限法计提折旧额（元）	¥14,000.00	¥14,000.00	¥14,000.00	¥14,000.00	¥14,000.00				¥70,000.00	
8	A年数总和法计提折旧额（元）	¥11,111.11	¥9,722.22	¥8,333.33	¥6,944.44	¥5,555.56	¥4,166.67	¥2,777.78	¥1,388.89	¥50,000.00	¥30,833.33
9	B年数总和法计提折旧额（元）	¥23,333.33	¥18,666.67	¥14,000.00	¥9,333.33	¥4,666.67				¥70,000.00	
10	A双倍余额递减法计提折旧额（元）	¥15,000.00	¥11,250.00	¥8,437.50	¥6,328.13	¥4,746.09	¥3,559.57	¥339.36	¥339.36	¥50,000.00	¥25,312.50
11	B双倍余额递减法计提折旧额（元）	¥32,000.00	¥19,200.00	¥11,520.00	¥3,640.00	¥3,640.00				¥70,000.00	

图 4-33 固定资产计提折旧计算结果

4.3 固定资产更新决策

4.3.1 知识点提炼

1. 固定资产更新的概念

固定资产更新是对技术上或经济上不宜继续使用的旧资产，用新的资产更换，或用先进的技术对原有设备进行局部改造。固定资产更新决策就是对这种投资进行分析并决策。

2. 固定资产更新决策的类型

固定资产更新决策是指决定继续使用旧设备还是购买新设备的一种决策，如果购买新设备，旧设备将以市场价格出售。

通常，根据新、旧设备的未来使用寿命是否相同，可以采用两种不同的方法来进行决策分析：若新、旧设备未来使用期限相等，则可采用差额分析法，先求出对应项目的现金流量差额，再用净现值法或内含报酬率法对差额进行分析、评价；新、旧设备的投资寿命期不相等，则分析时主要采用最小公倍寿命法、年均净现值法、年均成本法，以净现值较高、年均净现值较高、年均成本较低的方案作为较优方案。

(1) 新、旧设备尚可使用且寿命相同的更新决策。

在新、旧设备未来使用期相同的情况下，一般普遍运用的分析方法是差额分析法，用以计算两个方案（购置新设备和继续使用旧设备）的现金流量之差以及净现值差额。如果净现值差额大于零，则购置新设备，反之则继续使用旧设备。

这种情况一般分三个阶段进行分析。

1) 初始阶段。

初始投资的计算公式为：

初始投资之差 = −新设备的投资额 + [旧设备的变现收入 + 变现损失抵税（或−变现收益纳税）]

2) 经营阶段。

营业净现金流量的计算公式为：

营业净现金流量之差 = 新、旧设备付现营运成本之差 × (1−所得税税率) + 新、旧设备折旧额之差 × 所得税税税率

3) 终结阶段。

终结现金流量的计算公式为：

终结现金流量之差 = 新设备残值收入 + 处置净损失抵税 − 旧设备残值收入 + 处置净损失抵税（或−处置净收益纳税）

将各年的差量现金流量按照资本成本折现，最终求出差量净现值。

(2) 新、旧设备尚可使用但寿命不相同的更新决策。

对于寿命不同的项目，不能对它们的净现值、内含报酬率及现值指数进行直接比较。为了使投资项目的各项指标具有可比性，要设法使其在相同的寿命期内进行比较，通常可采用的方法有最小公倍寿命法、年均净现值法、年均成本法。在实务中，以年均净现值法、年均成本法进行计算、判断决策最为常见。

年均净现值法是把投资项目在寿命期内总的净现值转化为每年的平均净现值，并进行比较分析的方法。其计算公式为：

$$年均净现值\ ANPV = NPV/(P/A, i, n)$$

采用年均净现值法进行更新决策时，比较继续使用和更新后项目的年均净现值，以较高者为较好的方案。

固定资产的平均年成本是指该资产引起的现金流出的年平均值。如果不考虑时间价值，它是未来使用年限内的现金流出总额与使用年限的比值；如果考虑货币的时间价值，它是未来使用年限内现金流出总现值与年金现值系数的比值，即平均每年的现金流出。

采用平均年成本法进行更新决策时，比较继续使用和更新后的平均年成本，以较低者为较好的方案。

4.3.2 实验案例

【案例4-9】海达公司准备购进一台新设备用于替换旧设备,以减少成本,增加收益。旧设备采用平均年限法计提折旧,新设备采用年数总和法计提折旧。新、旧设备未来使用年限相同,其他基本情况如表4-1所示。企业所得税税率为25%,资本成本为10%,假设不考虑其他税费,试用Excel建立模型并分别计算该公司新、旧设备的现金流量差额和净现值差额,判断是否应该进行设备更新。

实验案例4-9

表4-1 海达公司新、旧设备的基本情况

项目	旧设备	新设备
原值/元	50 000	70 000
预计使用年限/年	10	4
已用年限/年	6	0
尚可使用年限/年	4	4
税法规定残值/元	0	7 000
目前变现价值/元	20 000	70 000
每年可获得的收入/元	40 000	60 000
每年付现成本/元	20 000	18 000
折旧方法	平均年限法	年数总和法

【案例4-10】海天公司准备购进一台新设备用于替换旧设备,以减少成本,增加收益。新、旧设备均采用平均年限法计提折旧。新、旧设备未来使用年限不相同,其他基本情况如表4-2所示。企业所得税税率为25%,资本成本为10%,假设不考虑其他税费,试用Excel建立模型并分别计算该公司新、旧设备的现金流量和净现值,判断是否应该进行设备更新。

表4-2 海天公司新、旧设备的基本情况

项目	旧设备	新设备
原值/元	50 000	70 000
预计使用年限/年	10	8
已用年限/年	6	0
尚可使用年限/年	4	8
税法规定残值/元	0	0
目前变现价值/元	20 000	70 000
每年可获得的收入/元	40 000	45 000
每年付现成本/元	20 000	18 000
折旧方法	平均年限法	平均年限法

4.3.3 实验目的

根据新、旧设备的未来使用寿命是否相同,采取两种不同的方案对固定资产进行投资决策分析,决定继续使用旧设备还是购买新设备。

4.3.4 实验操作

1.【案例 4-9】的操作步骤

(1)创建工作簿。

创建一个工作簿,在固定资产更新决策表中输入相关数据,如图 4-34 所示。

	A	B	C	D	E	F
1		固定资产更新决策				
2	项目	旧设备	新设备	所得税税率	资本成本	
3	原值(元)	50000	70000	25%	10%	
4	预计使用年限(年)	10	4			
5	已用年限(年)	6	0			
6	尚可使用年限(年)	4	4			
7	税法规定残值(元)	0	7000			
8	目前变现价值(元)	20000	70000			
9	每年可获得的收入(元)	40000	60000			
10	每年付现成本(元)	20000	18000			
11	折旧方法	平均年限法	年数总和法			
12		新旧设备现金流量差额计算				
13	项目	0	1	2	3	4
14	初始投资(元)					
15	Δ销售收入(元)					
16	Δ付现成本(元)					
17	旧设备折旧额(元)					
18	新设备折旧额(元)					
19	Δ折旧额(元)					
20	Δ税前利润(元)					
21	Δ所得税(元)					
22	Δ税后利润(元)					
23	Δ营业净现金流量(元)					
24	Δ终结现金流量(元)					
25	现金流量(元)					
26	Δ净现值NPV					

图 4-34 固定资产更新决策表(新、旧设备未来使用年限相同)

(2)计算新、旧设备各年的折旧额。

第 17 行单元格相关公式如下。

C17、D17、E17、F17:=SLN($B$3,$B$7,$B$4)。得出旧设备未来每年的折旧额为 5 000 元。

第 18 行单元格相关公式如下。

C18:=SYD($C$3,$C$7,$C$4,C13)。得出新设备第 1 年的折旧额为 25 200 元。

D18：=SYD（＄C＄3，＄C＄7，＄C＄4，D13）。得出新设备第 2 年的折旧额为 18 900 元。

E18：=SYD（＄C＄3，＄C＄7，＄C＄4，E13）。得出新设备第 3 年的折旧额为 12 600 元。

F18：=SYD（＄C＄3，＄C＄7，＄C＄4，F13）。得出新设备第 4 年的折旧额为 6 300 元。

（3）计算新、旧设备各年的现金流量差额。

第 14 行单元格相关公式如下。

B14：=-（C8-B8）。

第 15 行单元格相关公式如下。

C15、D15、E15、F15：=＄C＄9-＄B＄9。

第 16 行单元格相关公式如下。

C16、D16、E16、F16：=＄C＄10-＄B＄10。

第 19 行单元格相关公式如下。

C19：=C18-C17。D19：=D18-D17。E19：=E18-E17。F19：=F18-F17。

第 20 行单元格相关公式如下。

C20：=C15-C16-C19。将公式复制至单元格区域 D20:F20。

第 21 行单元格相关公式如下。

C21：=C20*＄D＄3。将公式复制至单元格区域 D21:F21。

第 22 行单元格相关公式如下。

C22：=C20-C21。将公式复制至单元格区域 D22:F22。

第 23 行单元格相关公式如下。

C23：=C19+C22。将公式复制至单元格区域 D23:F23。

第 24 行单元格相关公式如下。

F24：=C7。

第 25 行单元格相关公式如下。

B25：=B14+B23+B24。将公式复制至单元格区域 C25:F25。

（4）计算新、旧设备净现值差额。

在单元格 B26 中输入公式"=NPV(E3，C25:F25)+B25"，结果为 16 196.16 元。

最终计算结果如图 4-35 所示。

	A	B	C	D	E	F
1		固定资产更新决策				
2	项目	旧设备	新设备	所得税税率	资本成本	
3	原值（元）	50000	70000	25%	10%	
4	预计使用年限（年）	10	4			
5	已用年限（年）	6	0			
6	尚可使用年限（年）	4	4			
7	税法规定残值（元）	0	7000			
8	目前变现价值（元）	20000	70000			
9	每年可获得的收入（元）	40000	60000			
10	每年付现成本（元）	20000	18000			
11	折旧方法	平均年限法	年数总和法			
12			新旧设备现金流量差额计算			
13	项目	0	1	2	3	4
14	初始投资（元）	-50000				
15	Δ销售收入（元）		20000	20000	20000	20000
16	Δ付现成本（元）		-2000	-2000	-2000	-2000
17	旧设备折旧额（元）		5000	5000	5000	5000
18	新设备折旧额（元）		25200	18900	12600	6300
19	Δ折旧额（元）		20200	13900	7600	1300
20	Δ税前利润（元）		1800	8100	14400	20700
21	Δ所得税（元）		450	2025	3600	5175
22	Δ税后利润（元）		1350	6075	10800	15525
23	Δ营业净现金流量（元）		21550	19975	18400	16825
24	Δ终结现金流量（元）					7000
25	现金流量（元）	-50000	21550	19975	18400	23825
26	Δ净现值NPV	16196.16				

图4-35　固定资产更新决策表计算结果（新、旧设备未来使用年限相同）

（5）是否进行设备更新的决策。

由图4-35的计算结果可知，ΔNPV大于0，固定资产更新后的净现值将增加16 196.16元，因此，应该进行固定资产的更新。

2.【案例4-10】的操作步骤

（1）创建工作簿。

创建一个工作簿，在固定资产更新决策表中输入相关数据，如图4-36所示。

	A	B	C	D	E	F	G	H	I	J
1		固定资产更新决策			旧设备现金流量计算					
2	项目	旧设备	新设备	项目	0	1	2	3	4	
3	原值（元）	50000	70000	初始投资（元）						
4	预计使用年限（年）	10	8	销售收入（元）						
5	已用年限（年）	6	0	付现成本（元）						
6	尚可使用年限（年）	4	8	折旧额（元）						
7	税法规定残值	0	0	税前利润（元）						
8	目前变现价值	20000	70000	所得税（元）						
9	每年可获得的收入（元）	40000	45000	税后利润（元）						
10	每年付现成本（元）	20000	18000	营业净现金流量（元）						
11	折旧方法	平均年限法	平均年限法	终结现金流量（元）						
12	所得税税率	25%		现金流量（元）						
13	资本成本	10%		净现值NPV						
14			新设备现金流量计算							
15	项目	0	1	2	3	4	5	6	7	8
16	初始投资（元）									
17	销售收入（元）									
18	付现成本（元）									
19	折旧额（元）									
20	税前利润（元）									
21	所得税（元）									
22	税后利润（元）									
23	营业净现金流量（元）									
24	终结现金流量（元）									
25	现金流量（元）									
26	净现值NPV									

图4-36　固定资产更新决策表（新、旧设备未来使用年限不同）

(2)计算新旧设备各年的折旧额。

旧设备"折旧额"单元格区域相关公式如下。

G6、H6、I6、J6：=SLN($B$3,$B$7,$B$4)。

新设备"折旧额"单元格区域相关公式如下。

C19、D19、E19、F19、G19、H19、I19、J19：=SLN($C$3,$C$7,$C$4)。

(3)计算旧设备各年的现金流量及净现值。

初始投资：在单元格F3中输入公式"=-B8"，结果为-20 000元。

销售收入：在单元格G4、H4、I4、J4中输入公式"=$B$9"，结果为40 000元。

付现成本：在单元格G5、H5、I5、J5中输入公式"=$B$10"，结果为20 000元。

税前利润：在单元格G7中输入公式"=G4-G5-G6"，结果为15 000元，并将公式复制至单元格区域H7:J7，得到各年的税前利润均为15 000元。

所得税：在单元格G8中输入公式"=G7*$B$12"，结果为3 750元，并将公式复制至单元格区域H8:J8，得到各年的所得税均为3 750元。

税后利润：在单元格G9中输入公式"=G7-G8"，结果为11 250元，并将公式复制至单元格区域H9:J9，得到各年的税后利润均为11 250元。

营业净现金流量：在单元格G10中输入公式"=G6+G9"，结果为16 250元，并将公式复制至单元格区域H10:J10，得到各年的营业净现金流量均为16 250元。

终结现金流量：在单元格J11中输入公式"=B7"，结果为0元。

现金流量：在单元格F12中输入公式"=F3+F10+F11"，结果为-20 000元，并将公式复制至单元格区域G12:J12，得到各年的现金流量均为16 250元。

净现值：在单元格F13中输入公式"=NPV($B$13,G12:J12)+F12"，结果为31 510.31元。

(4)计算新设备各年的现金流量及净现值。

初始投资：在单元格B16中输入公式"=-C8"，结果为-70 000元。

销售收入：在单元格C17、D17、E17、F17、G17、H17、I17、J17中输入公式"=$C$9"，结果为均45 000元。

付现成本：在单元格C18、D18、E18、F18、G18、H18、I18、J18中输入公式"=$C$10"，结果为均18 000元。

税前利润：在单元格C20中输入公式"=C17-C18-C19"，结果为18 250元，并将公式复制至单元格区域D20:J20，得到各年的税前利润均为18 250元。

所得税：在单元格C21中输入公式"=C20*$B$12"，结果为4 562.5元，并将公式复制至单元格区域D21:J21，得到各年的所得税均为4 562.5元。

税后利润：在单元格C22中输入公式"=C20-C21"，结果为13 687.5元，并将公式复制至单元格区域D22:J22，得到各年的税后利润均为13 687.5元。

营业净现金流量：在单元格C23中输入公式"=C19+C22"，结果为22 437.5元，并将公式复制至单元格区域D23:J23，得到各年的营业净现金流量均为22 437.5元。

终结现金流量：在单元格J24中输入公式"=C7"，结果为0元。

现金流量：在单元格 B25 中输入公式"=B16+B23+B24"，结果为-70 000 元，并将公式复制至单元格区域 C25:J25，得到各年的现金流量均为 22 437.5 元。

净现值：在单元格 B26 中输入公式"=NPV（$B$13，C25:J25）+B25"，结果为 49 702.41 元。

最终计算结果如图 4-37 所示。

	A	B	C	D	E	F	G	H	I	J
1	固定资产更新决策			旧设备现金流量计算						
2	项目	旧设备	新设备	项目		0	1	2	3	4
3	原值（元）	50000	70000	初始投资（元）		-20000				
4	预计使用年限（年）	10	8	销售收入			40000	40000	40000	40000
5	已用年限（年）	6	0	付现成本			20000	20000	20000	20000
6	尚可使用年限（年）	4	8	折旧额			5000	5000	5000	5000
7	税法规定残值（元）	0	0	税前利润			15000	15000	15000	15000
8	目前变现价值（元）	20000	70000	所得税			3750	3750	3750	3750
9	每年可获得的收入（元）	40000	45000	税后利润			11250	11250	11250	11250
10	每年付现成本（元）	20000	18000	营业净现金流量（元）			16250	16250	16250	16250
11	折旧方法	平均年限法	平均年限法	终结现金流量（元）						0
12	所得税税率	25%		现金流量		-20000	16250	16250	16250	16250
13	资本成本	10%		净现值NPV		31510.31				
14				新设备现金流量计算						
15	项目	0	1	2	3	4	5	6	7	8
16	初始投资（元）	-70000								
17	销售收入（元）		45000	45000	45000	45000	45000	45000	45000	45000
18	付现成本（元）		18000	18000	18000	18000	18000	18000	18000	18000
19	折旧额（元）		8750	8750	8750	8750	8750	8750	8750	8750
20	税前利润（元）		18250	18250	18250	18250	18250	18250	18250	18250
21	所得税（元）		4562.5	4562.5	4562.5	4562.5	4562.5	4562.5	4562.5	4562.5
22	税后利润（元）		13687.5	13687.5	13687.5	13687.5	13687.5	13687.5	13687.5	13687.5
23	营业净现金流量（元）		22437.5	22437.5	22437.5	22437.5	22437.5	22437.5	22437.5	22437.5
24	终结现金流量（元）									0
25	现金流量（元）	-70000	22437.5	22437.5	22437.5	22437.5	22437.5	22437.5	22437.5	22437.5
26	净现值NPV	49702.41								

图 4-37 固定资产更新决策计算结果（新、旧设备未来使用年限不同）

（5）计算新、旧设备的年平均净现值。

1）创建年平均净现值的工作表，如图 4-38 所示。

	A	B	C
28		旧设备	新设备
29	年金现值系数		
30	年平均净现值		

图 4-38 年平均净现值工作表

2）计算年平均净现值。

在单元格 B29 中输入公式"=ABS（PV（B13，B6，1））"，得出旧设备的资本成本为 10%、期限为 4 年的一元年金现值系数为 3.17。

在单元格 B30 中输入公式"=F13/B29"，得出旧设备的平均净现值为 9 940.58 元。

在单元格 C29 中输入公式"=ABS（PV（B13，C6，1））"，得出新设备的资本成本为 10%、期限为 8 年的一元年金现值系数为 5.33。

在单元格 C30 中输入公式"=B26/C29"，得出新设备的年平均净现值为 9 316.42 元。

最终计算结果如图 4-39 所示。

	A	B	C
28		旧设备	新设备
29	年金现值系数	3.17	5.33
30	年平均净现值	9940.58	9316.42

图4-39 年平均净现值计算结果

(6)更新决策。

从计算结果可以看出,旧设备的年平均净现值大于新设备的年平均净现值,因此,应该继续使用旧设备。

课后习题

1. 蓝天公司某投资方案初始投资为 5 000 万元,预计今后 5 年的年销售收入为 2 500 万元,年销售成本和费用为 120 万元,其中折旧为 20 万元,所得税率为 25%。

要求:

(1)试用 Excel 计算该投资方案的年现金净流量;

(2)假设该公司的资本成本为 16%,试用 Excel 计算该投资方案的净现值和内含报酬率;

(3)假设该公司的再投资报酬率为 12%,试用 Excel 计算该投资方案的修正内含报酬率,并判断该方案是否可行。

2. 海天公司拟按 8% 的资本成本筹资 10 万元用于投资,市场上目前有以下三种方案可供选择(风险相同):方案一,投资于 A 项目(免税),5 年后可一次性收回现金 14.4 万元;方案二,投资于 B 项目,于第 4 年开始至第 8 年,每年年初的现金流入为 6.5 万元、付现成本为 1 万元,折旧采用直线法,所得税税率 25%,不考虑资本化利息;方案三,将现金存入银行,复利计算,每半年等额收回本息 1.945 万元。

要求:

(1)计算方案一的内含报酬率;

(2)计算方案二的现值指数和会计收益率;

(3)如果要求方案三未来 5 年内存款的现金流入现值与方案二未来的现金净流量现值相同,计算存款的年复利率及此时的实际年利率;

(4)如果要求方案一未来 5 年的投资报酬率为 10%,计算每次从银行收回多少现金,其未来现金流入才与方案二未来的现金净流量现值相同?

3. 海达公司 2015 年 12 月 31 日购入某项固定资产设备,原值为 48 000 万元,相关税费为 2 000 万元,运费 300 万元,安装费 200 万元,调试费 500 万元。此外,海达公司还支付该固定资产设备操作工人培训费 500 万元。预计该设备使用寿命为 5 年,预计净残值为 1 000 万元。

要求:

(1)计算海达公司购买固定资产设备的成本;

(2)采用直线法计算该固定资产设备各年的折旧额;

(3)采用年数总和法计算该设备各年的折旧额;

(4)采用双倍余额递减法计算该设备各年的折旧额。

4. 海虹公司是一家机械制造企业,适用的所得税税率为25%,公司现有一套设备(以下简称旧设备),已经使用6年,为降低成本,公司管理层拟将旧设备提前报废,另行购置一套新设备,新设备的投资于更新起点一次性投入并能立即投入运营,设备更新后不改变原有的生产能力,但营运成本有所降低,会计上对于新、旧设备折旧年限,折旧额以及净残值等的处理与税法保持一致,假定折现率为12%。新、旧设备基本情况的相关资料如表4-3所示,相关货币时间价值系数如表4-4所示。

表4-3 海虹公司新、旧设备的基本情况

项目	旧设备	新设备
原价/万元	5 000	6 000
预计使用年限/年	12	10
已使用年限/年	6	0
净残值/万元	200	400
当前变现价值/万元	2 600	6 000
年折旧额/万元	400	560
年营运成本/万元	1 200	800

表4-4 货币时间价值系数

期数(n)	1	6	10	12
$(P/F, 12\%, n)$	0.892 9	0.506 6	0.322 0	0.256 7
$(P/A, 12\%, n)$	0.892 9	4.111 4	5.650 2	6.194 4

要求:

(1)试用Excel计算新设备在其可使用年限内形成的现金净流出量的现值(不考虑设备运营所带来的营业收入,也不把旧设备的变现价值作为新设备投资的减项);

(2)计算新设备的年金成本;

(3)对于该更新项目,判断应采用净现值和年金净流量法哪个指标进行比较,并说明理由;

(4)已知继续使用旧设备的年金成本为1 407.74万元,请进行是否更新设备的决策。

第 5 章

证券投资估价与收益分析

学习目标

- 了解证券投资的类型。
- 掌握债券价值及债券投资收益率的计算。
- 掌握股票价值及股票投资收益率的计算。

案例导入

索罗斯的投资

1992年8月,索罗斯以5%的保证金方式大量抛空英镑,购入马克,英镑对马克的汇率降至联系汇率的下限。当索罗斯听到英格兰银行将运用120亿美元去买进英镑时,他豪气盖天地说:"我正准备抛空这个数量。"发动了历史上第一个投机基金挑战欧洲货币汇率的战役。在市场巨大的抛压下,9月16日英格兰银行被迫两次宣布提高利率,反而导致英镑一再下跌,最后只好宣布退出欧洲货币体系。英镑汇率由1英镑=2.1美元下跌到1.7美元,"量子基金"获利20多亿美元,索罗斯个人收入达6.5亿美元,在1992年的华尔街十大收入排行榜名列榜首。

打开"量子基金"的董事会名册,就会发现索罗斯与欧美及犹太世界的金融家们都有密切联系。这些资深的银行家、投资专家、政界要人遍及西方各国,为索罗斯带来了不少重量级客户,也给他提供了不少"内线消息"。

1999年1月21日,索罗斯预言:美国已经出现了和日本20世纪80年代后期完全相同的资产泡沫,美国将发生一次大的经济危机。1999年5月,索罗斯在股票、汇率、债券的宏观趋势预测上连连失误,致使其管理的基金出现危机:先是看淡美国股票及债券,但美股首季却升幅一成多,美债价格也是一直升到4月底才回落。与此相反,索罗斯看好的日元却因美元持续坚挺而严重损失。索罗斯的基金管理公司在第三季度大举吸纳科技股,包括200多万股微软股份,还增持了太阳电脑公司、奎尔通信、Vertias Software、德尔电脑公司的股份。其中,奎尔通信是纳斯达克成分股中表达最佳的股票,全年升幅高达2 601%。于是,到了1999年11月，索罗斯放下的资产总值82.7亿美元的"量子基金"单月收益高达18.9%，完全扭转了1999年年初亏损的颓势。

讨论：

(1) 在该案例中，索罗斯所运用的投资理论有哪些？

(2) 如何准确预测股票的市场价格？

5.1 债券估价与收益分析

5.1.1 知识点提炼

1. 债券投资概述

(1) 债券投资的含义。

债券投资是指通过购买债券可以获取固定的利息收入，也可以在市场买卖中赚取差价。随着利率的升降，投资者如果能适时地买进卖出，就可获取较大收益。

(2) 债券投资的目的。

企业进行短期债券投资的目的主要是配合企业对资金的需求，调节现金余额，使现金余额达到合理水平。当企业现金余额太多时，便投资于债券，使现金余额降低；当现金余额太少时，则出售原来投资的债券，收回现金，使现金余额提高。企业进行长期债券投资的目的主要是获得稳定的收益。

2. 债券估价

(1) 债券价值的影响因素。

债券价值是指进行债券投资时投资者预期可获得的现金流入的现值。债券的现金流入主要包括利息和到期收回的本金或出售时获得的现金两部分。当债券的购买价格低于债券价值时，才值得购买。债券价值的影响因素主要有债券面值、债券票面利率、市场利率、债券的期限等。

(2) 债券估价模型。

1) 债券估价基本模型。

典型的债券是固定利率、分期计息、到期还本的债券。按照这种债券的特点，债券估价基本模型的计算公式为：

$$P = \frac{I_1}{(1+i)^1} + \frac{I_2}{(1+i)^2} + \cdots + \frac{I_n}{(1+i)^n} + \frac{M}{(1+i)^n}$$

式中，P 代表债券价值；I_n 代表第 n 期债券的利息收益；i 代表折现率，又称到期收益率，在估价模型中一般采用当时的市场利率或投资者要求的必要收益率；n 代表至债券到期日的时间间隔；M 代表债券到期日的票面价值。

2) 一次还本付息且不计算复利的债券估价模型。

我国很多债券属于一次还本付息且不计算复利的债券，其估价计算公式为：

$$P = \frac{F + F \times i \times n}{(1+K)^n} = (F + F \times i \times n) \times (P/F, K, n)$$

式中，P 表示债券价值；F 表示债券的票面价值；i 表示债券的票面利率；n 表示债券期限；K 表示市场利率。

3）折价发行时债券的估价模型。

有些债券以折价方式发行，没有票面利率，到期按面值偿还。其估价模型为：

$$P = \frac{F}{(1+K)^n} = F \times (P/F, K, n)$$

式中，P 表示债券价值；F 表示债券的票面价值；n 表示债券期限；K 表示市场利率。

3. 债务投资收益率

投资者对债务投资收益率的衡量可以分三种情况进行：票面收益率、到期收益率、持有期间收益率。三者的计算公式分别为：

票面收益率=（利息÷票面额）×100%

到期收益率=（到期本息和－债券买入价）÷（债券买入价×剩余到期年限）×100%

持有期间收益率=（出售价格－购入价格+持有期间总利息）÷（购入价格×持有期间）×100%

4. 函数——PV 函数

(1) 语法：PV(rate, nper, pmt, fv, type)。

(2) 功能：返回投资的现值。现值为一系列未来付款的当前值的累积和。

(3) 参数。

rate 为各期利率。

nper 为总投资（或贷款）期，即该项投资（或贷款）的付款期总数。

pmt 为各期所应支付的金额，其数值在整个年金期间保持不变。pmt 通常包括本金和利息，但不包括其他费用及税款。如果忽略 pmt，则必须包含 fv 参数。

fv 为未来值，或在最后一次支付后希望得到的现金余额。如果省略 fv，则假设其值为零（一笔贷款的未来值即为零）。如果忽略 fv，则必须包含 pmt 参数。

type 为数字 0 或 1，用以指定各期的付款时间在期初还是期末。

5.1.2 实验案例

实验案例 5-1

【案例 5-1】目前债券市场上有多种债券可以投资，期望收益率为 5%～15%，债券面值为 100 元，每年付息 1～4 次，债券票面利率为 4%～12%，期限为 1～10 年，试用 Excel 计算不同情况下债券的购买价格。

【案例 5-2】万通公司于 2020 年 6 月 1 日购买了新华公司新发行的债券，发行期限为 10 年，票面价值为 1 000 元，票面年利率为 10%，每年 6 月 1 日付息一次。

(1) 假设市场上同等风险投资的必要报酬率（市场利率）为 12%，试用 Excel 计算万通公司购买的债券价值。

(2) 假设市场上同等风险投资的必要报酬率为 10%，试用 Excel 计算万通公司购买的债券价值。

(3) 假设市场上同等风险投资的必要报酬率为 8%，试用 Excel 计算万通公司购买的债券价值。

(4) 试分析债券价值与市场利率的关系。

【案例 5-3】万通公司 2015 年 4 月 8 日发行公司债券，债券面值 1 000 元，票面利率 10%，5 年期。

(1) 假定每年 4 月 8 日付息一次，到期按面值偿还。海达公司于 2019 年 4 月 8 日按每张 1 020 元的价格购入该债券并持有到期，求债券的到期收益率。

(2) 假定该债券到期一次还本付息，单利计息。海达公司于 2019 年 4 月 8 日按每张 1 380 元的价格购入该债券并持有到期，求债券的到期收益率。

(3) 假定该债券每年 4 月 8 日付息一次，到期按面值偿还。海达公司 2017 年 4 月 8 日计划购入该债券并持有到期，要求的必要报酬率为 12%（可视为市场利率），则该债券的价格为多少时海达公司可以购入？已知：$(P/F, 12\%, 3) = 0.712$，$(P/A, 12\%, 3) = 2.402$。

(4) 假定该债券到期一次还本付息，单利计息。海达公司 2015 年 4 月 8 日计划购入该债券并持有到期，要求的必要报酬率为 12%，则该债券的价格为多少时海达公司可以购入？

5.1.3 实验目的

掌握用 Excel 计算不同类型的债券价值，包括固定利率、分期计息、到期还本的债券、一次还本付息且不计算复利的债券、折价发行的债券；掌握票面利率、市场利率、分期付息次数、债券期限等变动对债券价值的影响，并分析不同情况下的债券合理购买价格。

5.1.4 实验操作

1. 【案例 5-1】的操作步骤

(1) 创建工作簿。

创建一个工作簿，如图 5-1 所示。

(2) 填入相关数据。

在单元格 B2 中输入"100"；在单元格 B3 中输入"1"，然后插入控件"滚动条(窗体控件)"，选中"滚动条(窗体控件)"，将其按从左到右的顺序拖至单元格 B3 的右侧，即在单元格 B3 出现一条滚动条。选中该滚动条，在其上单击右键，在弹出的快捷菜单中选择"设置控件格式"，在"控制"选项中将"最小值"设定为"1"，"最大值"设定为"4"，"步长"设定为"1"，"页步长"设定为"1"，"单元格链接"设为"＄B＄3"，如图 5-2 所示。

第 5 章 证券投资估价与收益分析

	A	B
1	债券价值计算表	
2	债券面值（元）	
3	年付息次数（次）	
4	票面年利率（%）	
5	期望收益率（%）	
6	期限（年）	债券价值
7	1	
8	2	
9	3	
10	4	
11	5	
12	6	
13	7	
14	8	
15	9	
16	10	

图 5-1　债券价值计算表（案例 5-1）　　　　图 5-2　设置控件格式（单元格 B3）

在单元格 B4 中输入"4"，然后在单元格 B4 的右侧插入控件"滚动条（窗体控件）"，在弹出的"设置控件格式"对话框中，在"控制"选项中将"最小值"设定为"4"，"最大值"设定为"12"，"步长"设定为"1"，"页步长"设定为"2"，"单元格链接"设为"＄B＄4"，如图 5-3 所示。

在单元格 B5 中输入"5"，然后在单元格 B5 的右侧插入控件"滚动条（窗体控件）"，在弹出的"设置控件格式"对话框中，在"控制"选项中将"最小值"设定为"5"，"最大值"设定为"15"，"步长"设定为"1"，"页步长"设定为"2"，"单元格链接"设为"＄B＄5"，即可添加成功，如图 5-4 所示。

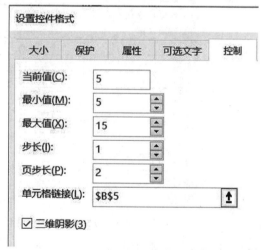

图 5-3　设置控件格式（单元格 B4）　　　　图 5-4　设置控件格式（单元格 B5）

（3）计算债券价值。

选中单元格 B7，调用 PV 函数，输入相关参数，如图 5-5 所示，在单元格 B7 和编辑栏中出现公式"=PV(＄B＄5/100*＄B＄3，A7*＄B＄3，＄B＄2*＄B＄4/100，＄B＄2)"，

单击"确定"按钮。或者在单元格 B7 或编辑栏中输入公式"＝PV（＄B＄5/100＊＄B＄3，A7＊＄B＄3，＄B＄2＊＄B＄4/100，＄B＄2）"，按〈Enter〉键后，即可计算得出债券价值为 99.05 元，拖动填充柄将公式复制至单元格区域 B8:B16，得到计算结果，如图 5-6 所示。

图 5-5　PV 函数计算债券价值的参数设置

图 5-6　债券价值计算结果（案例 5-1）

（4）绘制债券价值动态图。

选中单元格区域 B7:B16，插入"带数据标记的堆积折线图"，得到动态图，如图 5-7 所示。

第 5 章 证券投资估价与收益分析

	A	B
1	债券价值计算表	
2	债券面值（元）	100
3	年付息次数（次）	1
4	票面年利率（%）	4
5	期望收益率（%）	5
6	期限（年）	债券价值
7	1	¥-99.05
8	2	¥-98.14
9	3	¥-97.28
10	4	¥-96.45
11	5	¥-95.67
12	6	¥-94.92
13	7	¥-94.21
14	8	¥-93.54
15	9	¥-92.89
16	10	¥-92.28

图 5-7　年付息次数为 1 次、票面年利率为 4%、期望收益率为 5%时的债券价值动态图

（5）调整债券价值动态图。

分别改变年付息次数、票面年利率、期望收益率，年付息次数为 2 次、票面年利率为 5%、期望收益率为 12%时的债券价值动态图如图 5-8 所示；年付息次数为 3 次、票面年利率为 8%、期望收益率为 15%时的债券价值动态图如图 5-9 所示。

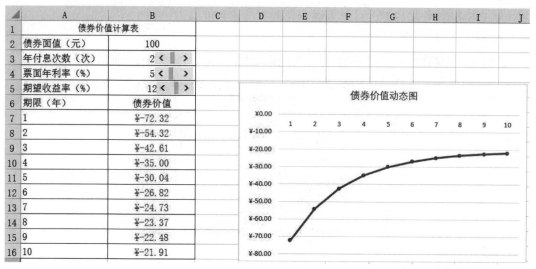

图 5-8　年付息次数为 2 次、票面年利率为 5%、期望收益率为 12%时的债券价值动态图

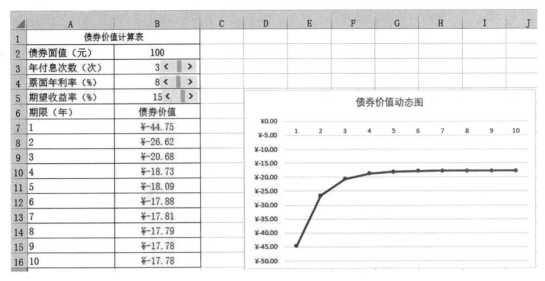

图5-9　年付息次数为3次、票面年利率为8%、期望收益率为15%时的债券价值动态图

由图5-7、图5-8、图5-9可以看出，对有关变量进行调整后发行，当票面年利率大于期望收益率时，年付息次数越多，债券价值越高；当票面年利率小于期望收益率时，年付息次数越多，债券价值越低。

2.【案例5-2】的操作步骤

（1）必要报酬率为12%，计算万通公司购买的债券价值。

1）创建工作簿。

创建一个工作簿，在债券价值计算表中输入相关数据，如图5-10所示。

	A	B
1	债券价值计算表	
2	债券面值（元）	1000
3	票面利率	10%
4	债务期限（年）	10
5	必要报酬率	12%
6	年付息次数（次）	1
7	债券利息（元）	
8	债券价值（元）	

图5-10　债券价值计算表（必要报酬率为12%）

2）计算债券利息和债券价值。

在单元格B7中输入公式"=B2*B3"，计算结果为100元。

在单元格B8中输入公式"=PV(B5,B4,B7)+PV(B5,B4,,B2)"，计算结果为887.00元。

计算结果如图5-11所示。

	A	B
1	债券价值计算表	
2	债券面值（元）	1000
3	票面利率	10%
4	债务期限（年）	10
5	必要报酬率	12%
6	年付息次数（次）	1
7	债券利息（元）	100
8	债券价值（元）	¥-887.00

图 5-11　债券价值计算结果（必要报酬率为 **12%**）

（2）必要报酬率为 10%，计算万通公司购买的债券价值。

1）创建工作簿。

创建一个工作簿，在债券价值计算表中输入相关数据，如图 5-12 所示。

	A	B
1	债券价值计算表	
2	债券面值（元）	1000
3	票面利率	10%
4	债务期限（年）	10
5	必要报酬率	10%
6	年付息次数（次）	1
7	债券利息（元）	
8	债券价值（元）	

图 5-12　债券价值计算表（必要报酬率为 **10%**）

2）计算债券利息和债券价值。

在单元格 B7 中输入公式"=B2*B3"，计算结果为 100 元。

在单元格 B8 中输入公式"=PV(B5,B4,B7)+PV(B5,B4,,B2)"，计算结果为 1 000.00 元。

计算结果如图 5-13 所示。

	A	B
1	债券价值计算表	
2	债券面值（元）	1000
3	票面利率	10%
4	债务期限（年）	10
5	必要报酬率	10%
6	年付息次数（次）	1
7	债券利息（元）	100
8	债券价值（元）	¥-1,000.00

图 5-13　债券价值计算结果（必要报酬率为 **10%**）

（3）必要报酬率为 8%，计算万通公司购买的债券价值。

1) 创建工作簿。

创建一个工作簿，在债券价值计算表中输入相关数据，如图 5-14 所示。

图 5-14　债券价值计算表（必要报酬率为 8%）

2) 计算债券利息和债券价值。

在单元格 B7 中输入公式"=B2*B3"，计算结果为 100 元。

在单元格 B8 中输入公式"=PV(B5,B4,B7)+PV(B5,B4,,B2)"，计算结果为 1 134.20 元。

计算结果如图 5-15 所示。

图 5-15　债券价值计算结果（必要报酬率为 8%）

（4）分析债券价值与市场利率的关系。

当市场利率大于票面利率时，债券价值低于债券面值；当市场利率等于票面利率时，债券价值等于债券面值；当市场利率小于票面利率时，债券价值高于债券面值。

3.【案例 5-3】的操作步骤

（1）假定每年 4 月 8 日付息一次，到期按面值偿还。海达公司于 2019 年 4 月 8 日按每张 1 020 元的价格购入该债券，并持有到期，求债券的到期收益率。

1) 创建工作簿。

创建一个工作簿，在到期收益率计算表中输入相关数据，如图 5-16 所示。

2) 计算债券到期收益率。

在单元格 B6 中输入公式"=(B2+B2*B3)/B5-1"，计算结果如图 5-17 所示。

图 5-16 到期收益率计算表
（债券价值为 1 020 元）

图 5-17 债券到期收益率计算结果
（债券价值为 1 020 元）

（2）假定该债券到期一次还本付息，单利计息。海达公司于 2019 年 4 月 8 日按每张 1 380 元的价格购入该债券并持有到期，求债券的到期收益率。

1）创建工作簿。

创建一个工作簿，在到期收益率计算表中输入相关数据，如图 5-18 所示。

2）计算债券到期收益率。

在单元格 B6 中输入公式"=（B2+B2*B3*B4）/B5-1"，计算结果如图 5-19 所示。

图 5-18 到期收益率计算表
（债券价值为 1 380 元）

图 5-19 债券到期收益率计算结果
（债券价值为 1 380 元）

（3）假定该债券每年 4 月 8 日付息一次，到期按面值偿还。海达公司 2017 年 4 月 8 日计划购入该债券并持有到期，要求的必要报酬率为 12%（可视为市场利率），求该债券的价格为多少时海达公司可以购入。

1）创建工作簿。

创建一个工作簿，在债券价值计算表中输入相关数据，如图 5-20 所示。

2）计算债券价值。

在单元格 B8 中输入公式"=B2*B6+B2*B3*B7"，计算结果为 952.20 元，如图 5-21 所示。由计算结果可知，该债券的价格低于 952.20 元时可以购入。

	A	B
1	债券价值计算表	
2	债券面值（元）	1000
3	票面利率	10%
4	债务期限（年）	5
5	市场利率	12%
6	（P/F，12%，3）	0.712
7	（P/A，12%，3）	2.402
8	债券价值（元）	

图 5-20　债券价值计算表
（每年付息一次，到期按面值偿还）

B8　　=B2*B6+B2*B3*B7

	A	B	C	D
1	债券价值计算表			
2	债券面值（元）	1000		
3	票面利率	10%		
4	债务期限（年）	5		
5	市场利率	12%		
6	（P/F，12%，3）	0.712		
7	（P/A，12%，3）	2.402		
8	债券价值（元）	¥952.20		

图 5-21　债券价值计算结果
（每年付息一次，到期按面值偿还）

(4)假定该债券到期一次还本付息，单利计息。海达公司 2017 年 4 月 8 日计划购入该债券并持有到期，要求的必要报酬率为 12%，求该债券的价格为多少时海达公司可以购入。

1)创建工作簿。

创建一个工作簿，在债券价值计算工作表中输入相关数据，如图 5-22 所示。

2)计算债券价值。

在单元格 B8 中输入公式“=(B2+B2 * B3 * B4) * B6”，计算结果为 1 068.00 元，如图 5-23 所示。由计算结果可知，该债券的价格低于 1 068.00 元时可以购入。

	A	B
1	债券价值计算表	
2	债券面值（元）	1000
3	票面利率	10%
4	债务期限（年）	5
5	市场利率	12%
6	（P/F，12%，3）	0.712
7	（P/A，12%，3）	2.402
8	债券价值（元）	

图 5-22　债券价值计算表
（到期一次还本付息，单利计息）

B8　　=(B2+B2*B3*B4)*B6

	A	B	C	D
1	债券价值计算表			
2	债券面值（元）	1000		
3	票面利率	10%		
4	债务期限（年）	5		
5	市场利率	12%		
6	（P/F，12%，3）	0.712		
7	（P/A，12%，3）	2.402		
8	债券价值（元）	¥1,068.00		

图 5-23　债券价值计算结果
（到期一次还本付息，单利计息）

5.2　股票估价与收益分析

5.2.1　知识点提炼

1. 股票投资概述

股票投资是指企业或个人用积累起来的货币购买股票，借以获得收益的行为。股票投资的收益是由收入收益和资本利得两部分构成的。收入收益是指股票投资者以股东身份,按照持股的份额,在公司盈利分配中得到的股息和红利收益。资本利得是指投资者在股票价格的变化中所得到的收益,即将股票低价买进、高价卖出所得到的差价收益。

2. 股票估价模型

(1)股票价值的含义。

股票的价值是指股票预期能够提供的所有未来现金流量的现值。

(2)股票估价的基本模型。

股票带给持有者的现金流入包括两部分:股利收入和出售时的售价。股票的内在价值由一系列的股利和将来出售股票时售价的现值构成。

如果股东永远持有股票,他只获得股利,那么这是一个永续的现金流入。这个现金流入的现值就是股票的价值,计算公式为:

$$S = \frac{D_1}{(1+K_s)^1} + \frac{D_2}{(1+K_s)^2} + \cdots + \frac{D_n}{(1+K_s)^n} = \sum \frac{D_t}{(1+K_s)^t}$$

式中,S 表示股票价值;D_t 表示 t 年的股利;K_s 表示折现率,一般采用资本成本率或投资的必要报酬率;t 表示折现期数。

(3)零增长股票的价值。

假设未来股利不变,其支付过程是一个永续年金,则股票价值为:

$$S = D/K_s$$

(4)固定增长股票的价值。

有些企业的股利是不断增长的,假设其增长率固定,则股票价值的估计方法为:

$$S = \frac{D_0(1+g)}{K_s - g} = \frac{D_1}{K_s - g}$$

式中,g 为常数,并且 $K_s > g$。

(5)非固定增长股票的价值。

在现实生活中,有的公司股利是不固定的。例如,在一段时间里高速增长,在另一段时间里正常固定增长或固定不变。在这种情况下,就要分段计算才能确定股票的价值。

3. 股票的期望收益率

假设股票价格是公平的市场价格,证券市场处于均衡状态,在任一时点证券价格都能完全反映有关该公司的任何可获得的公开信息,而且证券价格对新信息能迅速反应。在这种假设条件下,股票的期望收益率等于其必要的收益率。其计算公式可表达如下。

零增长股票:$K_s = D_1/S_0$。

固定增长股票:$K_s = D_1/S_0 + g$。

非长期持有股票、长期持有股票、一般模式、非固定成长股票用插值法计算折现率。

$$K_s = 预期股利收益率 + 资本利得收益率 = D_1/S_0 + (S_1 - S_0)/S_0$$

从而可计算特定风险情况下股东要求的必要报酬率,即公司的权益资本成本。

4. 股票估价函数

（1）PV 函数。

1）语法：PV(rate，nper，pmt，fv，type)。

2）功能：返回投资的现值。现值为一系列未来付款的当前值的累积和。

3）参数。

rate 为各期利率。

nper 为总投资（或贷款）期，即该项投资（或贷款）的付款期总数。

pmt 为各期所应支付的金额，其数值在整个年金期间保持不变。pmt 通常包括本金和利息，但不包括其他费用及税款。如果忽略 pmt，则必须包含 fv 参数。

fv 为未来值，或在最后一次支付后希望得到的现金余额。如果省略 fv，则假设其值为零（一笔贷款的未来值即为零）。如果忽略 fv，则必须包含 pmt 参数。

type 为数字 0 或 1，用以指定各期的付款时间在期初还是期末。

（2）ABS 函数。

1）语法：ABS(number)。

2）功能：ABS 函数用于返回数字的绝对值。正数和 0，返回数字本身，负数则返回数字的相反数。

3）参数：number（必选）表示要返回绝对值的数字，可以是直接输入的数字或单元格引用。参数必须为数值类型，即数字、文本格式的数字或逻辑值。如果是文本，则返回错误值"#VALUE!"。

5.2.2 实验案例

【案例5-4】某投资者购买黄河股份有限公司发行的股票，预计每年分配股利 2 元/股，持有两年后转卖价为 30 元/股，投资者的必要收益率为 10%，试用 Excel 计算该股票的价值。

【案例5-5】某投资者于 2017 年购买英大股份有限公司发行的股票，当年股利为 1 元/股，并预期股利永远按照 5% 的增长率增长，假设投资者的必要收益率为 15%，试用 Excel 计算该股票的价值。假设预期股利永远为 1 元/股，试用 Excel 计算该股票的价值。

【案例5-6】某投资者持有光达股份有限公司股票，要求的必要收益率为 15%，已知该公司最近支付的股利为 2 元/股，预计股利在未来 5 年以每年 12% 的增长率增长，从第 6 年开始每年以 6% 的增长率增长，试用 Excel 计算该股票的价值。

实验案例 5-6

【案例5-7】某投资者准备投资购买东方信托股份有限公司发行的股票，该股票去年股利为 2 元/股，预计以后每年以 4% 的增长率增长，假设必要收益率要达到 10% 才能购买该股票，试用 Excel 计算并分析该股票的价格应为多少时购买。

【案例5-8】有一只股票的价格为 20 元，预计下一年的股利是 2 元/股，该股利将以大约 4% 的速度持续增长。试用 Excel 计算该股票的期望收益率，假设令该股票的期望收益率为必要收益率，则计算一年后的估价。

5.2.3 实验目的

掌握用 Excel 计算不同类型的股票价值，包括零增长股票、固定股利增长股票、非固定股利增长股票等。掌握股利、股利增长率、必要收益率、股票持有期限等变动对股票价值的影响，并分析不同情况下股票的合理购买价格。

5.2.4 实验操作

1.【案例 5-4】的操作步骤

（1）创建工作簿。

创建一个工作簿，并在股票价值计算表中输入相关数据，如图 5-24 所示。

（2）计算股票价值。

在单元格 B6 中输入公式"=PV(B5，B3，B2)+PV(B5，B3，，B4)"，计算结果为 28.26 元；或者输入公式"=B2/(1+B5)+B2/(1+B5)^B3+B4/(1+B5)^B3"。计算结果如图 5-25 所示。

	A	B
1	股票价值计算表	
2	每股股利（元）	2
3	持有年限（年）	2
4	出售价格（元）	30
5	必要收益率	10%
6	股票价值（元）	

图 5-24 股票价值计算表（案例 5-4）

	A	B
1	股票价值计算表	
2	每股股利（元）	2
3	持有年限（年）	2
4	出售价格（元）	30
5	必要收益率	10%
6	股票价值（元）	¥28.26

图 5-25 股票价值计算结果（案例 5-4）

2.【案例 5-5】的操作步骤

（1）创建工作簿。

创建一个工作簿，并在股票价值计算表中输入相关数据，如图 5-26 所示。

（2）计算股票价值。

根据固定股利增长股票估价模型的原理，在单元格 B5 中输入公式"=B2*(1+B4)/(B3-B4)"，计算结果如图 5-27 所示。

	A	B
1	股票价值计算表	
2	每股股利（元）	1
3	必要收益率	15%
4	股利增长率	5%
5	股票价值（元）	

图 5-26 股票价值计算表（案例 5-5）

	A	B
1	股票价值计算表	
2	每股股利（元）	1
3	必要收益率	15%
4	股利增长率	5%
5	股票价值（元）	¥10.50

图 5-27 固定股利增长股票价值计算结果（案例 5-5）

(3)假设预期股利永远为1元/股，计算该股票的价值。

根据零股利增长股票估价模型的原理，在单元格 B5 中输入公式"=B2/B3"，计算结果如图 5-28 所示。

	A	B
1	股票价值计算表	
2	每股股利（元）	1
3	必要收益率	15%
4	股利增长率	5%
5	股票价值（元）	¥6.67

图 5-28 零股利增长股票价值计算结果

3.【案例 5-6】的操作步骤

(1)创建工作簿。

创建一个工作簿，并在股票价值计算表中输入相关数据，如图 5-29 所示。

	A	B	C	D	E	F	G
1	股票价值计算表						
2	当年股利（元）	2					
3	前5年股利增长率	12%					
4	第6年起股利增长率	6%					
5	必要收益率	15%					
6	年	1	2	3	4	5	累计现值
7	各年股利（元）						
8	各年股利现值（元）						
9	第5年末的股价（元）						
10	股票价值（元）						

图 5-29 不固定股利增长股票价值计算表

(2)计算各年股利。

当年股利为2元/股，预计在未来5年股利以每年12%的增长率增长，因此，在单元格 B7 中输入公式"=ABS($B$2*FV($B$3,B6,,1))"，得到第一年的股票股利为2.24元/股，向右拖动填充柄，将公式复制至单元格区域 C7:F7，得到第2年至第5年的股票股利。

(3)计算各年股利现值。

在单元格 B8 中输入公式"=ABS(PV($B$5,B6,,B7))"，得到第一年的股票股利现值为1.95元/股，向右拖动填充柄，将公式复制至单元格区域 C8:F8，得到第2年至第5年的股票股利现值。在单元格 G8 中输入公式"=SUM(B8:F8)"，得到前5年累计股利现值。

(4)计算第5年年末的股价。

根据不固定股利增长原理，在单元格 F9 中输入公式"=F7*(1+B4)/(B5-B4)"，得到第5年年末的股价。

(5)计算第5年年末的股价的现值。

在单元格 G9 中输入公式"=ABS(PV(B5,F6,,F9))"，得到第5年年末的股价现值。

(6) 计算股票价值。

根据不固定股利增长股票估价模型的原理，在单元格 G10 中输入公式"=G8+G9"，得到该公司股票的价值，计算结果如图 5-30 所示。

	A	B	C	D	E	F	G
1	股票价值计算表						
2	当年股利（元）	2					
3	前5年股利增长率	12%					
4	第6年起股利增长率	6%					
5	必要收益率	15%					
6	年	1	2	3	4	5	累计现值
7	各年股利（元）	2.24	2.51	2.81	3.15	3.52	
8	各年股利现值（元）	1.95	1.90	1.85	1.80	1.75	9.24
9	第5年末的股价（元）					41.51	20.64
10	股票价值（元）						29.88

图 5-30　不固定股利增长股票价值计算结果

4. 【案例 5-7】的操作步骤

(1) 创建工作簿。

创建一个工作簿，并在股票价值计算表中输入相关数据，如图 5-31 所示。

(2) 计算股票价值。

根据固定股利增长股票估价模型的原理，在单元格 B5 中输入公式"=B2*(1+B4)/(B3-B4)"，得到该公司股票的价值，计算结果如图 5-32 所示。

	A	B
1	股票价值计算表	
2	去年每股股利（元）	2
3	必要收益率	10%
4	股利增长率	4%
5	股票价值（元）	

图 5-31　股票价值计算表（案例 5-7）

	A	B
1	股票价值计算表	
2	去年每股股利（元）	2
3	必要收益率	10%
4	股利增长率	4%
5	股票价值（元）	¥34.67

图 5-32　股票价值计算结果（案例 5-7）

由计算结果可知，只有东方信托股份有限公司的股票价格等于或低于 34.67 元/股时，才值得投资购买。

5. 【案例 5-8】的操作步骤

(1) 创建工作簿。

创建一个工作簿，并在股票必要收益率计算表中输入相关数据，如图 5-33 所示。

(2) 计算股票的必要收益率。

根据固定股利增长股票估价模型的原理，在单元格 B5 中输入公式"=B2/B4+B3"，得到该公司股票的必要收益率，计算结果如图 5-34 所示。

	A	B
1	股票必要收益率计算表	
2	下一年每股股利（元）	2
3	股利增长率	4%
4	股票价值（元）	20
5	必要收益率	
6	股票一年后的估价	

图 5-33　股票必要收益率计算表

B5　= B2/ B4 +B3

	A	B
1	股票必要收益率计算表	
2	下一年每股股利（元）	2
3	股利增长率	4%
4	股票价值（元）	20
5	必要收益率	14%
6	股票一年后的估价	

图 5-34　股票的必要收益率计算结果

(3)计算股票一年后的估价。

在单元格 B6 中输入公式“=B2 * (1+B3)/(B5-B3)”，得到该公司股票一年后的估价为 20.8 元/股，计算结果如图 5-35 所示。

	A	B
1	股票必要收益率计算表	
2	下一年每股股利（元）	2
3	股利增长率	4%
4	股票价值（元）	20
5	必要收益率	14%
6	股票一年后的估价	20.8

图 5-35　股票一年后的估价

课后习题

1. 黄河股份有限公司本年度的净收益为 20 000 万元，每股支付股利 2 元。预计该公司未来 3 年进入成长期，净收入第 1 年增长 14%、第 2 年增长 14%、第 3 年增长 8%，第 4 年及以后将保持其净收益水平。该公司一直采用固定股利支付率政策，并打算今后继续实行该政策。该公司没有增发普通股和发行优先股的计划。

(1)假设股权资本成本为 10%，试用 Excel 计算股票的价值；

(2)假设股票的价格为 24.89 元，试用 Excel 计算股票的预期收益率。

2. 海达公司欲投资购买债券，打算持有至到期日，要求的必要收益率为 6%(复利、按年计息)，目前有三种债券可供挑选。

(1)A 债券面值为 1 000 元，5 年期，票面利率为 8%，每年付息一次，到期还本。A 债券是半年前发行的，现在的市场价格为 1 050 元，试用 Excel 计算 A 债券目前的价值，并判断是否值得购买。

(2)B 债券面值为 1 000 元，5 年期，票面利率为 8%，单利计息，利随本清，目前的市场价格为 1 050 元，已经发行两年，试用 Excel 计算 B 债券目前的价值，并判断是否值得购买。

(3)C 债券面值为 1 000 元，5 年期，4 年后到期，目前市价为 600 元，期内不付息，到期还本，试用 Excel 计算 C 债券的到期收益率，并判断是否值得购买。

(4)若甲公司持有 B 债券 2 年后，将其以 1 200 元的价格出售，则投资报酬率为多少？

3. 小王有部分闲置资金准备进行证券投资,现在市场上有以下几种证券可供选择。

(1) A 股票,上年发放的股利为 1.5 元,以后每年的股利按 5% 递增,目前股票的市价为 15 元。

(2) B 债券,面值为 1 000 元,5 年期,票面利率 8%,单利计息,到期一次还本付息。复利折现,目前价格为 1 080 元,假设小王投资时离到期日还有两年。

(3) C 股票,最近支付的股利是 2 元,预计未来 2 年股利将按每年 14% 的速度递增,在此之后转为正常增长,增长率为 10%,股票的市价为 46 元。

如果小王期望的最低报酬率为 15%,请你帮他判断哪种证券可以投资。已知:$(P/F, 15\%, 1) = 0.869\ 6$,$(P/F, 15\%, 2) = 0.756\ 1$。

4. 目前股票市场上有甲、乙、丙三种证券可供选择。

甲股票目前的市价为 9 元,该公司采用固定股利政策,每股股利为 1.2 元。

乙股票目前的市价为 8 元,该公司刚刚支付的股利为每股 0.8 元,预计第 1 年的股利为每股 1 元,第 2 年的每股股利为 1.02 元,以后各年股利的固定增长率为 3%。

丙债券面值为 10 元,利息率为 5%,每年付息一次,复利计息,期限为 10 年,目前该债券市价为 12 元,折现率为 4%。

已知无风险收益率为 8%,市场上所有股票的平均收益率为 13%,甲股票的 β 系数为 1.5,乙股票的 β 系数为 1.2。

(1) 试用 Excel 分别计算甲、乙股票的必要收益率;

(2) 帮该投资者决策应该购买何种股票;

(3) 按照(2)的决策,投资者打算长期持有该股票,计算投资者购入该种股票的持有期年均收益率;

(4) 按照(2)的决策,投资者持有 3 年后以 9 元的价格出售,计算投资者购入该种股票的持有期年均收益率;

(5) 如果投资者按照目前的市价,同时投资购买甲、乙两种股票各 200 股,计算该投资组合的 β 系数和必要收益率;

(6) 假设甲股票的标准差为 40%,乙股票的标准差为 25%,甲、乙股票的相关系数为 0.8,计算按照(5)构成的投资组合的标准差。

5. 大山公司股票的 β 系数为 2.0,无风险利率为 6%,平均股票的必要报酬率为 10%。

(1) 若该股票为固定成长股票,投资人要求的必要报酬率一直不变,股利成长率为 4%,预计一年后的股利为 1.5 元,计算该股票的价值。

(2) 若股票未来 3 年股利为零增长,每年股利额为 1.5 元,预计从第 4 年起转为正常增长,增长率为 6%,同时 β 系数变为 1.5,其他条件不变,计算该股票的价值。

(3) 若目前的股价为 25 元,预计股票未来两年股利每年增长 10%,预计第 1 年股利额为 1.5 元,从第 4 年起转为稳定增长,增长率为 6%,计算该股票的投资收益率。

第6章

流动资产投资管理

学习目标

- 了解现金、应收账款、存货等主要流动资产管理的目标。
- 掌握各项流动资产的管理方法。
- 掌握现金管理成本、应收账款管理成本、存货管理成本的计算。
- 掌握流动资产投资管理的决策。

案例导入

强化现金管理

F集团是由某电力企业集团有限公司独家发起、整体改制后以募集方式设立的股份有限公司,注册资本为3.5亿元。F集团主要经营电力、煤炭、油品、天然气及新能源等业务,经过多年发展取得了良好的经营业绩,目前旗下共拥有8家子公司,分布在国内多个省市。其中,1家子公司为全资子公司,另外7家子公司均为控股子公司。

F集团的财务管理模式是财务部模式。集团的现金管理由财务部统一管理,并没有分设独立的现金管理部门。财务部的主要职能是制订企业资金及投资的中长期规划、会计核算管理、现金管理和调度、投资项目的财务审核、参与投资评价等。财务部下设会计、资金、投资三个职能岗位。F集团的管理职能相对弱化,现金管理方式比较传统,而下属子公司的经营和现金管理又独立管理和操作,资金高度分散,不利于集团的管理决策和计划安排,难以发挥集团资金统筹调度的优势。另外,集团公司难以实现对子公司资金流向的监管,内部转账难以实现,缺少必要的流动性管理。

GS公司受F集团委托对该集团的现金管理问题提出了改善方案,设计了通过一套现金管理系统,构建现金池来满足客户需求,突出母公司对集团内部所有账户的资金流和信息流双线管控的解决方案,帮助F集团最大限度地利用内部资金资源。具体措施有三项。第一,构建以F集团总部为核心账户、子公司为成员单位账户的账户体系。核心账户实现现金的集中和下拨，在整个账户体系中处于核心地位；成员单位账户为核心账户提供现金归集功能授权，同时接受核心账户下拨的现金。第二，明确每个成员单位需要开立两个账户：一个是收入账户，成员单位所有收入必须进入该账户，并纳入现金池管理；另外一个是支出账户，同样纳入现金池管理，其资金来源为核心账户下拨，付款额度受到收入账户贡献额度及核心账户分配额度的限制。第三，由母公司和子公司账户共同组成集团实体现金池，采用委托贷款的方式完成资金的归集和下拨。

GS公司为F集团提供现金流动性管理后，F集团的资金集中管理进展良好。与资金集中管理前相比，不仅实现了对各子公司资金的集中监控，而且大大降低了集团的资金使用成本，提高了资金使用效率和资金收益。例如，F集团通过GS公司的现金管理服务共降低资金成本5 000万元。同时还增强了F集团内部各公司间的资金透明度，规范了集团内部现金管理的流程，降低了业务操作风险。集团总部通过委托贷款方式对各子公司的资金及时进行归集下拨，在调剂集团资金流动性的同时，又规避了外部的政策性风险。

讨论：

(1) F集团的现金管理存在哪些问题？

(2) 现金流动性管理的目的是什么？

(3) 现金池的作用是什么？

6.1 现金管理

6.1.1 知识点提炼

1. 现金管理概述

现金是企业流动资产中流动性最强的资产，持有足够的现金不仅能增强企业资产的流动性，还能应付意外事件对现金的需求，从而降低企业的财务风险。但现金又是非盈利性资产，即使是银行存款，其利率也是非常低的，不能或很少能给企业带来收益。因此，现金管理的目的是在不影响企业正常生产经营活动的前提下，将现金储备量降低到最低限度。

2. 持有现金的动机

(1) 交易动机。

企业在组织生产经营活动时，为了应付日常营业的需要，必须用现金购买原材料、支付运杂费、发放工资、交纳税款、支付股利以及一些其他的零星开支等。交易动机是持有现金的主要动机。

(2) 预防动机。

市场变化难以预测，使企业的现金流量在一定程度上难以准确把握。为了确保在意外事件发生时不中断正常的生产经营活动，企业必须持有现金，以应付这些意外事件的发生。

(3)投机动机。

企业持有一定数量的现金，可以随时捕捉有利可图的经济时机。一般来说，多数企业持有现金并不是为了投机，主要还是为了交易和预防。

3. 现金的成本

现金的成本通常由以下三个部分组成。

(1)持有成本。

现金的持有成本是指企业因保留一定现金余额而增加的管理费用及丧失的再投资收益。企业保留现金会发生如管理人员工资、安全措施费等管理费用，这部分费用具有固定成本性质，在一定范围内与现金持有量的多少关系不大。再投资收益是企业不能同时用该现金进行有价证券投资所产生的机会成本，这种成本在数额上等同于资金成本，与现金持有量成正比，属于决策的相关成本。

(2)转换成本。

转换成本是指企业买卖有价证券时付出的交易费用(包括佣金、印花税、委托费、过户费等)，即现金与有价证券之间相互转换的成本。其中，佣金、印花税等是按委托交易金额计算的，属于变动成本，在一定时期内所需现金量既定的情况下，这部分费用是相同的，与成交次数关系不大，属于决策的无关成本。而委托费、过户费等固定费用只与成交次数有关，与成交金额无关，属于决策的相关成本。

(3)短缺成本。

短缺成本是指在现金持有量不足而且无法及时通过有价证券变现加以补充而给企业造成的损失，包括停工待料或临时采购的额外支出以及不能按期交货的信誉损失。短缺成本与现金持有量呈负相关关系。

4. 最佳现金持有量的确定

(1)成本分析模式。

成本分析模式是根据现金有关成本，分析预测其总成本最低时现金持有量的一种方法。运用成本分析模式确定最佳现金持有量时，只考虑因持有一定量的现金而产生的机会成本及短缺成本，而不考虑管理费用和转换成本，如表6-1所示。

运用成本分析模式确定最佳现金持有量的步骤如下。

第一步，根据不同现金持有量测算并确定有关成本数值。

第二步，按照不同现金持有量及其有关成本资料编制最佳现金持有量测算表。

第三步，在测算表中找出总成本最低时的现金持有量，即最佳现金持有量。在这种模式下，最佳现金持有量就是持有现金产生的机会成本与短缺成本之和最小时的现金持有量。

表6-1 成本分析模式下的最佳现金持有量

相关成本	机会成本	管理成本	短缺成本
与现金持有量的关系	正比例变动	无明显的比例关系(固定成本)	反向变动
决策原则	最佳现金持有量是使上述三项成本之和最小的现金持有量		

(2)存货模式(鲍曼模型)。

存货模式是将存货经济订货批量模型原理用于确定目标现金持有量,其着眼点也是现金相关成本之和最低。其假设前提包括:第一,现金的支出过程比较稳定,波动较小,而且每当现金余额降至零时,均通过变现部分证券得到补足(不允许短缺);第二,企业预算期内现金需要总量可以预测;第三,证券的利率或报酬率以及每次固定性交易费用可以获悉。如果这些条件基本得到满足,企业便可以利用存货模式来确定最佳现金持有量。

该模式假设不存在现金短缺,因此,相关成本只有机会成本和转换成本。所谓的最佳现金持有量,也就是能使机会成本与转换成本之和最低的现金持有量,如图6-1所示,最佳现金持有量 Q 是"机会成本"线与"交易成本"线交叉点所对应的现金持有量。

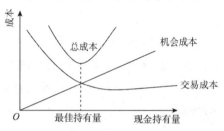

图6-1 存货模式下的最佳现金持有量

其计算公式为:

$$持有现金总成本 = 机会成本 + 转换成本$$

即

$$TC = \frac{Q}{2} \times K + \frac{T}{Q} \times F$$

式中,TC 为持有现金的总成本;T 为一个周期内现金总需求量;F 为每次转换有价证券的固定成本;Q 为最佳现金持有量;K 为有价证券的利息率(即机会成本率)。

可用导数方法得出:

$$\frac{dTC}{dQ} = \frac{1}{2} \times K - \frac{T}{Q^2} \times F = 0$$

得出最佳现金持有量为:

$$Q = \sqrt{\frac{2TF}{K}}$$

最低现金管理总成本为:

$$TC = \sqrt{2TFK}$$

(3)现金周转模式。

现金周转模式是按现金周转期来确定最佳现金余额的一种方法。现金周转期是指现金从投入生产经营开始,到最终转化为现金的过程。运用现金周转模式确定最佳现金持有量的步骤如下。

第一步,计算现金周转期。

$$现金周转期 = 存货周转期 + 应收账款周转期 - 应付账款周转期$$

第二步，计算现金周转率。

$$现金周转率 = 计算期天数 / 现金周转期$$

式中，计算期天数通常按 360 天计算。

第三步，计算最佳现金持有量。

$$最佳现金持有量 = 预计现金年需求总量 / 现金周转率$$

现金周转模式的前提条件是企业预计期内现金总需求量可以预知，现金周转天数与次数可以测算，并且测算结果符合实际，否则计算出的最佳现金持有量就不准确。

如果未来年度的周转效率与历史年度相比较发生了变化，但变化是可以预计的，那么模式仍然可以采用。

(4) 随机模式。

随机模式是在现金需求量难以预知的情况下进行现金持有量控制的方法。其基本原理为：企业根据历史经验和现实需要，测算出一个现金持有量的控制范围，即确定出现金持有量的上限(H)和下限(L)，以及最佳现金持有量(R)。三者的计算公式如下。

1) 现金返回线(R)的计算公式为：

$$R = \sqrt[3]{\frac{3b\delta^2}{4i}} + L$$

式中，b 表示每次有价证券的固定转换成本；i 表示有价证券的日利息率；δ 表示预期每日现金余额变化的标准差；L 表示现金持有量的下限。

2) 现金持有量的上限(H)的计算公式为：

$$H = 3R - 2L$$

3) 下限的确定：受到企业每日的最低现金需要量、管理人员的风险承受倾向等因素的影响。

5. 现金管理的参数

(1) INDEX 函数。

1) 语法：INDEX(array, row_ num, column_ num)返回数组中指定的单元格或单元格数组的数值；INDEX(reference, row_ num, column_ num, area_ num)返回引用中指定单元格或单元格区域的引用。

2) 功能：返回表或区域中的值或对值的引用。函数 INDEX 有两种形式：数组形式和引用形式。数组形式通常返回数值或数值数组；引用形式通常返回引用。

3) 参数。

array 为单元格区域或数组常数。

row_ num 为数组中某行的行序号，函数从该行返回数值。如果省略 row_ num，则必须有 column_ num。

column_ num 是数组中某列的列序号，函数从该列返回数值。如果省略 column_ num，则必须有 row_ num。

reference 是对一个或多个单元格区域的引用，如果为引用输入一个不连续的选定区域，就必须用括号括起来。

area_num 是选择引用中的一个区域,并返回该区域中 row_num 和 column_num 的交叉区域。选中或输入的第一个区域序号为1,第二个为2,以此类推。如果省略 area_num,则 INDEX 函数使用区域1。

(2) SQRT 函数。

1) 语法:SQRT(number)。

2) 功能:用于计算数字的平方根。

3) 参数:number 表示要计算平方根的数字,可以是直接输入的数字或单元格引用。

注意:参数必须为数值类型,即数字、文本格式的数字或逻辑值。如果是文本,则返回错误值"#VALUE!"。如果为负数,则返回错误值"#NUM!"。

(3) POWER 函数。

1) 语法:POWER(number,power)。

2) 功能:返回数字乘幂的计算结果。

3) 参数:number 表示底数;power 表示指数。

注意:两个参数可以是任意实数,当参数 power 的值为小数时,表示计算的是开方;当参数 number 取值小于0且参数 power 为小数时,POWER 函数将返回错误值"#NUM!"。

(4) MATCH 函数。

1) 语法:MATCH(lookup_value,lookup_array,match_type)。

2) 功能:返回指定数值在指定数组区域中的位置。

3) 参数。

lookup_value 为需要在数据表(lookup_array)中查找的值,可以为数值(数字、文本或逻辑值)或对数字、文本或逻辑值的单元格引用,可以包含通配符、星号(*)和问号(?)。星号可以匹配任何字符序列;问号可以匹配单个字符。

lookup_array 为可能包含有所要查找数值的连续的单元格区域。区域必须是某一行或某一列,即必须为一维数据,引用的查找区域是一维数组。

match_type 表示查询的指定方式,用数字-1、0或者1表示。match_type 省略相当于 match_type 为1的情况。match_type 为1时,查找小于或等于 lookup_value 的最大数值在 lookup_array 中的位置,lookup_array 必须按升序排列,否则,当遇到比 lookup_value 更大的值时,即时终止查找并返回此值之前小于或等于 lookup_value 的最大数值的位置。match_type 为0时,查找等于 lookup_value 的第一个数值,lookup_array 按任意顺序排列。match_type 为-1时,查找大于或等于 lookup_value 的最小数值在 lookup_array 中的位置,lookup_array 必须按降序排列。

利用 MATCH 函数查找功能时,当查找条件存在时,MATCH 函数结果为具体位置(数值),否则显示"#N/A"。

注意:当所查找对象在指定区域未发现匹配对象时将报错!

(5) MIN 函数。

1) 语法:MIN(number1,number2,…)。

2）功能：返回一组值中的最小值。

3）参数：number1 是可选的，后续数字也是可选的。要从中查找最小值的 1～255 个数字。

注意：参数可以是数字、空白单元格、逻辑值或表示数值的文字串。如果参数中有错误值或无法转换成数值的文字，将引起错误。如果参数是数组或引用，则 MIN 函数仅使用其中的数字、数组或引用中的空白单元格，逻辑值、文字或错误值将忽略。如果逻辑值和文字串不能忽略，请使用 MINA 函数。如果参数中不含数字，则 MIN 函数返回 0。

6.1.2 实验案例

【案例 6-1】长城有限公司为确定最佳现金持有量，制定了 A、B、C 三个方案，机会成本率为 12%，现金余额、短缺成本等相关资料如表 6-2 所示。试用 Excel 建立模型，运用成本分析模式进行最佳现金持有量的选择。

实验案例 6-1

表 6-2 现金余额、短缺成本等相关资料

备选方案	方案 A	方案 B	方案 C
现金余额/元	20 000	60 000	100 000
短缺成本/元	12 000	4 000	0

【案例 6-2】长城有限公司的现金收支状况具有一定的弹性，机会成本率为 10%，预计现金需求量及转换成本等相关资料如表 6-3 所示。试用 Excel 建立模型，运用存货模式计算不同情况下的最佳现金持有量、最低现金管理总成本。

表 6-3 预计现金需求量及转换成本等相关资料

备选方案	方案 A	方案 B	方案 C
预计现金需求量/元	200 000	300 000	400 000
转换成本/元	200	200	200

【案例 6-3】黄河股份有限公司预计全年需用现金 7 200 万元，预计存货周转期为 120 天，应收账款周转期为 32 天，应付账款周转期为 45 天，假设一年按 360 天计算，试用 Excel 建立模型，运用现金周转模式计算该公司最佳现金持有量。

【案例 6-4】黄河股份有限公司的日现金余额标准差为 5 000 元，每次证券交易的成本为 500 元，有价证券的日收益率为 0.06%，公司每日最低现金需要量为 0，试用 Excel 建立模型，运用随机模式计算该公司最佳现金持有量和上限的现金持有量。

6.1.3 实验目的

了解现金管理的四种模式，掌握运用 Excel 建立现金管理的模型，进行最佳现金持有量的计算，保证企业经营活动所需现金的同时，减少企业闲置资金数量，提高现金收益率。

6.1.4 实验操作

1.【案例6-1】的操作步骤

(1)创建工作簿。

创建一个工作簿,在最佳现金持有量计算表中输入相关数据,如图6-2所示。

	A	B	C	D
1	最佳现金持有量计算表			
2	备选方案	方案A	方案B	方案C
3	现金余额(元)	20000	60000	100000
4	短缺成本(元)	12000	4000	0
5	机会成本率	12%		
6	机会成本(元)			
7	总成本(元)			
8	最优方案			
9	最佳现金持有量(元)			

图 6-2　最佳现金持有量计算表(成本分析模式)

(2)计算机会成本。

根据现金管理的成本分析模式原理,机会成本=现金余额×机会成本率,在单元格 B6 中输入公式"=B3*$B$5",向右拖动填充柄将公式复制到单元格 C6 和 D6 中,分别得到方案 A、方案 B、方案 C 的机会成本为 2 400 元、7 200 元、12 000 元。

(3)计算总成本。

成本分析模式中总成本计算公式为:总成本=短缺成本+机会成本。选取单元格区域 B7:D7,在 B7 中输入数组公式"=B4:D4+B6:D6",分别得到方案 A、方案 B、方案 C 的总成本为 14 400 元、11 200 元、12 000 元。

(4)选择最优方案。

在单元格 B8 中输入公式"=INDEX(B2:D2,MATCH(MIN(B7:D7),B7:D7,0))",得到最优方案为方案 B。

(5)计算最佳现金持有量。

在单元格 B9 中输入公式"=INDEX(B3:D3,MATCH(MIN(B7:D7),B7:D7,0))",得到最佳现金持有量为 60 000 元。最终计算结果如图 6-3 所示。

	A	B	C	D
1	最佳现金持有量计算表			
2	备选方案	方案A	方案B	方案C
3	现金余额(元)	20000	60000	100000
4	短缺成本(元)	12000	4000	0
5	机会成本率	12%		
6	机会成本(元)	2400	7200	12000
7	总成本(元)	14400	11200	12000
8	最优方案	方案B		
9	最佳现金持有量(元)	60000		

图 6-3　最佳现金持有量计算结果(成本分析模式)

2.【案例 6-2】的操作步骤

(1) 公式法

1) 创建工作簿。

创建一个工作簿，在最佳现金持有量计算表中输入相关数据，如图 6-4 所示。

	A	B	C	D
1	最佳现金持有量计算表			
2	方案	方案A	方案B	方案C
3	预计的现金需求量	200000	300000	400000
4	转换成本（元）	200	200	200
5	机会成本率		10%	
6	最佳现金持有量（元）			
7	最低现金管理总成本（元）			

图 6-4　最佳现金持有量计算表(存货模式)

2) 计算最佳现金持有量。

根据现金管理的存货模式原理，在单元格 B6 中输入公式"=SQRT(2*B3*B4/\$B\$5)"，可得出方案 A 的最佳现金持有量为 28 284.27 元，向右拖动填充柄将公式复制到单元格 C6 和 D6 中，分别得到方案 B、方案 C 的最佳现金持有量为 34 641.02 元、40 000 元。

3) 计算最低现金管理总成本。

在单元格 B7 中输入公式"=SQRT(2*B3*B4*\$B\$5)"，可得出方案 A 的最佳现金持有量为 2 828.43 元，向右拖动填充柄将公式复制到单元格 C7 和 D7 中，分别得到方案 B、方案 C 的最低现金管理总成本为 3 464.1 元、4 000 元。最终计算结果如图 6-5 所示。

| D7 | ▼ | : | × | ✓ | fx | =SQRT(2*D3*D4*$B$5) |

	A	B	C	D
1	最佳现金持有量计算表			
2	方案	方案A	方案B	方案C
3	预计的现金需求量	200000	300000	400000
4	转换成本（元）	200	200	200
5	机会成本率		10%	
6	最佳现金持有量（元）	28284.27	34641.02	40000
7	最低现金管理总成本（元）	2828.427	3464.102	4000

图 6-5　最佳现金持有量计算结果(存货模式)

(2) 规划求解法。

以方案 C 为例进行规划求解。建立工作表，并输入相关数据，如图 6-6 所示。

	A	B
10	最佳现金持有量计算表	
11	方案	方案C
12	预计的现金需求量（元）	400000
13	转换成本（元）	200
14	机会成本率	10%
15	最低持有现金总成本（元）	
16	最佳现金持有量（元）	

图 6-6　规划求解计算最佳现金持有量计算表

在 Excel 中选择"选项"或在首页右击"数据"选择"自定义功能区"，在跳出的新窗口中选中"加载项"，在右边加载项中选择"分析工具库"或"分析工具库-VBA"任一项，单击下面的"转到"按钮，在新窗口中选中"规划求解加载项"，单击"确定"按钮，即可在 Excel 首页数据中看到"分析"中的"规划求解"功能。

在单元格 B16 中输入一个大于 0 的初始值，如输入 100。

在单元格 B15 中输入公式"=(B12/B16)*B13+(B16/2)*B14"。

调用"规划求解"命令，在系统打开的"规划求解参数"对话框中，将目标单元格设置为"＄B＄15"为"最小值"，在"通过更改可变单元格"中选定"＄B＄16"，在"遵守约束"中单击"添加"按钮，添加约束条件"＄B＄16>=0"，单击"求解"按钮，在系统弹出的"规划求解结果"对话框中再次单击"确定"按钮，得到最佳现金持有量为 40 000 元，最低持有现金总成本为 4 000 元，如图 6-7 和图 6-8 所示。

图 6-7　规划求解参数

A	B
10	最佳现金持有量计算表	
11 方案	方案C
12 预计的现金需求量（元）	400000
13 转换成本（元）	200
14 机会成本率	10%
15 最低持有现金总成本（元）	4000
16 最佳现金持有量（元）	40000

图 6-8　规划求解计算最佳现金持有量计算结果

3.【案例 6-3】的操作步骤

(1) 创建工作簿。

创建一个工作簿,在最佳现金持有量计算表中输入相关数据,如图 6-9 所示。

(2) 计算现金周转期。

根据现金周转模式的原理"现金周转期=存货周转期+应收周转期−应付款周转期",在单元格 B6 中输入公式"=B3+B4−B5",得到该公司的现金周转期为 19 天。

(3) 计算现金周转率。

根据"现金周转率=计算期天数/现金周转期",在单元格 B7 中输入公式"=360/B6",得到该公司的现金周转率为 18.95。

(4) 计算最佳现金持有量。

根据"最佳现金持有量=全年现金需求量/现金周转率",在单元格 B8 中输入公式"=B2/B7",得到该公司的最佳现金持有量为 380.00 万元。最终计算结果如图 6-10 所示。

	A	B
1	最佳现金持有量计算表	
2	预计的现金需求量(万元)	7200
3	存货周转期(天)	32
4	应收账款周转期(天)	32
5	应付账款周转期(天)	45
6	现金周转期(天)	
7	现金周转率	
8	最佳现金持有量(万元)	

图 6-9 最佳现金持有量计算表(现金周转模式)

	A	B
1	最佳现金持有量计算表	
2	预计的现金需求量(万元)	7200
3	存货周转期(天)	32
4	应收账款周转期(天)	32
5	应付账款周转期(天)	45
6	现金周转期(天)	19
7	现金周转率	18.95
8	最佳现金持有量(万元)	380.00

图 6-10 最佳现金持有量计算结果(现金周转模式)

4.【案例 6-4】的操作步骤

(1) 创建工作簿。

创建一个工作簿,在最佳现金持有量计算表中输入相关数据,如图 6-11 所示。

	A	B
1	最佳现金持有量计算表	
2	日现金余额标准差δ(元)	5000
3	有价证券的固定转换成本b(元)	500
4	有价证券的日利息率i	0.06%
5	现金持有量下限L(元)	0
6	最佳现金持有量R(元)	
7	现金持有量上限H(元)	

图 6-11 最佳现金持有量计算表(随机模式)

(2) 计算最佳现金持有量。

根据随机模式最佳现金持有量的计算公式,选中单元格 B6,调用 POWER 函数,输入相关参数,如图 6-12 所示,此时在 B6 单元格和编辑栏中出现公式"=POWER((3*B3*B2^2)/(4*B4),1/3)",随后手动编辑公式为"=POWER((3*B3*B2^2)/(4*B4),1/3)+B5",

即可计算得到该公司的最佳现金持有量为 25 000 元。或者在单元格 B6 中输入公式"=POWER((3*B3*B2^2)/(4*B4),1/3)+B5",得到该公司的最佳现金持有量为 25 000 元。

图 6-12　POWER 函数计算最佳现金持有量的参数设置

(3) 计算上限的现金持有量。

根据上限的现金持有量的计算公式,在单元格 B7 中输入公式"=3*B6-2*B5",即可计算得出该公司上限的现金持有量为 75 000 元。最终计算结果如图 6-13 所示。

A	B
最佳现金持有量计算表	
日现金余额标准差δ（元）	5000
有价证券的固定转换成本b（元）	500
有价证券的日利息率i	0.06%
现金持有量下限L（元）	0
最佳现金持有量R（元）	25000
现金持有量上限H（元）	75000

图 6-13　最佳现金持有量计算结果

6.2　应收账款管理

6.2.1　知识点提炼

1. 应收账款管理概述

(1) 应收账款的功能。

1) 增加销售。

在激烈的市场竞争中,通过提供赊销可有效地促进销售。因为企业提供赊销不仅向顾客提供了商品,也在一定时间内向顾客提供了购买该商品的资金,顾客将从赊销中得到好处。所以,赊销会带来企业销售收入和利润的增加,特别是在企业销售新产品、开拓新市场时,赊销更具有重要的意义。

2）减少存货。

企业持有一定产成品存货时，会相应地占用资金，形成仓储费用、管理费用等，产生成本，而赊销则可避免这些成本的产生。所以，无论是季节性生产企业还是非季节性生产企业，当企业的产成品存货较多时，一般会采用优惠的信用条件进行赊销，将存货转化为应收账款，减少产成品存货，相应减少存货资金占用成本、仓储与管理费用等，从而提高企业收益。

(2) 应收账款的成本。

应收账款的成本是指持有应收账款所要付出的代价，主要包括机会成本、管理成本、坏账成本。

1）应收账款的机会成本。

应收账款会占用企业一定量的资金，这部分资金如不是应收账款，便可以用于其他投资并可能获得收益，例如投资债券获得利息收入。这种因投放于应收账款而放弃其他投资所带来的收益，即为应收账款的机会成本。其计算公式为：

应收账款机会成本 = 应收账款占用资金的应计利息 = 赊销业务所需资金 × 资金成本率

赊销业务所需资金 = 应收账款平均余额 × 变动成本率

应收账款平均余额 = 年赊销收入净额 / 应收账款周转率

= 平均每日赊销额 × 平均收账天数

应收账款周转率 = 360 / 平均收账天数

式中，平均收账天数一般按客户各自赊销额占总赊销额的比重为权数的所有客户收账天数的加权平均数计算；资金成本率一般可按有价证券利息率计算。

因此，应收账款机会成本的公式也可以写为：

应收账款机会成本 = 应收账款占用资金的应计利息

= (年赊销收入净额 / 360) × 平均收账天数 × 变动成本率 × 资金成本率

2）应收账款的管理成本。

应收账款的管理成本主要是指在进行应收账款管理时所增加的费用，主要包括调查顾客信用状况的费用、收集各种信息的费用、账簿的记录费用、收账费用、数据处理成本、相关管理人员成本和从第三方购买信用信息的成本等。

3）应收账款的坏账成本。

在赊销交易中，债务人由于种种原因无力偿还债务，债权人就有可能无法收回应收账款而发生损失，这种损失就是坏账成本。企业发生坏账成本是不可避免的，而此项成本一般与应收账款发生的数量成正比。

(3) 应收账款的管理目标。

应收账款的管理目标，是要制定科学合理的应收账款信用政策，并在这种信用政策所增加的销售盈利和采用这种政策预计要担负的成本之间做出权衡。只有当应收账款所增加的利润超过所增加的成本时，才应当实施赊销；如果应收账款赊销有着良好的盈利前景，就应当放宽信用条件增加赊销量，否则就减少赊销量。

2. 应收账款政策的制定

企业要管好用好应收账款，就必须事先制定合理的信用政策，主要包括信用标准、信用条件和收账政策。

（1）信用标准。

信用标准是客户获得企业商业信用所应具备的最低条件。也就是说，客户必须具备什么条件企业才赊给他，它是客户所必须具备的最低财务力量。企业应制定合理的信用标准，既不能过严，也不能过松。信用标准过严，只对信誉很好、坏账损失率较低的顾客给予赊销，会减少坏账损失，减少应收账款的机会成本，但同时会使销售量减少。相反，如果信用标准过低，虽然可以扩大销售，但同时也会导致坏账损失风险的加大和收账费用的增加。

（2）信用条件。

信用条件是指企业要求客户支付赊销款项的条件，主要包括信用期限、折扣期限及现金折扣等。信用期限是指企业为顾客规定的最长付款时间；折扣期限是指为顾客规定的可享受现金折扣的付款时间；现金折扣是指在顾客提前付款时给予的优惠。如"2/10，$N/30$"就是一项信用条件，这里的30天为信用期限，10天为折扣期限，2%为现金折扣比例。企业究竟应当给予客户多长时间的信用期限和折扣期限，以及多大程度的现金折扣优惠，要进行全面衡量。对信用条件备选方案的评价与选择可采用总额分析法和差量分析法，如表6-4所示。

表6-4 决策方法

总额分析法	差量分析法
1. 计算各个方案的收益 收益＝销售收入－变动成本 　　＝边际贡献 　　＝销售量×单位边际贡献 注意：固定成本如有变化应予以考虑	1. 计算收益的增加 增加的收益＝增加的销售收入－增加的变动成本－增加的固定成本 　　　　　＝增加的边际贡献－增加的固定成本
2. 计算各个方案实施信用政策的成本 （1）计算机会成本。 ①应收账款占用资金的应计利息＝(年赊销收入净额/360)×平均收账天数×变动成本率×资金成本率 ②存货占用资金的应计利息＝存货平均占用资金×资金成本率＝(销售成本/存货周转率)×资金成本率 ③应付账款增加导致的应计利息减少(成本的抵减项)＝应付账款平均占用资金×资金成本率 （2）计算收账费用和坏账损失。 坏账损失＝年赊销收入净额×坏账损失率 （3）计算折扣成本(提供现金折扣时)。 现金折扣成本＝销售水平×现金折扣率×享受现金折扣的顾客比例	2. 计算实施信用政策成本的增加 （1）计算机会成本的增加。 ①应收账款占用资金的应计利息的增加。 ②存货占用资金的应计利息的增加。 ③应付账款增加导致的应计利息减少(成本的抵减项)的增加。 （2）计算收账费用和坏账损失的增加。 （3）计算折扣成本的增加(提供现金折扣时)。

续表

总额分析法	差量分析法
3. 计算各方案税前损益 税前损益=收益-成本费用	3. 计算改变信用期的增加税前损益 增加的税前损益=收益增加-成本费用增加
决策原则：选择税前损益最大的方案	决策原则：如果改变信用期增加的税前损益大于0，则可以改变

（3）收账政策。

收账政策是指当客户违反信用条件，拖欠甚至拒付账款时企业所采取的收账策略与措施。企业在制定收账政策时，要权衡利弊，掌握好宽严界限。如果收账政策过严，可能会减少应收账款，减少坏账损失，但会增加收账成本；如果过松，可能会增加应收账款，增加坏账损失，但会减少收账费用。制定收账政策总的原则是：要在增加收账费用与减少坏账损失、减少应收账款机会成本之间进行权衡，若前者小于后者，则说明制定的收账政策是可取的。

3. 应收账款管理的函数

（1）IF 函数。

1）语法：IF(logical_ test，value_ if_ true，value_ if_ false)。

2）功能：根据指定的条件来判断其真假，根据逻辑计算的真假值返回相应的内容。即如果指定条件的计算结果为 TRUE，则 IF 函数将返回某个值；如果指定条件的计算结果为 FALSE，则 IF 函数将返回另一个值。

3）参数。

logical_ test 计算结果为 TRUE 或 FALSE 的任何数值或表达式。

value_ if_ true 是 logical_ test 为 TRUE 时函数的返回值。如果 logical_ test 为 TRUE 并且省略了 value_ if_ true，则返回 TRUE。而且 value_ if_ true 可以是一个表达式。

value_ if_ false 是 logical_ test 为 FALSE 时函数的返回值。如果 logical_ test 为 FALSE 并且省略 value_ if_ false，则返回 FALSE。value_ if_ false 也可以是一个表达式。

（2）MAX 函数。

1）语法：MAX(number1，number2，…)。

2）功能：返回这一组值中的最大值，对于空白、文本与逻辑值自动忽略。

3）参数：number1 是必需的，后续数字是可选的。

注意：如果参数为错误值或不能转换成数字的文本，将产生错误。

如果参数为数组或引用，则只有数组或引用中的数字将被计算。数组或引用中的空白单元格、逻辑值或文本将被忽略。如果逻辑值和文本不能忽略，请使用函数 MAXA 来代替。如果参数不包含数字，函数 MAX 返回 0。

6.2.2 实验案例

【案例 6-5】海天公司当前采用的信用标准为 "$N/30$"，年赊销收入为 3 500 万元，预计坏账损失率标准为 8%，销售利润率为 20%，平均实际发生的坏账损失率为 9%，平均收款期为 40 天，应收账款的机会成本率为 8%，变动成本率为 55%，一年按 360 天计算。为扩大销售功能，增加销售收益，需要改变信用标准，目前有两个备选方案可供选择。

方案 A：年赊销额减少 150 万元，预计的坏账损失率标准为 5%，增加销售额的平均收款期为 40 天，平均坏账损失率为 6%，增加销售额引起的管理费用减少 2 万元。

方案 B：年赊销额增加 300 万元，预计的坏账损失率标准为 10%，增加销售额的平均收款期为 45 天，平均坏账损失率为 11%，增加销售额引起的管理费用增加 3 万元。

要求：试用 Excel 建立选择信用标准方案的模型。

【案例 6-6】海天公司产品单位售价为 120 元/件，单位变动成本为 72 元/件，应收账款的机会成本率为 12%，一年按 360 天计算。为使销售利润最大化，现有两个备选方案可供选择。

方案 A：信用标准为"$N/30$"，预计销售量 60 000 件，预计坏账损失率为 2%，预计收账费用为 3 000 元。

方案 B：信用标准为"$N/45$"，预计销售量 70 000 件，预计坏账损失率为 3%，预计收账费用为 5 000 元。

要求：试用 Excel 建立选择信用条件方案的模型。

【案例 6-7】海天公司为使销售利润最大化，决定改变当前的收账政策，一年按 360 天计算，当前的收账政策和备选的收账政策如表 6-5 所示。试用 Excel 建立选择收账政策决策模型。

表 6-5 当前的收账政策和备选的收账政策

项目	当前政策	备选政策
年收账费用/万元	10	20
平均收账天数/天	60	30
坏账损失率	3%	2%
赊销额/万元	420	480
变动成本率	60%	60%
资本成本率	15%	15%

【案例 6-8】海天公司为提高销售效益，降低经营风险，现有三个信用方案可供选择。

方案 A：信用标准为"$N/20$"，预计赊销收入 2 160 万元，收账费用为 20 万元，坏账损失率为 2%。

方案 B：信用标准为"$N/30$"，预计赊销收入 2 430 万元，收账费用为 40 万元，坏账损失率为 3%。

实验案例 6-8

方案 C：信用标准为"$2/15，1/30，N/40$"，预计赊销收入 2 430 万元，估计有 60% 的客户会利用 2% 的折扣，10% 的客户会利用 1% 的折扣，收账费用为 30 万元，坏账损失率为 2%。

假设变动成本率为 60%，资金成本率为 20%，一年按 360 天计算。要求：试用 Excel 建立选择信用政策模型，并通过比较三个方案进行最优决策。

6.2.3 实验目的

掌握企业进行应收账款管理的必要手段——制定合理的信用政策,主要包括信用标准、信用条件和收账政策。掌握在不同的信用政策下,通过计算销售收益、机会成本、坏账损失、收账费用,得出信用政策变化对销售收益的影响,从而进行最优方案的选择。

6.2.4 实验操作

1. 【案例6-5】的操作步骤

(1) 创建工作簿。

创建一个工作簿,在信用标准决策表中输入相关数据,如图6-14所示。

	A	B	C	D	E	F	G
1				基本数据区			
2	原信用标准数据			备选信用标准数据			
3	预计的坏账损失率		8%	备选方案		方案A	方案B
4	信用期限(天)		30	预计的坏账损失率标准		5%	10%
5	年赊销收入(万元)		3500	年赊销额增加(万元)		-150	300
6	销售利润率		20%	增加销售额的平均收款期(天)		40	45
7	平均实际发生的坏账损失率		9%	平均坏账损失率		6%	11%
8	平均收款期(天)		40	增加销售额引起的管理费用增加(万元)		-2	3
9	应收账款的机会成本率		8%	变动成本率		55%	
10							
11			计算与决策(单位:万元)				
12	信用标准变化的影响		方案A	方案B			
13	对销售利润的影响						
14	对机会成本的影响						
15	对坏账损失的影响						
16	对管理费用的影响						
17	对净收益的综合影响						
18	决策结论						

图6-14 信用标准决策表

(2) 计算信用标准变化对销售利润的影响。

在单元格C13中输入公式"=F5*$C$6",得到方案A信用标准变化对销售利润的影响为-30万元,向右拖动填充柄将公式复制到D13中,得到方案B的结果为60万元。

(3) 计算信用标准变化对机会成本的影响。

方案A信用标准变化对机会成本的影响主要是应收账款占用资金的应计利息的变化,在单元格C14中输入公式为"=(F5/360)*F6*$F$9*$C$9",结果为-0.73万元,向右拖动填充柄将公式复制到D14中,得到方案B的结果为1.65万元。

(4) 计算信用标准变化对坏账损失的影响。

在单元格C15中输入公式"=F5*F7",得到方案A信用标准变化对坏账损失的影响为-9万元,向右拖动填充柄将公式复制到D15中,得到方案B的结果为33万元。

(5) 计算信用标准变化对管理费用的影响。

在单元格C16中输入公式"=F8",得到方案A信用标准变化对管理费用的影响为-2万元,向右拖动填充柄将公式复制到D16中,得到方案B的结果为3万元。

(6) 计算信用标准变化对净收益的综合影响。

方案 A：在单元格 C17 中输入公式"=C13-C14-C15-C16"，计算结果为-18.27 万元。
方案 B：在单元格 D17 中输入公式"=D13-D14-D15-D16"，计算结果为 22.35 万元。

(7)决策结论。

决策原则：选择税前损益最大的方案；如果改变信用期增加的税前损益大于 0，则可以改变。在单元格 C18 中输入公式"=IF(MAX(C17:D17)<=0,'选择原信用标准',IF(C17=D17,'方案 A、B 均可',IF(D17>C17,'选择方案 B','选择方案 A')))"，即可得出决策结论"选择方案 B"。最终计算结果如图 6-15 所示。

	A	B	C	D	E	F	G
1				基本数据区			
2		原信用标准数据			备选信用标准数据		
3	预计的坏账损失率		8%	备选方案		方案A	方案B
4	信用期限（天）		30	预计的坏账损失率标准		5%	10%
5	年赊销收入（万元）		3500	年赊销额增加（万元）		-150	300
6	销售利润率		20%	增加销售额的平均收款期（天）		40	45
7	平均实际发生的坏账损失率		9%	平均坏账损失率		6%	11%
8	平均收款期（天）		40	增加销售额引起的管理费用增加（万元）		-2	3
9	应收账款的机会成本率		8%	变动成本率		55%	
10							
11			计算与决策（单位：万元）				
12	信用标准变化的影响		方案A	方案B			
13	对销售利润的影响		-30	60			
14	对机会成本的影响		-0.73	1.65			
15	对坏账损失的影响		-9	33			
16	对管理费用的影响		-2	3			
17	对净收益的综合影响		-18.27	22.35			
18	决策结论			选择方案B			

图 6-15　决策结论

2.【案例 6-6】的操作步骤

(1)创建工作簿。

创建一个工作簿，在信用条件决策表中输入相关数据，如图 6-16 所示。

	A	B	C	D	E	F	G
1				基本数据区			
2		相关数据			备选方案	方案A	方案B
3	销售单价（元/件）		120	信用期限（天）		30	45
4	单位变动成本（元/件）		72	预计销售量（件）		60000	70000
5	应收账款的机会成本率		12%	预计坏账损失率		2%	3%
6	一年的计算天数（天）		360	预计收账费用（元）		3000	5000
7							
8			计算与决策（单位：元）				
9	信用条件变化的影响		方案A	方案B			
10	对销售利润的影响						
11	对机会成本的影响						
12	对坏账损失的影响						
13	对收账费用的影响						
14	对净收益的综合影响						
15	决策结论						

图 6-16　信用条件决策表

(2)计算信用条件变化对销售利润的影响。

在单元格 C10 中输入公式"=F4*($C$3-$C$4)",得到方案 A 信用条件变化对销售利润的影响为 2 880 000 元。

在单元格 D10 中输入公式"=G4*($C$3-$C$4)",得到方案 B 信用条件变化对销售利润的影响为 3 360 000 元。

(3)计算信用条件变化对机会成本的影响。

信用条件变化对机会成本的影响主要是应收账款占用资金的应计利息的变化。

在单元格 C11 中输入公式"=(F4*$C$3/$C$6)*F3*($C$4/$C$3)*$C$5",得到方案 A 信用条件变化对机会成本的影响为 43 200 元。

在单元格 D11 中输入公式"=(G4*$C$3/$C$6)*G3*($C$4/$C$3)*$C$5",得到方案 B 信用条件变化对机会成本的影响为 75 600 元

(4)计算信用条件变化对坏账损失的影响。

在单元格 C12 中输入公式"=F4*$C$3*F5",得到方案 A 信用条件变化对坏账损失的影响为 144 000 元。

在单元格 D12 中输入公式"=G4*$C$3*G5",得到方案 B 信用条件变化对坏账损失的影响为 252 000 元。

(5)计算信用条件变化对收账费用的影响。

在单元格 C13 中输入公式"=F6",得到方案 A 信用条件变化对收账费用的影响为 3 000 元。

在单元格 D13 中输入公式"=G6",得到方案 B 信用条件变化对收账费用的影响为 5 000 元。

(6)计算信用条件变化对净收益的综合影响。

在单元格 C14 中输入公式"=C10-SUM(C11:C13)",结果为 2 689 800 元。

在单元格 D14 中输入公式"=D10-SUM(D11:D13)",结果为 3 027 400 元。

(7)决策结论。

决策原则:选择税前损益最大的方案为优;如果改变信用期增加的税前损益大于 0,则可以改变。

在单元格 C15 中输入公式"=IF(MAX(C14:D14)<=0,'两个方案均不可行',IF(C14=D14,'方案 A、B 均可',IF(D14>C14,'选择方案 B','选择方案 A')))",即可得出决策结论"选择方案 B"。最终计算结果如图 6-17 所示。

	A	B	C	D	E	F	G
1	基本数据区						
2	相关数据			备选方案		方案A	方案B
3	销售单价（元/件）		120	信用期限（天）		30	45
4	单位变动成本（元/件）		72	预计销售量（件）		60000	70000
5	应收账款的机会成本率		12%	预计坏账损失率		2%	3%
6	一年的计算天数（天）		360	预计收账费用（元）		3000	5000
7							
8	计算与决策（单位：元）						
9	信用条件变化的影响		方案A	方案B			
10	对销售利润的影响		2880000	3360000			
11	对机会成本的影响		43200	75600			
12	对坏账损失的影响		144000	252000			
13	对收账费用的影响		3000	5000			
14	对净收益的综合影响		2689800	3027400			
15	决策结论		选择方案B				

图 6-17　信用条件决策结论

3. 【案例 6-7】的操作步骤

(1) 创建工作簿。

创建一个工作簿，在收账政策决策表中输入相关数据，如图 6-18 所示。

	A	B	C	D	E	F
1	基本数据区			计算与决策（单位：万元）		
2	收账政策方案	当前政策	备选政策	收账政策方案	当前政策	备选政策
3	年收账费用（万元）	10	20	应收账款平均余额		
4	平均收账天数（天）	60	30	应收账款追加投资		
5	坏账损失率	3%	2%	应收账款机会成本		
6	赊销额（万元）	420	480	坏账损失		
7	变动成本率	60%	60%	收账费用		
8	资本成本率	15%	15%	对净收益的影响		
9	一年的计算天数（天）	360		决策结论		

图 6-18　收账政策决策表（案例 6-7）

(2) 计算收账政策变化对机会成本的影响。

收账政策变化对机会成本的影响主要是应收账款占用资金的应计利息的变化。

在单元格 E3 中输入公式"=B6/B9*B4"，得出当前方案应收账款平均余额为 70 万元。

在单元格 E4 中输入公式"=E3*B7"，得出应收账款追加投资为 42 万元。

在单元格 E5 中输入公式"=E4*B8"，得出应收账款机会成本为 6.3 万元。

在单元格 F3 中输入公式"=C6/B9*C4"，得出备选方案应收账款平均余额为 40 万元。

在单元格 F4 中输入公式"=F3*C7"，得出备选方案应收账款追加投资为 24 万元。

在单元格 F5 中输入公式"=F4*C8"，得出备选方案应收账款机会成本为 3.6 万元。

(3) 计算收账政策变化对坏账损失的影响。

在单元格 E6 中输入公式"=B6*B5"，得出当前方案收账政策变化对坏账损失的影响为

12.6 万元。

在单元格 F6 中输入公式"=C6*C5",得出备选方案收账政策变化对坏账损失的影响为 9.6 万元。

(4) 计算收账政策变化对收账费用的影响。

在单元格 E7 中输入公式"=B3",得出当前方案收账政策变化对收账费用的影响为 10 万元。

在单元格 F7 中输入公式"=C3",得出备选方案收账政策变化对收账费用的影响为 20 万元。

(5) 计算收账政策变化对净收益的综合影响。

在单元格 E8 中输入公式"=-SUM(E5:E7)",得出当前方案对净收益的综合影响为 -28.9 万元。

在单元格 F8 中输入公式"=-SUM(F5:F7)",得出备选方案对净收益的综合影响为 -33.2 万元。

(6) 决策结论。

决策原则:选择税前损益最大的方案;如果改变信用期增加的税前损益大于 0,则可以改变。

合并单元格 E9 和 F9,在单元格 E9 中输入公式"=IF(E8>F8,'维持当前的收账政策','采用备选的收账政策')",即可得出决策结论为"维持当前的收账政策"。最终计算结果如图 6-19 所示。

	A	B	C	D	E	F
1	基本数据区			计算与决策(单位:万元)		
2	收账政策方案	当前政策	备选政策	收账政策方案	当前政策	备选政策
3	年收账费用(万元)	10	20	应收账款平均余额	70	40
4	平均收账天数(天)	60	30	应收账款追加投资	42	24
5	坏账损失率	3%	2%	应收账款机会成本	6.3	3.6
6	赊销额(万元)	420	480	坏账损失	12.6	9.6
7	变动成本率	60%	60%	收账费用	10	20
8	资本成本率	15%	15%	对净收益的影响	-28.9	-33.2
9	一年的计算天数(天)	360		决策结论	维持当前的收账政策	

图 6-19 收账政策决策结论

4.【案例 6-8】的操作步骤

(1) 创建工作簿。

创建一个工作簿,在信用政策分析决策表中输入相关数据,如图 6-20 所示。

	A	B	C	D
1	信用政策分析决策表			
2	方案	方案A	方案B	方案C
3	年赊销收入（万元）	2160	2430	2430
4	变动成本率	60%		
5	信用期限	20	30	40
6	一年的计算天数（天）	360		
7	资金成本率	20%		
8	坏账损失率	2%	3%	2%
9	收账费用（万元）	20	40	30
10	现金折扣（万元）			
11	应收账款周转率			
12	应收账款平均余额（万元）			
13	赊销业务所需资金（万元）			
14	应收账款机会成本（万元）			
15	坏账损失（万元）			
16	变动成本（万元）			
17	信用政策成本前收益（万元）			
18	信用政策成本（万元）			
19	信用政策成本后收益（万元）			

图 6-20　信用政策分析决策表

(2) 计算现金折扣。

根据信用政策变化对现金折扣成本影响的计算公式：现金折扣成本＝销售水平×现金折扣率×享受现金折扣的顾客比例。在单元格 B10 和 C10 中输入"0"，在单元格 D10 中输入公式"＝D3＊2％＊60％＋D3＊1％＊10％"，可计算出方案 A、方案 B、方案 C 的信用政策变化对现金折扣成本的影响分别为 0、0、31.59 万元。

(3) 计算应收账款机会成本。

1) 计算应收账款周转率。

在单元格 B11 中输入公式"＝＄B＄6/B5"，可计算得出方案 A 的应收账款周转率为 18。

在单元格 C11 中输入公式"＝＄B＄6/C5"，可计算得出方案 B 的应收账款周转率为 12。

在单元格 D11 中输入公式"＝＄B＄6/D5"，可计算得出方案 C 的应收账款周转率为 9。

2) 计算应收账款平均余额。

方案 A：在单元格 B12 中输入公式"＝B3/B11"，计算结果为 120 万元。

方案 B：在单元格 C12 中输入公式"＝C3/C11"，计算结果为 202.5 万元。

方案 C：在单元格 D12 中输入公式"＝D3/D11"，计算结果为 270 万元。

3) 计算赊销业务所需资金。

方案 A：在单元格 B13 中输入公式"＝B12＊＄B＄4"，计算结果为 72 万元。

方案 B：在单元格 C13 中输入公式"＝C12＊＄B＄4"，计算结果为 121.5 万元。

方案 C：在单元格 D13 中输入公式"＝D12＊＄B＄4"，计算结果为 162 万元。

4) 计算应收账款机会成本。

方案 A：在单元格 B14 中输入公式"＝B13＊＄B＄7"，计算结果为 14.4 万元。

方案 B：在单元格 C14 中输入公式"＝C13＊＄B＄7"，计算结果为 24.3 万元。

方案 C：在单元格 D14 中输入公式"=D13*$B$7"，计算结果为 32.4 万元。

(4) 计算坏账损失。

方案 A：在单元格 B15 中输入公式"=B3*B8"，计算结果为 43.2 万元。

方案 B：在单元格 C15 中输入公式"=C3*C8"，计算结果为 72.9 万元。

方案 C：在单元格 D15 中输入公式"=D3*D8"，计算结果为 48.6 万元。

(5) 计算变动成本。

方案 A：在单元格 B16 中输入公式"=B3*$B$4"，计算结果为 1 296 万元。

方案 B：在单元格 C16 中输入公式"=C3*$B$4"，计算结果为 1 458 万元。

方案 C：在单元格 D16 中输入公式"=D3*$B$4"，计算结果为 1 458 万元。

(6) 计算信用政策成本前收益。

方案 A：在单元格 B17 中输入公式"=B3-B16"，计算结果为 864 万元。

方案 B：在单元格 C17 中输入公式"=C3-C16"，计算结果为 972 万元。

方案 C：在单元格 D17 中输入公式"=D3-D16"，计算结果为 972 万元。

(7) 计算信用政策成本。

方案 A：在单元格 B18 中输入公式"=B9+B10+B14+B15"，计算结果为 77.6 万元。

方案 B：在单元格 C18 中输入公式"=C9+C10+C14+C15"，计算结果为 137.2 万元。

方案 C：在单元格 D18 中输入公式"=D9+D10+D14+D15"，计算结果为 142.59 万元。

(8) 计算信用政策成本后收益。

方案 A：在单元格 B19 中输入公式"=B17-B18"，计算结果为 786.4 万元。

方案 B：在单元格 C19 中输入公式"=C17-C18"，计算结果为 834.8 万元。

方案 C：在单元格 D19 中输入公式"=D17-D18"，计算结果为 829.41 万元。

最终计算结果如图 6-21 所示。

	A	B	C	D
1	信用政策分析决策表			
2	方案	方案A	方案B	方案C
3	年赊销收入（万元）	2160	2430	2430
4	变动成本率	60%		
5	信用期限	20	30	40
6	一年的计算天数（天）	360		
7	资金成本率	20%		
8	坏账损失率	2%	3%	2%
9	收账费用（万元）	20	40	30
10	现金折扣（万元）	0	0	31.59
11	应收账款周转率	18	12	9
12	应收账款平均余额（万元）	120	202.5	270
13	赊销业务所需资金（万元）	72	121.5	162
14	应收账款机会成本（万元）	14.4	24.3	32.4
15	坏账损失（万元）	43.2	72.9	48.6
16	变动成本（万元）	1296	1458	1458
17	信用政策成本前收益（万元）	864	972	972
18	信用政策成本（万元）	77.6	137.2	142.59
19	信用政策成本后收益（万元）	786.4	834.8	829.41

图 6-21 信用政策分析计算结果

(9)信用政策决策结论。

通过比较方案 A、方案 B、方案 C 的信用政策变化对销售净收益的影响,可知方案 B 信用政策成本后的收益最高,因此方案 B 为最佳方案。

6.3 存货管理

6.3.1 知识点提炼

1. 存货管理的目标

企业持有存货,一方面是为了保证生产或销售的经营需要;另一方面是出自对价格的考虑,零购物资的价格往往较高,而整购在价格上有优惠。但是,过多的存货要占用较多资金,并且会增加包括仓储费、保险费、维护费、管理人员工资在内的各项开支,因此,存货管理的目标,就是在保证生产或销售经营需要的前提下,最大限度地降低存货成本。

2. 存货管理的成本

存货管理的成本包括取得成本、储存成本、缺货成本三种。

(1)取得成本。取得成本是指为取得某种存货而支出的成本,通常用 TC_a 来表示,具体包括订货成本和购置成本。

1)订货成本。订货成本是指取得订单的成本。其中有一部分与订货次数无关,称为固定的订货成本,用 F_1 来表示,如常设采购机构的基本开支等;另一部分与订货次数有关,称为订货的变动成本,如差旅费、邮资等,每次订货的变动成本用 K 表示。订货次数等于存货年需要量 D 与每次进货量 Q 之商。则订货成本的计算公式为:

$$订货成本 = F_1 + \frac{D}{Q}K$$

2)购置成本。购置成本是指存货本身的价值,经常用数量与单价的乘积来确定。通常,年需要量用 D 表示,单价用 U 表示,则购置成本的计算公式为:购置成本 $= DU$。

(2)储存成本。储存成本是指为保持存货而发生的成本,通常用 TC_c 来表示,分为固定成本和变动成本。固定成本与存货数量的多少无关,用 F_2 来表示,如仓库折旧、仓库职工的固定工资等;变动成本与存货的数量有关,单位成本用 K_c 来表示,如存货资金的应计利息、存货的破损和变质损失、存货的保险费用等。则储存成本的计算公式为:

$$储存成本 = F_2 + K_c \times \frac{Q}{2}$$

(3)缺货成本。缺货成本是指由于存货供应中断而造成的损失,包括材料供应中断造成的停工损失、产成品库存缺货造成的拖欠发货损失和丧失销售机会的损失及造成的商誉损失等;如果生产企业以紧急采购代用材料解决库存材料中断之急,那么缺货成本表现为紧急额外购入成本,通常用 TC_s 来表示。

如果以 TC 来表示储备存货的总成本,那么它的计算公式为:

$$TC = F_1 + \frac{D}{Q}K + DU + F_2 + K_c \times \frac{Q}{2} + TC_s$$

3. 存货的经济订货批量模型

(1)经济订货批量的含义。

按照存货管理的目的，需要通过合理的进货批量和进货时间，使存货总成本最低的进货批量，称为经济订货批量或经济批量。

(2)经济订货批量基本模型的假设条件。

1)能及时补充存货，即需要订货时便可立即取得存货。

2)能集中到货，而不是陆续入库。

3)不允许缺货，即无缺货成本。

4)需求量稳定，并能预测。

5)存货单价不变。

6)企业现金充足，不会因现金短缺而影响进货。

7)所需存货市场供应充足，可以随时买到。

(3)公式的推导。

在上述假设的基础上，存货总成本的公式可以简化为：

$$TC = F_1 + \frac{D}{Q}K + DU + F_2 + K_c \times \frac{Q}{2}$$

当 F_1，K，D，U，F_2，K_c 为常数量时，TC 的大小取决于 Q。为了求出 TC 的极小值，对其进行求导运算，可得出下列公式。

$$经济订货批量\ Q^* = \sqrt{\frac{2KD}{K_c}}$$

$$每年最佳订货次数\ N^* = \frac{D}{Q^*} = \sqrt{\frac{DK_c}{2K}}$$

$$与批量有关的存货总成本\ TC(Q^*) = \sqrt{2KDK_c}$$

$$最佳订货周期\ t^* = \frac{1}{N^*} = \frac{1}{\sqrt{\frac{DK_c}{2K}}}$$

$$经济订货批量占用资金\ I^* = \frac{Q^*}{2} \times U$$

4. 存货的经济订货批量模型的扩展

(1)订货提前期。

一般情况下，企业的存货不能做到随用随补充，因此不能等存货用光再去订货，而需要在用完之前订货。在提前订货的情况下，企业再次发出订货单时，尚有存货的存货量称为再订货点，用 R 来表示。它的数量等于交货时间(L)和每日平均需用量(d)的积，计算公式为：

$$R = L \cdot d$$

订货提前期对经济订货量并无影响,在此情况下,经济订货批量的确定与基本模型一致。

(2)存货陆续供应和使用。

在建立基本模型时,假设存货一次全部入库,故存货增加时存量变化为一条垂直的直线。事实上,各批存货可能陆续入库,使存量陆续增加,尤其是产成品入库和在产品转移,几乎总是陆续供应和陆续耗用的。假设每批订货数为 Q,每日送货量为 P,每日耗用量为 d,相关成本的计算公式为:

$$变动订货成本 = 年订货次数 \times 每次订货成本 = \frac{D}{Q} \times K$$

$$变动储存成本 = 年平均库存量 \times 单位存货的年储存成本 = \frac{Q}{2} \times \left(1 - \frac{d}{p}\right) \times K_c$$

通过计算得出存货陆续供应和使用的经济订货批量的计算公式为:

$$Q^* = \sqrt{\frac{2KD}{K_c} \times \left(\frac{P}{P-d}\right)} = \sqrt{\frac{2KD}{K_c \times \left(1 - \frac{d}{P}\right)}}$$

存货陆续供应和使用的经济订货批量总成本的计算公式为:

$$TC(Q^*) = \sqrt{2KDK_c \times \left(1 - \frac{d}{P}\right)}$$

$$最佳订货次数\ N^* = D/Q^*$$

$$最佳订货周期 = 1/N^*$$

$$经济订货量占用资金 = \frac{Q^*}{2} \times \left(1 - \frac{d}{P}\right) \times 单价$$

(3)保险储备。

存货保险储备量是避免企业缺货或供货中断的安全存量,在正常情况下不动用,只有当每日需求量突然增大或交货延迟时才使用。影响存货保险储备量的因素主要有每日需求量和交货时间。保险储备量确定的原则是使保险储备的储存成本及缺货成本之和最小。

考虑保险储备的再订货点 R = 交货时间 × 平均日需求量 + 保险储备量 = $L \times d + B$

$$储存成本 = 保险储备量 \times 单位储存成本$$

$$缺货成本 = 一次订货期望缺货量 \times 单位缺货成本 \times 年订货次数$$

$$相关总成本 = 保险储备成本 + 缺货成本$$

$$保险储备量的总成本\ TC(S、B) = B^*K_c + K_u^*S^*N$$

式中,K_u 表示单位缺货成本;N 表示年订货次数;B 表示保险储备量;S 表示一次订货的缺货量;K_c 表示单位储存成本。

5. 存货管理函数——SQRT 函数

语法:SQRT(number)。

功能:计算数字的平方根。

参数:number 表示要计算平方根的数字,可以是直接输入的数字或单元格引用。

注意：参数必须为数值类型，即数字、文本格式的数字或逻辑值。如果是文本，则返回错误值"#VALUE!"。如果为负数，将返回错误值"#NUM!"。

6.3.2 实验案例

实验案例6-9

【案例6-9】黄龙公司某存货全年的需求量为4 000件，每次订货量为200件，单位储存成本为3元/件，每次订货成本为20元。

要求：

(1)试用Excel建立模型计算存货成本。

(2)当每次订货量在[100，600]时，试用Excel建立模型，运用规划求解法计算使存货成本最小时的经济订货批量。

【案例6-10】黄龙公司全年需要某种材料4 000件，每次订货成本为20元，材料单价为15元/件，单位储存成本为10元/件。假设材料陆续供货，进货期内每日供货量为30件，每日需求量为10件。试用Excel建立模型，计算材料的经济订货批量、全年最佳订货次数、最低存货总成本。

【案例6-11】黄龙公司每年需要某种原材料540 000千克，已经计算得到经济订货批量为180 000千克，材料单价为10元/千克，变动储存费占材料成本的10%，单位材料缺货成本为8元。企业计划的订货点为15 000，到货期及其概率分布如表6-6所示。

表6-6 到货期及其概率分布

到货期/天	8	9	10	11	12
概率	0.1	0.2	0.4	0.2	0.1

要求：确定该企业合理的保险储备。

6.3.3 实验目的

掌握存货经济订货批量模型的建立，权衡存货成本和收益，确定最优经济订货批量，即企业应当订购多少存货、应当在何时开始订货。

6.3.4 实验操作

1.【案例6-9】的操作步骤

(1)创建一个工作簿，在存货成本计算表中输入相关数据，如图6-22所示。

订货次数：在单元格B6中输入公式"=B2/B3"，计算结果为20次。

订货成本：在单元格B7中输入公式"=B5*B6"，计算结果为400元。

储存成本：在单元格B8中输入公式"=B4*B3/2"，计算结果为300元。

总成本：在单元格B9中输入公式"=B7+B8"，计算结果为700元。

计算结果如图6-23所示。

	A	B
1	存货成本计算表	
2	全年存货需求量（件）	4000
3	每次订货量（件）	200
4	单位储存成本（元/件）	3
5	每次订货成本（元/次）	20
6	订货次数（次）	
7	订货成本（元）	
8	储存成本（元）	
9	总成本（元）	

图 6-22　存货成本计算表

	A	B
1	存货成本计算表	
2	全年存货需求量（件）	4000
3	每次订货量（件）	200
4	单位储存成本（元/件）	3
5	每次订货成本（元/次）	20
6	订货次数（次）	20
7	订货成本（元）	400
8	储存成本（元）	300
9	总成本（元）	700

图 6-23　存货成本计算结果

（2）在上述存货成本计算表下创建存货经济订货批量计算表，输入相关数据，如图 6-24 所示。

	A	B	C	D
10	存货经济订货批量计算表			
11	每次订货量（件）	总成本（元）	订货成本（元）	储存成本（元）
12				
13	100			
14	200			
15	300			
16	400			
17	500			
18	600			

图 6-24　存货经济订货批量计算表

分别在单元格 B12、C12、D12 中输入公式"＝B9""＝B7""＝B8"。选中单元格区域 A12：D18，调用"模拟运算表"命令，打开"模拟运算表"对话框，单击"输入引用列的单元格"后的折叠按钮，选择单元格 B3，单击"确定"按钮，完成模拟运算表的计算，得到 B13：D18 各单元格的数据，如图 6-25 所示。

	A	B	C	D
10	存货经济订货批量计算表			
11	每次订货量（件）	总成本（元）	订货成本（元）	储存成本（元）
12		700	400	300
13	100	950	800	150
14	200	700	400	300
15	300	716.67	266.67	450
16	400	800	200	600
17	500	910	160	750
18	600	1033.33	133.33	900

图 6-25　存货经济订货批量计算结果

选中单元格区域 A11：D18，打开"插入"选项卡，选择"图表"功能组中"查看所有图表"命令，出现"插入图表"对话框，选择图表类型为"XY（散点图）"中的"带平滑线的散点图"，结果如图 6-26 所示。当每次订货量在 200～300 之间的某个点时，存货总成本达到最小值。

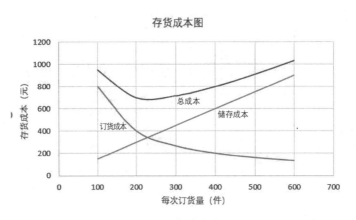

图 6-26　存货成本图

选中单元格 B9，调用"规划求解"工具，打开如图 6-27 所示的"规划求解参数"对话框，可看到"设置目标"为"＄B＄9"，将目标设置为"最小值"。在"通过更改可变单元格"处选择"＄B＄3"。在"遵守约束"处单击右侧"添加"按钮，可添加约束条件。单击"求解"按钮，可出现"规划求解结果"的对话框，如图 6-28 所示，单击"确定"按钮，即可出现计算结果，如图 6-29 所示。当每次订货量为 231 件时，存货总成本达到最小值 692.82 元。

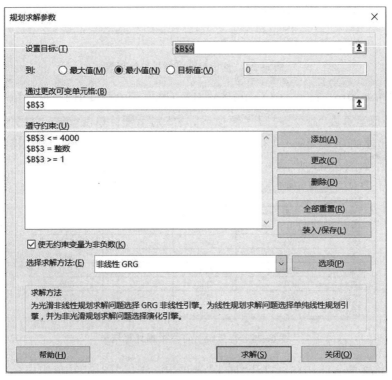

图 6-27　"规划求解参数"对话框

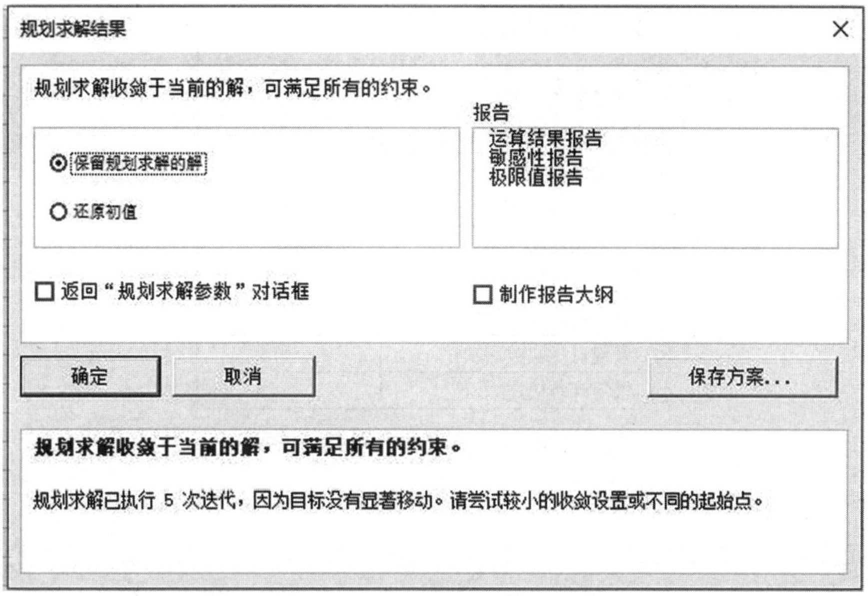

图 6-28 "规划求解结果"对话框

	A	B	C	D
1	存货成本计算表			
2	全年存货需求量（件）	4000		
3	每次订货量（件）	231		
4	单位储存成本（元/件）	3		
5	每次订货成本（元/次）	20		
6	订货次数（次）	17.31601732		
7	订货成本（元）	346.3203463		
8	储存成本（元）	346.5		
9	总成本（元）	692.8203463		
10	存货经济订货批量计算表			
11	每次订货量（件）	总成本（元）	订货成本（元）	储存成本（元）
12		692.8203463	346.3203463	346.5
13	100	950	800	150
14	200	700	400	300
15	300	716.67	266.67	450
16	400	800	200	600
17	500	910	160	750
18	600	1033.33	133.33	900

图 6-29 规划求解结果

2.【案例 6-10】的操作步骤

(1) 创建工作簿。

创建一个工作簿，在存货经济订货批量计算表中输入相关数据，如图 6-30 所示。

	A	B
1	经济订货批量计算表	
2	年需求量（件）	4000
3	每次订货成本（元/次）	20
4	单位储存成本（元/件）	10
5	单价（元/件）	15
6	每日供货量（件）	30
7	每日需求量（件）	10
8	经济订货批量（件）	
9	最佳订货次数（次）	
10	最低存货总成本（元）	

图 6-30　存货经济订货批量计算表

（2）计算存货经济订货批量。

在单元格 B8 中输入公式"=SQRT(2*B2*B3/(B4*(1-B7/B6)))"，得到存货经济订货批量为 154.92 件。

（3）计算最佳订货次数。

在单元格 B9 中输入公式"=B2/B8"，得到最佳订货次数为 26 次。

（4）计算最低存货总成本。

在单元格 B10 中输入公式"=B2*B5+SQRT(2*B2*B3*(B4*(1-B7/B6)))"，得到最低存货总成本为 61 032.8 元。最终计算结果如图 6-31 所示。

	A	B
1	经济订货批量计算表	
2	年需求量（件）	4000
3	每次订货成本（元/次）	20
4	单位储存成本（元/件）	10
5	单价（元/件）	15
6	每日供货量（件）	30
7	每日需求量（件）	10
8	经济订货批量（件）	154.92
9	最佳订货次数（次）	26
10	最低存货总成本（元）	61032.80

图 6-31　存货经济订货批量计算结果

3.【案例 6-11】的操作步骤

（1）创建工作簿。

创建一个工作簿，在保险储备总成本计算表中输入相关数据，如图 6-32 所示。

	A	B	C	D	E	F	G	H
1	相关数据计算表				到货期及其概率分布			
2	年需求量（千克）	540000	天数	8	9	10	11	12
3	单价（元/千克）	10	概率	0.1	0.2	0.4	0.2	0.1
4	单位储存成本比例	0.1						
5	单位材料缺货成本（元/千克）	8						
6	经济订货批量（千克）	180000						
7	每日耗用量（千克）							
8	全年订货次数（次）							
9	平均交货期（天）							
10	保险储备相关总成本							
11	保险储备	平均缺货量	缺货成本	保险储备的持有成本	总成本			
12								
13								
14								

图 6-32　保险储备总成本计算表

（2）计算每日耗用量、全年订货次数、平均交货期。

在单元格 B7 中输入公式"=B2/360"，得到每日耗用量为 1 500 千克。

在单元格 B8 中输入公式"=B2/B6"，得到全年订货次数为 3 次。

在单元格 B9 中输入公式"=D2*D3+E2*E3+F2*F3+G2*G3+H2*H3"，得到平均交货期为 10 天。

（3）计算保险储备相关总成本。

在 A12、A13、A14 中分别输入"0""1500""3000"，分别计算不同保险储备下的相关成本。

当保险储备为 0 时，在单元格 B12 中输入公式"=((G2-B9)*G3+(H2-B9)*H3)*B7"，得到平均缺货量为 600 千克；在单元格 C12 中输入公式"=B12*B5*B8"，得到缺货成本为 14 400 元；在单元格 D12 中输入公式"=0"；在单元格 E12 中输入公式"=C12+D12"，得到总成本为 14 400 元。

当保险储备为 1 500 时，在单元格 B13 中输入公式"=((H2-B9-1)*H3)*B7"，得到平均缺货量为 150 千克；在单元格 C13 中输入公式"=B13*B5*B8"，得到缺货成本为 3 600 元；在单元格 D13 中输入公式"=A13*B3*B4"，得到保险储备的持有成本为 1 500 元；在单元格 E13 中输入公式"=C13+D13"，得到总成本为 5 100 元。

当保险储备为 3 000 时，在单元格 B14 中输入公式"=0"；在单元格 C14 中输入公式"=B14*B5*B8"，得到缺货成本为 0；在单元格 D14 中输入公式"=A14*B3*B4"，得到保险储备的持有成本为 3 000 元；在单元格 E14 中输入公式"=C14+D14"，得到总成本为 3 000 元。

最终计算结果如图 6-33 所示。

	A	B	C	D	E	F	G	H
1	相关数据计算表		到货期及其概率分布					
2	年需求量（千克）	540000	天数	8	9	10	11	12
3	单价（元/千克）	10	概率	0.1	0.2	0.4	0.2	0.1
4	单位储存成本比例	0.1						
5	单位材料缺货成本（元/千克）	8						
6	经济订货批量（千克）	180000						
7	每日耗用量（千克）	1500						
8	全年订货次数（次）	3						
9	平均交货期（天）	10						
10	保险储备相关总成本							
11	保险储备	平均缺货量	缺货成本	保险储备的持有成本	总成本			
12	0	600	14400	0	14400			
13	1500	150	3600	1500	5100			
14	3000	0	0	3000	3000			

图 6-33 保险储备总成本计算结果

课后习题

1. 大成公司为确定最佳现金持有量，制定了三个备选方案，机会成本率为12%，现金余额、短缺成本等相关资料如表6-7所示。试用Excel建立模型，运用成本分析模式进行最佳现金持有量的计算，并选择最优方案。

表 6-7 大成公司三个现金管理方案

项 目	甲方案	乙方案	丙方案
现金余额/元	25 000	50 000	100 000
管理成本/元	20 000	20 000	20 000
短缺成本/元	12 000	6 750	0

2. 大成公司现金收支平稳，计划年度现金需要量为400 000元，每次有价证券变现的固定费用为400元，有价证券的年利率为5%。

要求：

（1）根据资料试用Excel建立模型，计算最佳现金持有量；

（2）根据资料试用Excel建立模型，计算最低现金管理成本；

（3）根据资料试用Excel建立模型，计算并确定证券的变现次数。

3. 海天公司预计的年度赊销收入为6 000万元，信用条件为"2/10，1/20，N/60"，其变动成本率为65%，资金成本率为8%，收账费用为70万元，坏账损失率为4%。预计占赊销额70%的客户会利用2%的现金折扣，占赊销额10%的客户利用1%的现金折扣。假设1年按360天计算，要求：试用Excel建立模型，计算该信用条件下的平均收账期、应收账款机会成本、现金折扣成本、税前损益。

4. 海天公司为扩大其产品销量，拟放宽信用期，假设1年按360天计算，公司要求的最低报酬率为15%。有关资料如表6-8所示。

表 6-8　海天公司现在信用期和建议信用期

项　目	现在信用期 45 天	建议信用期 90 天
销售量/件	50 000	80 000
单价/(元·件$^{-1}$)	10	10
单位变动成本/(元·件$^{-1}$)	5	5
固定成本/元	4 000	4 000
销售额坏账损失率	10%	12%

要求：试用 Excel 建立模型，判断该公司是否应放宽信用期。

5. 海天公司资金成本率为 10%，现采用 30 天按发票金额付款的信用政策，年赊销额为 800 万元，边际贡献率为 20%，平均收账期为 25 天，收账费用和坏账损失均占年赊销额的 1%。公司为了加速账款回收和扩大年赊销额以充分利用剩余生产能力，准备将信用政策调整为"2/20，1/30，N/40"。预计调整后年赊销额将增加 5%，收账费用和坏账损失分别占年赊销额的 1%、1.2%，有 30% 的客户在 20 天内付款，有 40% 的客户在 30 天内付款。

要求：试用 Excel 建立模型，做出公司是否应改变信用政策的决策(1 年按 360 天计算)。

6. 海天公司的年赊销收入为 720 万元，平均收账期为 60 天，坏账损失为赊销额的 10%，年收账费用为 5 万元。该公司认为通过增加收账人员等措施，可以使平均收账期降为 50 天，坏账损失降为赊销额的 7%。假设公司的资本成本率为 6%，变动成本率为 50%。

要求：试用 Excel 建立模型，计算为使上述变更经济合理的新增收账费用的上限(1 年按 360 天计算)。

7. 黄龙公司某存货全年的需求量为 6 000 件，每次订货量为 500 件，单位储存成本为 5 元/件，每次订货成本为 25 元。

要求：试用 Excel 建立模型，运用规划求解法计算使存货成本最小时的经济订货批量。

8. 黄龙公司某存货全年的需求量为 6 000 件，每次订货量为 500 件，单位储存成本为 5 元/件，每次订货成本为 25 元，每日送货量为 20 件，每日耗用量为 15 件。

要求：试用 Excel 建立模型，运用规划求解法计算使存货成本最小时的经济订货批量。

9. 黄龙公司每年需耗用 A 材料 45 000 件，单位材料年储存成本为 20 元，平均每次订货费用为 180 元，A 材料全年平均单价为 240 元/件。假定不存在数量折扣，不会出现陆续到货和缺货的现象。

要求：

(1)试用 Excel 建立模型，计算 A 材料的经济订货批量；

(2)根据(1)的结果,计算 A 材料年度订货批数;

(3)计算 A 材料的相关订货成本;

(4)计算 A 材料的相关存储成本;

(5)计算 A 材料经济订货批量平均占用资金。

第7章

销售与利润管理

学习目标

- 掌握销售流向分析模型、销售业绩分析模型、销售预测模型的建立。
- 掌握本量利分析模型、盈亏临界点分析模型、利润敏感性分析模型的建立。

案例导入

陈经理的改革措施

S公司所代理的品牌厂商对市场策略进行了调整,决定将战略发展方向放在发展商用电脑上(即专为政府机关、大公司、社会组织等设计制造的电脑)。

S公司的市场策略也进行了相应的调整,他们瞄准了北京的四个大行业——教育、金融、电信运营商和政府采购,准备大力发展公司的销售二部,也就是商用电脑销售部。因为陈经理在家用电脑销售部销售管理出色,所以公司撤换了原来负责商用电脑销售工作的经理,改由陈经理出任。很自然,陈经理把他原来的销售管理模式移植到了新部门。上任以后,他采取了一些同以前类似的改革措施。

第一,他把商用电脑销售部销售代表的底薪都降低了,相应地提高了提成的比例。同时,他也采用了强势激励措施,还是"第一个月红灯;连续两个月业绩排最后的,末位淘汰"。

第二,严格执行早会和夕会制度,早会陈述今天的计划;夕会汇报一天的客户进展情况。

第三,强调对每个项目的整个过程进行严格的控制与销售管理。他要求每一个销售代表都严格填写各种销售管理控制表格,包括日志、周计划、月计划、竞争对手资料、项目信息表、客户背景表等共12项表格,而且每个表单都设计得非常细致。

第四,严格业务费申报制度,所有的业务招待费用,必须事先填好相应的申请单据。比如想请客户吃饭,一定要事先写明什么时候请、参与吃饭的人是谁、想通过吃饭达到何种目的等,都要填写清楚,由陈经理签字才能实施,否则,所有招待费用一律自理。

开始,商用电脑部的状况仿佛有了很大的改观,迟到早退的人少了,财务费用降低了,经常可以看到办公室里人头攒动,早晚还会传来阵阵激动人心的口号声。

但好景不长,到了7月,竟出现了以下几种情况。

第一,个别业务代表为了完成业绩,开始蒙骗客户,过分夸大公司产品的性能配置,过分承诺客户的要求,使公司在最终订单实施的时候陷于被动,收尾款非常费力。

第二,员工之间表面上一团和气、充满激情,但私下里互不服气、拆台,甚至内部降价,互相挖抢客户。

第三,以前的业务尖子不满意公司当前的销售管理机制,抱怨销售管理机制不合理,控制得过死,事事都要汇报,根本无法开展业务。两名前期业绩最好的业务员都已离职。

第四,新招的员工,业务水平明显不足。

整个商用电脑销售部的业绩水平没有像预期那样增长,甚至还略有下降,应收账款的拖欠也日趋严重,更令人担忧的是,前期公司的老客户群正在流失,新客户的开拓也没有着落,致使整个销售管理二部下半年完成业务指标的希望更加渺茫。

讨论:

(1)陈经理失败的原因是什么?

(2)本案例对你有何启示?

7.1 销售数据分析及预测

7.1.1 知识点提炼

1. 销售流向分析模型的建立

(1)销售流向分析模型的作用。

销售流向分析模型可以及时、准确地将销售明细信息按销售人员、客户、地区等进行分类汇总,分析企业所经营的产品或货物的销售流向,帮助管理者进行产品销售流向分析。

(2)获取销售流向分析模型的基础数据。

管理者要按销售人员、客户、地区进行分类汇总,分析企业所经营的产品或货物的销售流向,首先要获取各分公司或销售网点的销售汇总数据。那么,如何获取销售数据呢?

1)集中式财务管理模型下的销售数据获取方法,由各分公司或销售网点的销售数据定期传递到集团总部的中心数据库。在这种模型下,销售业绩分析模型获取销售数据的方法有两种。

第一种,利用Microsoft Query从外部数据库中获取数据。

利用Microsoft Query从外部数据源——集团总部中心数据库的销售文件中获取数据,并返回到Excel工作表——"SALES"表中。操作方法为:打开"数据"菜单,单击"获取外部数据",执行"自其他源"命令中的"自 Microsoft Query",弹出"选择数据源"对话框,选择中心数据库中的销售汇总文件,便可获得所需的销售数据。

第二种,利用数据透视表技术从外部数据库中获取数据。

其操作方法为:选择"插入"菜单下的"数据透视表"命令,出现"创建数据透视表"对话框。在数据透视表向导的引导下,从外部数据库中获取销售数据。

2)分散式财务管理模式。如果企业采用分散式财务管理模式,那么各分公司或销售网点的销售数据保存在当地的数据库存量中。此时,各分公司可以将销售数据转为 Excel 表数据或 TXT 数据,然后通过网络发送到集团总部的销售分析模型中,为销售分析模型提供基本数据。外部数据的导入类型:导入文本类数据、网站类数据和数据库类数据等。操作方法:打开"数据"菜单,单击"获取外部数据",执行"自文件"命令、"自数据库"命令等,或者打开"数据"菜单,单击"获取转换数据"命令下的"自文本""自网站""自表格"命令等。

(3)进行分类汇总。

1)按客户进行销售流向分析。

第一步,建立销售明细数据表,对销售明细数据按客户进行排序。操作方法:执行"数据"菜单中的"排序"命令,以客户为主关键字排序。

第二步,对销售明细数据按客户汇总。操作方法:执行"数据"菜单中的"分类汇总"命令,以客户为分类字段,汇总方式为"求和",选定汇总项为"金额",并替换当前分类汇总,汇总结果显示在数据下方,进行三级汇总。

第三步,按销售额对客户进行排名。对汇总结果按金额进行排序,便可以得到按销售流向对客户进行排名的结果。

第四步,取消分类汇总。当分类汇总表使用完毕时,可再选择"数据"菜单中的"分类汇总"命令,在出现对话框后选择"全部删除",则恢复原来的销售明细数据。

2)按销售员进行销售流向分析。

第一步,执行"数据"菜单中的"排序"命令,对销售明细数据按销售员进行排序。

第二步,执行"数据"菜单中的"分类汇总"命令,对销售明细数据按销售员进行分类汇总。

第三步,在汇总结果中选择按钮"1"、按钮"2"、按钮"3",可显示全体销售员总销售额、各销售员销售额汇总数、每个销售员的销售业绩及汇总数。

根据汇总结果,可以清晰地看到每个销售员为企业创造的销售收入,管理者可以根据其结果评价每个销售员的业绩。

3)按销售网点进行销售流向分析。

第一步,执行"数据"菜单中的"排序"命令,对销售明细数据按销售网点进行排序。

第二步,执行"数据"菜单中的"分类汇总"命令,对销售明细数据按销售网点进行分类汇总。

第三步,在汇总结果中选择按钮"1"、按钮"2"、按钮"3",可显示全体销售网点总销售额、各销售网点销售额汇总数、每个销售网点的销售业绩及汇总数。

根据汇总结果，可以清晰地看到每个销售网点为企业创造的销售收入，管理者可以了解哪些地区对公司的产品感兴趣，企业的产品主要流向哪些地区，同时根据其结果评价每个销售网点或分公司的销售业绩。

(4) 销售流向分析模型的函数——SUBTOTAL 函数。

语法：SUBTOTAL(function_num, ref1, …)。

功能：返回列表或数据库中的分类汇总。

参数：function_num 为 1 到 11（包含隐藏值）或 101 到 111（忽略隐藏值）之间的数字，指定使用何种函数在列表中进行分类汇总计算。

2. 销售业绩分析模型的建立

(1) 销售业绩分析模型的作用。

通过建立销售业绩分析模型，管理者可以掌握企业的动态销售信息，并能够有效地进行销售业绩评价。

(2) 数据透视表。

数据透视表是销售业绩分析模型中的一个非常重要的技术和工具。数据透视表是一种对大量数据快速汇总和建立交叉列表的交互式表格，不仅能帮助用户分析、组织数据，还能很快地从不同角度对数据进行分类汇总，快速进行各种目标的统计和分析。销售业绩分析模型正是对各销售网点或分公司的销售数据进行重新组合，按照管理需求进行统计和分析，因此，数据透视表对建立销售业绩分析模型是十分有用的。

1) 建立数据透视表的条件。

应用数据透视表技术和工具建立数据透视表应当满足以下条件。

第一，完整的表体结构。完整的表体结构是指 Excel 表中的记录以流水方式记录，表头各字段内容应为文本型，而且不存在空白单元格。

第二，规范的列向数据。规范的列向数据指同一列中的数据应具有相同的格式，各列中不允许存在空白单元格。

2) 准备数据源。

数据透视表的创建需要经过三个阶段：准备数据源、创建透视表、建立透视关系。第一阶段的工作就是准备数据源，它是指为应用数据透视表技术和工具对特定经济业务进行分析的数据集。准备的数据源主要包括四个方面。

第一，存放在 Excel 中的数据清单或数据库。

第二，外部数据源，即会计信息系统中各系统产生的数据库文件（如销售业务文件、采购业务文件等）、文本文件，或 Excel 工作簿以外的其他数据源，也可以是网上的数据源。

第三，经过多重合并计算的数据区域。

第四，另一个数据透视表。

3) 通过向导创建数据透视表。

第一步,依次选择"插入"菜单下"数据透视表""推荐的数据透视表"命令,出现对话框。

第二步,确定需要建立数据透视表的数据源区域。

第三步,确定数据透视表显示位置。

第四步,建立透视关系。

3. 销售预测模型的建立

(1)销售预测的概念。

销售预测是指企业在一定的市场环境和一定的营销规划下,对某种产品在一定地理区域和一定时期内的销售量和销售收入进行预测和估量。销售预测是十分重要的,它是企业正确决策的基础、编制企业财务计划的依据,以及进行其他预测的前提。

(2)销售预测方法。

1)直线趋势法。

直线趋势法是根据过去若干期间销售量的实际历史资料,确定可以反映销售增减变化趋势的直线方程,即直线回归方程,并将此直线延伸,进而求出销售量的预测方法。

直线方程为:

$$Y = AX + B$$

根据直线方程和一组 N 期销售量的实际历史资料,确定下列方程组。

$$\Sigma Y = NX + B\Sigma X$$

$$\Sigma XY = A\Sigma X + B\Sigma X^2$$

根据以上方程组可以求出参数 A、B 的值和相关系数 R^2,即可得到销售预测直线方程,并且可以根据相关系数判断该方程是否合理。若相关系数接近 1,说明时间和销售量之间成线性关系,故可以用此方程进行趋势预测,否则用该方程预测其结果将会不准确。

2)曲线趋势法。

曲线趋势法是根据过去若干期间销售量的实际历史资料,确定可以反映销售量增减变化的曲线方程,并将此曲线延伸,进而求得销售量的预测方法。

曲线方程为:

$$Y = AX + BX^2 + C$$

根据曲线方程和一组 N 期销售量的实际历史资料,可以计算出 A、B、C 的值和相关系数 R^2,这样就得到了销售预测的曲线方程并进行趋势预测。然而,曲线方程的建立非常复杂,必须借助计算机才能得以广泛应用。

3)因果分析法。

因果分析是利用事物发展的因果关系来推测事物发展趋势的一种预测方法。产品销售一般和某些因素有关,只要找到与产品有关的因素以及它们之间的函数关系,就可以进行预测。在使用这种方法进行预测时,首先应该根据因素之间的关系确立预测模型,然后根据预测模型进行预测。

(3)销售预测模型的函数。

销售预测模型的函数主要有 LINEST 函数和 INDEX 函数，其中，LINEST 函数既可以用于直线回归分析，也可以用于曲线分析和因果分析。通常情况下，将 LINEST 函数和 INDEX 函数组合使用进行销售预测。

1）LINEST 函数。

语法：LINEST(known_ y's, known_ x's, const, stats)。

功能：返回线性回归方程的参数。找出直线回归方程 $Y = AX + B$ 最适合预测数据的直线回归系数与统计量，并返回该系数与统计量。找出多元回归方程 $Y = A_1X_1 + A_2X_2 + \cdots + A_nX_n + B$ 最合适预测数据的多元回归系数与统计量，并返回该系数与统计量。

参数：known_ y's 代表一组因变量 Y_i。如果 known_ y's 对应的单元格区域在单独一列中，则 known_ x's 的每一列被视为一个独立的变量；如果 known_ y's 对应的单元格区域在单独一行中，则 known_ x's 的每一行被视为一个独立的变量。

known_ x's 代表一组自变量 X_i 或数组，它包含多个自变量 X_i。known_ x's 对应的单元格区域可以包含一组或多组变量。如果仅使用一个变量，那么如果 known_ x's 和 known_ y's 具有相同的维数，则它们可以是任何形状的区域；如果用到多个变量，则 known_ y's 必须为向量(即必须为一行或一列)；如果省略 known_ x's，则假设该数组为{1，2，3，…}，其大小与 known_ y's 相同。

const 为一个逻辑值，用于指定是否将常量 B 强制设为 0。如果 const 为 TRUE 或省略，B 将按正常计算；如果 const 为 FALSE，B 将被设为 0 并同时调整 A 值使 $Y=AX$。

stats 为一个逻辑值，用于指定是否返回附加回归统计值。如果 stats 为 TRUE，则 LINEST 函数返回附加回归统计值，如表 7-1 所示；如果 stats 为 FALSE 或省略，则函数 LINEST 只返回系数 A 和常量 B。

表 7-1　LINEST 函数返回的附加回归统计值

A_n	A_{n-1}	…	A_1	B
SEA_n	SEA_{n-1}	…	SEA_1	SEB
R^2	SEy			
F	D. F			
SSreg	SSresid			

其中，A_1，A_2，…，A_n 代表 X_1，X_2，…，X_n 的自变量系数；B 代表常数系数；SEA_1，…，SEA_n 代表 A_1，…，A_n 的标准差；SEB 代表常数项 B 的标准差；R^2 代表相关系数；SEy 代表 Y 的计数标准差；F 代表统计值；D. F 代表自由度($N-2$)；SSreg 代表回归平方和(已解释变异)；SSresid 代表残差平方和(未解释变异)。

2）INDEX 函数。

语法：INDEX(array, row_ num, column_ num)返回数组中指定的单元格或单元格数组的数值；INDEX(reference, row_ num, column_ num, area_ num)返回引用中指定单元格或单元格区域的引用。

功能：返回表或区域中的值或对值的引用。函数 INDEX 有两种形式：数组形式和引用形式。数组形式通常返回数值或数值数组；引用形式通常返回引用。

参数：array 为单元格区域或数组常数；row_ num 为数组中某行的行序号，函数从该行返回数值，如果省略 row_ num，则必须有 column_ num；column_ num 是数组中某列的列序号，函数从该列返回数值，如果省略 column_ num，则必须有 row_ num；reference 是对一个或多个单元格区域的引用，如果为引用输入一个不连续的选定区域，必须用括号括起来；area_ num 是选择引用中的一个区域，并返回该区域中 row_ num 和 column_ num 的交叉区域，选中或输入的第一个区域序号为1，第二个为2，以此类推，如果省略 area_ num，则 INDEX 函数使用区域为1。

3) TREND 函数。

语法：TREND(known_ y's, known_ x's, new_ x's, const)。

功能：返回线性回归拟合线的一组纵坐标值。根据已知 x 序列的值和 y 序列的值，构造线性回归直线方程，然后根据构造好的直线方程，计算 x 值序列对应的 y 值序列。

参数：known_ y's 表示已知的 y 值。使用函数时，该函数可以是数组，也可以是指定单元格区域；known_ x's 表示已知的 x 值。使用函数时，该函数可以是数组，也可以是指定单元格区域。用参数 known_ y's 和 known_ x's 构造指数曲线方程；new_ x's 表示给出的新的 x 值，也就是需要计算预测值的变量 x。如果省略该参数，则函数会默认其值等于 known_ x's；const 表示一个逻辑值，用来确定是否将指数曲线方程中的常量 b 设为0。参数值为 TRUE 或省略时，b 就按实际的数值计算；参数值为 FALSE 时，b 的值为0，此时指数曲线方程变为 $y=mx$。

4) 参数运用。

A_n 参数的计算公式为"=INDEX(LINEST(Y 变量单元区域, X 变量单元区域, TRUE, TRUE), 1, n)"，表示从 LINEST 函数返回的数组中取第1行、第 n 列元素的值，即 A_n 参数的值。

B 参数的计算公式为"=INDEX(LINEST(Y 变量单元区域, X 变量单元区域, TRUE, TRUE), 1, n+1)"，表示从 LINEST 函数返回的数组中取第1行、第 $n+1$ 列元素的值，即 B 参数的值。

R^2 参数的计算公式为"=INDEX(LINEST(Y 变量单元区域, X 变量单元区域, TRUE, TRUE), 3, 1)"，表示从 LINEST 函数返回的数组中取第3行、第1列元素的值，即 R^2 参数的值。

预测结果的计算公式为"=TREND(Y 变量已知单元区域, X 变量已知单元区域, X 变量预测单元区域, TRUE)"，表示从 TREND 函数返回 X 值序列对应的 Y 值序列预测结果。

7.1.2 实验案例

【案例7-1】光明公司2020年1—4月的销售数据如表7-2所示,请按下列要求进行操作。

实验案例7-1

表7-2 光明公司2020年1—4月的销售数据

日期	销售网点	产品名	单价/（元·台$^{-1}$）	数量/台	金额/元	销售人员	客户
2020/1/1	长春	电风扇	110	18 000	1 980 000	李萍	中东商城
2020/1/3	黑龙江	电风扇	110	11 000	1 210 000	李萍	中东商城
2020/1/9	上海	电风扇	110	15 000	1 650 000	张旺	吉祥集团
2020/1/10	长春	电子琴	995	2 000	1 990 000	李萍	长春百货
2020/1/13	江苏	电子琴	995	5 000	4 975 000	刘洋	长春百货
2020/1/16	黑龙江	电子琴	995	10 000	9 950 000	李萍	中东商城
2020/1/16	黑龙江	电子琴	995	5 000	4 975 000	李萍	中东商城
2020/1/25	黑龙江	录音机	75	120 000	9 000 000	李萍	吉祥集团
2020/1/26	江苏	录音机	75	120 000	9 000 000	刘洋	吉祥集团
2020/1/30	上海	录音机	75	210 000	15 750 000	张旺	中东商城
2020/2/1	长春	电风扇	110	20 000	2 200 000	李萍	中东商城
2020/2/2	上海	电风扇	110	16 000	1 760 000	张旺	吉祥集团
2020/2/3	江苏	电风扇	110	14 000	1 540 000	刘洋	长春百货
2020/2/3	黑龙江	电风扇	110	13 000	1 430 000	李萍	吉祥集团
2020/2/10	长春	电子琴	995	3 000	2 985 000	李萍	长春百货
2020/2/14	上海	电子琴	995	4 000	3 980 000	张旺	吉祥集团
2020/2/25	黑龙江	录音机	75	120 000	9 000 000	李萍	吉祥集团
2020/2/26	江苏	录音机	75	120 000	9 000 000	刘洋	吉祥集团
2020/2/27	上海	录音机	75	210 000	15 750 000	张旺	中东商城
2020/3/1	长春	电风扇	110	20 000	2 200 000	李萍	中东商城
2020/3/2	上海	电风扇	110	16 000	1 760 000	张旺	吉祥集团
2020/3/3	江苏	电风扇	110	14 000	1 540 000	刘洋	长春百货
2020/3/8	黑龙江	电风扇	110	13 000	1 430 000	李萍	吉祥集团
2020/3/15	江苏	电风扇	110	13 000	1 430 000	刘洋	中东商城
2020/3/19	上海	电风扇	110	15 000	1 650 000	张旺	吉祥集团
2020/3/20	长春	电子琴	995	2 000	1 990 000	李萍	长春百货
2020/3/23	江苏	电子琴	995	5 000	4 975 000	刘洋	长春百货

续表

日期	销售网点	产品名	单价/（元·台$^{-1}$）	数量/台	金额/元	销售人员	客户
2020/3/26	上海	电子琴	995	4 000	3 980 000	张旺	长春百货
2020/3/31	黑龙江	电子琴	995	10 000	9 950 000	李萍	中东商城
2020/4/1	长春	电子琴	995	3 000	2 985 000	李萍	长春百货
2020/4/2	上海	电子琴	995	4 000	3 980 000	张旺	吉祥集团
2020/4/3	黑龙江	录音机	75	120 000	9 000 000	李萍	吉祥集团
2020/4/8	江苏	录音机	75	120 000	9 000 000	刘洋	吉祥集团
2020/4/11	上海	录音机	75	210 000	15 750 000	张旺	中东商城
2020/4/13	长春	电风扇	110	20 000	2 200 000	李萍	中东商城
2020/4/18	上海	电风扇	110	16 000	1 760 000	张旺	吉祥集团
2020/4/23	江苏	电风扇	110	14 000	1 540 000	刘洋	长春百货
2020/4/28	江苏	录音机	75	120 000	9 000 000	刘洋	吉祥集团
2020/4/30	上海	录音机	75	210 000	15 750 000	张旺	中东商城

（1）建立销售数据表、销售流向分析表（可打印）、销售流向分析表（随时查看）。

（2）分别按客户、销售员、销售网点进行分类汇总并可以打印。

（3）对销售数据按照自动筛选进行分类汇总。

（4）将"产品名"作为列字段，"日期"作为行字段，"金额"作为数据项，"求和项：金额"作为值字段，建立数据透视表。

（5）假设光明公司2020年1—4月除了销售电风扇、电子琴、录音机之外，还销售空调机，其销售金额分别为10 897 000元、38 972 000元、69 560 000元、57 850 000元。现假设光明公司产品的销售额与期间之间的关系为线性关系，试预测5、6月的销售数据。

7.1.3 实验目的

掌握销售数据的取得、分类汇总的运用、数据透视表的建立，进而掌握销售流向分析模型、销售业绩分析模型、销售预测模型的建立，将定量分析与定性分析相结合，及时、准确地掌握企业销售业绩和经营成果，并对存在的问题进行分析，提高企业的市场竞争力。

7.1.4 实验操作

1. 建立销售数据表、销售流向分析表（可打印）、销售流向分析表（随时查看）

（1）创建工作簿。

创建一个工作簿，命名为"销售管理模型的建立"，并分别新建三个工作表，并重命名为"销售数据""销售流向分析（可打印）""销售流向分析（随时查看）"。

（2）导入数据。

在"销售数据"工作表中输入或外部导入如表7-2所示的数据：打开"数据"选项卡，执行"自Access"命令或者执行"自其他来源"命令，导入外部数据。

2. 分别按客户、销售员、销售网点进行分类汇总并可以打印

(1)按客户进行销售流向分析。

1)将销售数据全部复制到"销售流向分析(可打印)"工作表中，并在该工作表中对销售数据按"客户"进行排序。操作方法是：执行"数据"菜单中的"排序"命令，以"客户"为主要关键字排序，排序依据为"单元格值"，次序为"升序"，如图7-1所示，单击"确定"按钮，即可排序完成。

图7-1 以客户为主关键字排序

2)对"销售流向分析(可打印)"工作表中的销售数据按客户汇总。操作方法是：选中表格，执行"数据"菜单中的"分类汇总"命令，在弹出的"分类汇总"对话框中以"客户"为分类字段，"汇总方式"为"求和"，"选定汇总项"为"金额"，并选中"替换当前分类汇总"，选中"汇总结果显示在数据下方"，进行三级汇总，如图7-2所示，单击"确定"按钮，即可完成分类汇总，部分汇总结果如图7-3所示。

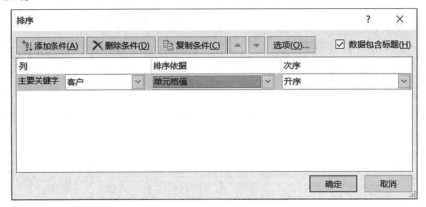

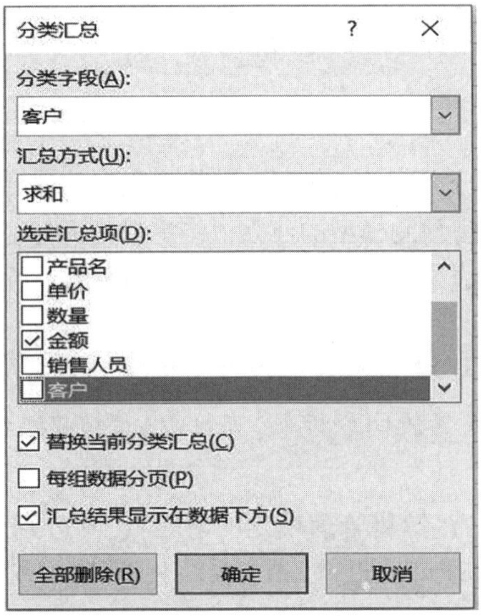

图7-2 按客户汇总的分类汇总参数设置

	A	B	C	D	E	F	G	H
1	日期	销售网点	产品名	单价	数量	金额	销售人员	客户
2	2020/1/25	黑龙江	录音机	75	120000	9000000	李萍	吉祥集团
3	2020/2/3	黑龙江	电风扇	110	13000	1430000	李萍	吉祥集团
4	2020/2/25	黑龙江	录音机	75	120000	9000000	李萍	吉祥集团
5	2020/3/8	黑龙江	电风扇	110	13000	1430000	李萍	吉祥集团
6	2020/4/3	黑龙江	录音机	75	120000	9000000	李萍	吉祥集团
7	2020/1/26	江苏	录音机	75	120000	9000000	刘洋	吉祥集团
8	2020/2/26	江苏	录音机	75	120000	9000000	刘洋	吉祥集团
9	2020/4/8	江苏	录音机	75	120000	9000000	刘洋	吉祥集团
10	2020/4/28	江苏	录音机	75	120000	9000000	刘洋	吉祥集团
11	2020/2/2	上海	电风扇	110	16000	1760000	张旺	吉祥集团
12	2020/2/14	上海	电子琴	995	4000	3980000	张旺	吉祥集团
13	2020/3/2	上海	电风扇	110	16000	1760000	张旺	吉祥集团
14	2020/4/2	上海	电子琴	995	4000	3980000	张旺	吉祥集团
15	2020/4/18	上海	电风扇	110	16000	1760000	张旺	吉祥集团
16	2020/1/9	上海	电风扇	110	15000	1650000	张旺	吉祥集团
17	2020/3/19	上海	电风扇	110	15000	1650000	张旺	吉祥集团
18						82400000		吉祥集团

图 7-3　按客户分类汇总的结果

此时，在图 7-3 的左上方，有"1""2""3"三个命令按钮，并且左侧有四个"-"号。单击命令按钮"1"，显示所有客户的销售金额的汇总数为 209 995 000，如图 7-4 所示，同时在左侧出现一个"+"号；单击命令按钮"2"，显示每个客户的销售金额的汇总数，如图 7-5 所示，同时在左侧出现三个"+"号和一个"-"号。单击命令按钮"3"，显示所有的明细和各级的汇总数。

	A	B	C	D	E	F	G	H
1	日期	销售网点	产品名	单价	数量	金额	销售人员	客户
44						209995000		总计

图 7-4　单击命令按钮"1"

	A	B	C	D	E	F	G	H
1	日期	销售网点	产品名	单价	数量	金额	销售人员	客户
18						82400000		吉祥集团
29						28500000		长春百货
43						99095000		中东商城
44						209995000		总计

图 7-5　单击命令按钮"2"

3) 按销售额对客户进行排名。对汇总结果按金额进行排序，便可以得到按销售流向对客户进行排名的结果为中东商城、吉祥集团、长春百货。

(2) 按销售员进行销售流向分析。

1) 将销售数据全部复制到"销售流向分析(可打印)"工作表中，并在该工作表中对销售数据按销售员进行排序。操作方法：执行"数据"菜单中的"排序"命令，对"销售流向分析(可打印)"工作表中的销售数据按销售员进行排序。或者对图 7-5 所示的结果取消分类汇总。操作方法：当分类汇总表使用完毕，可再选择"数据"菜单"分类汇总"命令，在出现对话框后选择"全部删除",则恢复原来的销售明细数据,然后按销售员进行排序。以"销售人员"为主要关键字排序,"排序依据"为"数值","次序"为"升序",单击"确定"按钮,即可完成排序,排序结果如图7-6所示。

日期	销售网点	产品名	单价	数量	金额	销售人员	客户
2020/1/25	黑龙江	录音机	75	120000	9000000	李萍	吉祥集团
2020/2/3	黑龙江	电风扇	110	13000	1430000	李萍	吉祥集团
2020/2/25	黑龙江	录音机	75	120000	9000000	李萍	吉祥集团
2020/3/8	黑龙江	电风扇	110	13000	1430000	李萍	吉祥集团
2020/4/3	黑龙江	录音机	75	120000	9000000	李萍	吉祥集团
2020/2/10	长春	电子琴	995	3000	2985000	李萍	长春百货
2020/4/1	长春	电子琴	995	3000	2985000	李萍	长春百货
2020/1/16	黑龙江	电子琴	995	10000	9950000	李萍	中东商城
2020/1/16	黑龙江	电子琴	995	5000	4975000	李萍	中东商城
2020/3/31	黑龙江	电子琴	995	10000	9950000	李萍	中东商城
2020/2/1	长春	电风扇	110	20000	2200000	李萍	中东商城
2020/3/1	长春	电风扇	110	20000	2200000	李萍	中东商城
2020/4/13	长春	电风扇	110	20000	2200000	李萍	中东商城
2020/1/10	长春	电子琴	995	2000	1990000	李萍	长春百货
2020/3/20	长春	电子琴	995	2000	1990000	李萍	长春百货
2020/1/3	黑龙江	电风扇	110	11000	1210000	李萍	中东商城
2020/1/1	长春	电风扇	110	18000	1980000	李萍	中东商城
2020/1/26	江苏	录音机	75	120000	9000000	刘洋	吉祥集团
2020/2/26	江苏	录音机	75	120000	9000000	刘洋	吉祥集团
2020/4/8	江苏	录音机	75	120000	9000000	刘洋	吉祥集团
2020/4/28	江苏	录音机	75	120000	9000000	刘洋	吉祥集团
2020/2/3	江苏	电风扇	110	14000	1540000	刘洋	长春百货
2020/3/3	江苏	电风扇	110	14000	1540000	刘洋	长春百货
2020/4/23	江苏	电风扇	110	14000	1540000	刘洋	长春百货
2020/1/13	江苏	电子琴	995	5000	4975000	刘洋	长春百货
2020/3/23	江苏	电子琴	995	5000	4975000	刘洋	长春百货
2020/3/15	江苏	电风扇	110	13000	1430000	刘洋	中东商城

图7-6 按销售员排序的结果

2)对"销售流向分析(可打印)"工作表中的销售数据按销售员汇总。操作方法:执行"数据"菜单中的"分类汇总"命令,对销售数据按销售员进行分类汇总。在弹出的"分类汇总"对话框中以"销售人员"为分类字段,"汇总方式"为"求和","选定汇总项"为"金额",并选中"替换当前分类汇总"和"汇总结果显示在数据下方",进行三级汇总,如图7-7所示。单击"确定"按钮,即可完成分类汇总,部分汇总结果如图7-8所示。

图7-7 按销售人员汇总的
分类汇总参数设置

	A	B	C	D	E	F	G	H
1	日期	销售网点	产品名	单价	数量	金额	销售人员	客户
2	2020/1/25	黑龙江	录音机	75	120000	9000000	李萍	吉祥集团
3	2020/2/3	黑龙江	电风扇	110	13000	1430000	李萍	吉祥集团
4	2020/2/25	黑龙江	录音机	75	120000	9000000	李萍	吉祥集团
5	2020/3/8	黑龙江	电风扇	110	13000	1430000	李萍	吉祥集团
6	2020/4/3	黑龙江	录音机	75	120000	9000000	李萍	吉祥集团
7	2020/2/10	长春	电子琴	995	3000	2985000	李萍	长春百货
8	2020/4/1	长春	电子琴	995	3000	2985000	李萍	长春百货
9	2020/1/16	黑龙江	电子琴	995	10000	9950000	李萍	中东商城
10	2020/1/16	黑龙江	电子琴	995	5000	4975000	李萍	中东商城
11	2020/3/31	黑龙江	电子琴	995	10000	9950000	李萍	中东商城
12	2020/2/1	长春	电风扇	110	20000	2200000	李萍	中东商城
13	2020/3/1	长春	电风扇	110	20000	2200000	李萍	中东商城
14	2020/4/13	长春	电风扇	110	20000	2200000	李萍	中东商城
15	2020/1/10	长春	电子琴	995	2000	1990000	李萍	长春百货
16	2020/3/20	长春	电子琴	995	2000	1990000	李萍	长春百货
17	2020/1/3	黑龙江	电风扇	110	11000	1210000	李萍	中东商城
18	2020/1/1	长春	电风扇	110	18000	1980000	李萍	中东商城
19						74475000	李萍 汇总	

图 7-8 按销售人员分类汇总的结果(部分)

3) 在汇总结果中选择按钮 "1"、按钮 "2"、按钮 "3", 可显示销售员总销售额、各销售员销售额汇总数、每个销售员的销售业绩及汇总数。

(3) 按销售网点进行销售流向分析。

1) 将销售数据全部复制到"销售流向分析(可打印)"工作表中, 并在该工作表中对销售数据按销售网点进行排序。操作方法同前文"按销售人员进行销售流向分析", 只需将"主要关键字"设为"销售网点"即可完成排序, 部分排序结果如图 7-9 所示。

日期	销售网点	产品名	单价	数量	金额	销售人员	客户
2020/1/25	黑龙江	录音机	75	120000	9000000	李萍	吉祥集团
2020/2/3	黑龙江	电风扇	110	13000	1430000	李萍	吉祥集团
2020/2/25	黑龙江	录音机	75	120000	9000000	李萍	吉祥集团
2020/3/8	黑龙江	电风扇	110	13000	1430000	李萍	吉祥集团
2020/4/3	黑龙江	录音机	75	120000	9000000	李萍	吉祥集团
2020/1/16	黑龙江	电子琴	995	10000	9950000	李萍	中东商城
2020/1/16	黑龙江	电子琴	995	5000	4975000	李萍	中东商城
2020/3/31	黑龙江	电子琴	995	10000	9950000	李萍	中东商城
2020/1/3	黑龙江	电风扇	110	11000	1210000	李萍	中东商城
2020/1/26	江苏	录音机	75	120000	9000000	刘洋	吉祥集团
2020/2/26	江苏	录音机	75	120000	9000000	刘洋	吉祥集团
2020/4/8	江苏	录音机	75	120000	9000000	刘洋	吉祥集团
2020/4/28	江苏	录音机	75	120000	9000000	刘洋	吉祥集团
2020/2/3	江苏	电风扇	110	14000	1540000	刘洋	长春百货
2020/3/3	江苏	电风扇	110	14000	1540000	刘洋	长春百货
2020/4/23	江苏	电风扇	110	14000	1540000	刘洋	长春百货
2020/1/13	江苏	电子琴	995	5000	4975000	刘洋	长春百货
2020/3/23	江苏	电子琴	995	5000	4975000	刘洋	长春百货
2020/3/15	江苏	电风扇	110	13000	1430000	刘洋	中东商城

图 7-9 按销售网点排序的结果(部分)

2) 执行"数据"菜单中的"分类汇总"命令, 对销售数据按销售网点进行分类汇总, 部分结果如图 7-10 所示。

Excel 在财务管理中的应用

	A	B	C	D	E	F	G	H
1	日期	销售网点	产品名	单价	数量	金额	销售人员	客户
2	2020/1/25	黑龙江	录音机	75	120000	9000000	李萍	吉祥集团
3	2020/2/3	黑龙江	电风扇	110	13000	1430000	李萍	吉祥集团
4	2020/2/25	黑龙江	录音机	75	120000	9000000	李萍	吉祥集团
5	2020/3/8	黑龙江	电风扇	110	13000	1430000	李萍	吉祥集团
6	2020/4/3	黑龙江	录音机	75	120000	9000000	李萍	吉祥集团
7	2020/1/16	黑龙江	电子琴	995	10000	9950000	李萍	中东商城
8	2020/1/16	黑龙江	电子琴	995	5000	4975000	李萍	中东商城
9	2020/3/31	黑龙江	电子琴	995	10000	9950000	李萍	中东商城
10	2020/1/3	黑龙江	电风扇	110	11000	1210000	李萍	中东商城
11		黑龙江汇总				55945000		

图 7-10 按销售网点分类汇总的结果（部分）

3）在汇总结果中选择按钮"1"、按钮"2"、按钮"3"，可显示全体销售网点总销售额、各销售网点销售额汇总数、每个销售网点的销售业绩及汇总数。

3．对销售数据按照自动筛选进行分类汇总

将销售数据全部复制到"销售流向分析（随时查看）"工作表中，并在该工作表中对销售数据进行筛选。操作方法：选择"数据"菜单下的"排序和筛选"选项卡中的"筛选"命令，进入筛选状态，如图 7-11 所示。

	A	B	C	D	E	F	G	H
1	日期	销售网点	产品名	单价	数量	金额	销售人员	客户
2	2020/1/1	长春	电风扇	110	18000	1980000	李萍	中东商城
3	2020/1/3	黑龙江	电风扇	110	11000	1210000	李萍	中东商城
4	2020/1/9	上海	电风扇	110	15000	1650000	张旺	吉祥集团

图 7-11 筛选数据

以销售员李萍为例，单击单元格 G1"销售人员"右侧倒三角号后，出现如图 7-12 所示的内容，在出现的搜索项下勾选"李萍"，即可出现图 7-13 所示内容。

图 7-12 筛选"李萍"

日期	销售网点	产品名	单价	数量	金额	销售人员	客户
2020/1/1	长春	电风扇	110	18000	1980000	李萍	中东商城
2020/1/3	黑龙江	电风扇	110	11000	1210000	李萍	中东商城
2020/1/10	长春	电子琴	995	2000	1990000	李萍	长春百货
2020/1/16	黑龙江	电子琴	995	10000	9950000	李萍	中东商城
2020/1/16	黑龙江	电子琴	995	5000	4975000	李萍	中东商城
2020/1/25	黑龙江	录音机	75	120000	9000000	李萍	吉祥集团
2020/2/1	长春	电风扇	110	20000	2200000	李萍	中东商城
2020/2/3	黑龙江	电风扇	110	13000	1430000	李萍	吉祥集团
2020/2/10	长春	电子琴	995	3000	2985000	李萍	长春百货
2020/2/25	黑龙江	录音机	75	120000	9000000	李萍	吉祥集团
2020/3/1	长春	电风扇	110	20000	2200000	李萍	中东商城
2020/3/8	黑龙江	电风扇	110	13000	1430000	李萍	吉祥集团
2020/3/20	长春	电子琴	995	2000	1990000	李萍	长春百货
2020/3/31	黑龙江	电子琴	995	10000	9950000	李萍	中东商城
2020/4/1	长春	电子琴	995	3000	2985000	李萍	长春百货
2020/4/3	黑龙江	录音机	75	120000	9000000	李萍	吉祥集团
2020/4/13	长春	电风扇	110	20000	2200000	李萍	中东商城

图 7-13　筛选"李萍"的结果

在单元格 G41 中输入公式"=SUBTOTAL(9，F2:F36)"，直接求出销售人员李萍的销售金额汇总数为 74 475 000；如果不想显示手工隐藏行的数据，则可以把公式修改为"=SUBTOTAL(109，F2:F36)"。如图 7-14 所示。

	A	B	C	D	E	F	G	H
1	日期	销售网点	产品名	单价	数量	金额	销售人员	客户
2	2020/1/1	长春	电风扇	110	18000	1980000	李萍	中东商城
3	2020/1/3	黑龙江	电风扇	110	11000	1210000	李萍	中东商城
5	2020/1/10	长春	电子琴	995	2000	1990000	李萍	长春百货
7	2020/1/16	黑龙江	电子琴	995	10000	9950000	李萍	中东商城
8	2020/1/16	黑龙江	电子琴	995	5000	4975000	李萍	中东商城
9	2020/1/25	黑龙江	录音机	75	120000	9000000	李萍	吉祥集团
12	2020/2/1	长春	电风扇	110	20000	2200000	李萍	中东商城
15	2020/2/3	黑龙江	电风扇	110	13000	1430000	李萍	吉祥集团
16	2020/2/10	长春	电子琴	995	3000	2985000	李萍	长春百货
18	2020/2/25	黑龙江	录音机	75	120000	9000000	李萍	吉祥集团
21	2020/3/1	长春	电风扇	110	20000	2200000	李萍	中东商城
24	2020/3/8	黑龙江	电风扇	110	13000	1430000	李萍	吉祥集团
27	2020/3/20	长春	电子琴	995	2000	1990000	李萍	长春百货
30	2020/3/31	黑龙江	电子琴	995	10000	9950000	李萍	中东商城
31	2020/4/1	长春	电子琴	995	3000	2985000	李萍	长春百货
33	2020/4/3	黑龙江	录音机	75	120000	9000000	李萍	吉祥集团
36	2020/4/13	长春	电风扇	110	20000	2200000	李萍	中东商城
41						74475000		

G41　=SUBTOTAL(9,F2:F36)

图 7-14　汇总数计算结果

再单击"销售网点"右侧的下拉按钮，选择一个销售网点"长春"后，直接显示出了李萍在"长春"的销售金额之和为 18 530 000，其他数据都隐藏了，如图 7-15 所示。

	A	B	C	D	E	F	G	H
1	日期	销售网点	产品名	单价	数量	金额	销售人员	客户
2	2020/1/1	长春	电风扇	110	18000	1980000	李萍	中东商城
5	2020/1/10	长春	电子琴	995	2000	1990000	李萍	长春百货
12	2020/2/1	长春	电风扇	110	20000	2200000	李萍	中东商城
16	2020/2/10	长春	电子琴	995	3000	2985000	李萍	长春百货
21	2020/3/1	长春	电风扇	110	20000	2200000	李萍	中东商城
27	2020/3/20	长春	电子琴	995	2000	1990000	李萍	长春百货
31	2020/4/1	长春	电子琴	995	3000	2985000	李萍	长春百货
36	2020/4/13	长春	电风扇	110	20000	2200000	李萍	中东商城
41						18530000		

图 7-15 筛选"长春"后汇总数

再单击"产品名"右侧的下拉按钮，选择"电风扇""电子琴"，则显示出李萍在长春销售网点销售的电风扇和电子琴的销售金额。

4. 将"产品名"作为列字段，"日期"作为行字段，"金额"作为数据项，"求和项：金额"作为值字段，建立数据透视表

执行"插入"选项卡下的"数据透视表"命令，出现"创建数据透视表"的对话框，选择"销售数据！＄A＄1：＄H＄40"，如图 7-16 所示，即可在新的工作表中出现数据透视表模板。在模板中设置数据关系，直接在"数据透视表字段列表"中选择"产品名""月""日期""金额""求和项：金额"，如图 7-17 所示，或者直接拖动字段，将"月""日期"拖至"行字段"，将"产品名"拖至"列字段"，"金额"作为数据项，"求和项：金额"作为值字段，则可出现如图 7-18 所示的数据透视表。

图 7-16 "创建数据透视表"对话框

图 7-17 设置数据关系

求和项:金额	列标签					
行标签	电风扇	电风扇	电子琴	电子琴	录音机	总计
⊞1月		4840000	14925000	6965000	33750000	60480000
⊞2月	6930000		6965000		33750000	47645000
⊞3月	6930000	3080000	13930000	6965000		30905000
⊞4月	5500000		6965000		58500000	70965000
总计	19360000	7920000	42785000	13930000	126000000	209995000

图 7—18　数据透视表

5. 假设光明公司产品的销售额与期间之间的关系为线性关系，预测 5、6 月的销售数据

光明公司销售额与期间（月份）之间的关系为 $y=ax+b$，其中，y 表示销售金额，x 表示期间，a 和 b 表示常量，由此创建一个新的工作表，并输入相关数据，如图 7—19 所示。

	A	B	C	D	E	F	G	H	I	J	K	L
1		光明公司2020年1-4月销售额						期间	销售金额		线性关系	
2	销售期间	电风扇	电子琴	录音机	空调机	销售金额		1	61377000		线性方程	y=ax+b
3	1月	4840000	21890000	23750000	10897000	61377000		2	86617000		系数a	
4	2月	6930000	6965000	33750000	38972000	86617000		3	100465000		常数b	
5	3月	10010000	20895000	0	69560000	100465000		4	134065000		相关系数平方	
6	4月	5500000	6965000	33750000	87850000	134065000		5				
7								6				
8												

图 7—19　光明公司 2020 年 1—4 月销售额及线性关系

在单元格 L3 中输入公式"=INDEX(LINEST(I2:I5, H2:H5, TRUE, TRUE), 1, 1)"，求出系数 a 的值为 23 191 200。

在单元格 L4 中输入公式"=INDEX(LINEST(I2:I5, H2:H5, TRUE, TRUE), 1, 2)"，求出常数 b 的值为 37 653 000。

在单元格 L5 中输入公式"=INDEX(LINEST(I2:I5, H2:H5, TRUE, TRUE), 3, 1)"，求出相关系数平方的值为 0.976 055 624。相关系数 $R^2>0.9$，说明求得的线性方程可用，精确度比较高。

在单元格 I6 中输入公式"=＄L＄3*H6+＄L＄4"，求出 5 月的销售金额为 153 609 000。

在单元格 I7 中输入公式"=＄L＄3*H7+＄L＄4"，求出 6 月的销售金额为 176 800 200。

根据期间和销售金额绘制折线图并添加趋势线，最终结果如图 7—20 所示。

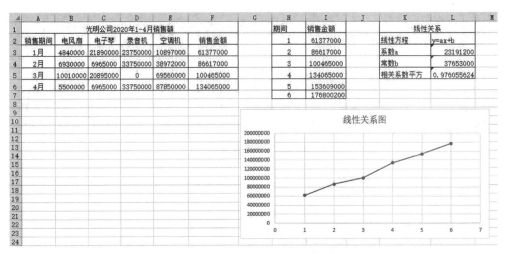

图 7-20 5、6 月销售数据及期间和销售金额的线性关系

7.2 利润管理

7.2.1 知识点提炼

1. 本量利分析模型的建立

(1) 本量利分析的含义。

本量利分析是成本-产量(或销售量)-利润依存关系分析的简称,是指在变动成本计算模式的基础上,以数学化的会计模型与图文来揭示固定成本、变动成本、销售量、单价、销售额、利润等变量之间的内在规律性的联系,为会计预测决策和规划提供必要的财务信息的一种定量分析方法。

(2) 本量利分析模型。

本量利分析的基本方程式为:

$$税前利润=销售收入-总成本$$
$$=销售收入-变动成本-固定成本$$
$$=边际贡献-固定成本$$
$$=(销售单价-单位变动成本)\times销售量-固定成本$$
$$=单位边际贡献\times销售量-固定成本$$
$$=边际贡献率\times销售收入-固定成本$$

即

$$税前利润 = P \times Q - V \times Q - F = (P-V) \times Q - F$$

式中,P 表示销售单价;Q 表示销售量;F 表示固定成本;V 表示单位变动成本。

2. 盈亏平衡分析模型的建立

(1) 盈亏临界点分析。

盈亏临界点是指企业收入和成本相等时的特殊经营状态,即边际贡献(销售收入总额减去变动成本总额)等于固定成本时,企业处于既不盈利也不亏损的状态。盈亏临界点分析也称保本点分析。

(2) 单一产品的盈亏临界点。

企业只销售单一产品,则该产品的盈亏临界点计算比较简单。当企业不盈不亏时,利润为零,此时的销售量即为企业的盈亏临界点销售量。即

(销售单价−单位变动成本)×盈亏临界点销售量−固定成本=0

盈亏临界点销售量=固定成本/(销售单价−单位变动成本)=固定成本/单位边际贡献

盈亏临界点销售额=盈亏临界点销售量×销售单价=固定成本/边际贡献率

(3) 多种产品的盈亏临界点。

在现实经济生活中,大部分企业生产经营的产品不止一种。在这种情况下,企业的盈亏临界点就不能用实物单位表示,因为不同产品的实物计量单位是不同的,把这些计量单位不同的产品销量加在一起是没有意义的。所以,企业在产销多种产品的情况下,只能用金额来表示企业的盈亏临界点,即只能计算企业盈亏临界点的销售额。通常计算多品种企业盈亏临界点的方法有综合边际贡献率法、联合单位法、主要品种法和分算法等,此处只介绍综合边际贡献率法。

综合边际贡献率法是指将各种产品的边际贡献率按照各自的销售比重这一权数进行加权平均,得出综合边际贡献率,然后再据此计算企业的盈亏临界点销售额和每种产品的盈亏临界点的方法。企业盈亏临界点的具体计算步骤如下。

第一步,计算综合边际贡献率。首先,计算各种产品的销售比重。

某种产品的销售比重=该种产品的销售额/全部产品的销售总额×100%

销售比重是销售额的比重而不是销售量的比重。

其次,计算综合边际贡献率。

综合边际贡献率 = $\sum$(各种产品边际贡献率 × 该种产品的销售比重)

该公式也可以写作:

综合边际贡献率=各种产品边际贡献额之和/销售收入总额

第二步,计算企业盈亏临界点销售额。

企业盈亏临界点销售额=企业固定成本总额/综合边际贡献率

第三步,计算各种产品盈亏临界点销售额。

某种产品盈亏临界点销售额=企业盈亏临界点销售额×该种产品的销售比重

3. 利润敏感性分析模型的建立

所谓的利润敏感性分析,是指研究制约利润的有关因素发生某种变化时利润变化程度的

一种分析方法。

企业中影响利润的因素很多，比如单价、销售量、变动成本、固定成本等，这些因素随时间经常发生变化。所以对企业管理者而言，不仅需要了解哪些因素对利润增减有影响，而且还需要知道影响的程度，这样才能了解企业的利润，从而掌控企业的利润。预计利润公式为：

预计利润=[单价×(1+变动率)-单位变动成本×(1+变动率)]×销售量×(1+变动率)-固定成本×(1+变动率)

利润增减额=预计利润-利润

通常情况下，把那些对利润影响大的因素称为敏感因素，反之则称为非敏感因素。反映敏感程度的指标是敏感系数，计算公式为：

某因素的敏感系数=利润变化(%)/该因素变化(%)

若敏感系数的绝对值>1，则该影响因素为敏感因素；若敏感系数的绝对值≤1，则该影响因素为非敏感因素。

4. 单变量求解工具与目标利润分析

上面的分析是假设影响利润的诸因素为已知数，利润是待求的未知数。但企业有时会碰到相反的情况，利润是已知数，而其他因素是待求的未知数，即企业下达目标利润，财务管理人员对影响利润的销量、销售收入、成本等各因素进行分析和安排，以实现目标利润。Excel 提供的单变量求解工具能够帮助财务管理人员方便地完成目标利润的分析工作。

(1) 单变量求解工具。

利用 Excel 的单变量求解功能可以在给定计算公式的前提下，通过调整可变单元格中的数值来寻求目标单元格中的目标值。Excel 的单变量求解功能相当于公式的逆运算。公式是先输入数值，通过公式计算得到结果。单变量求解是先输入结果，通过该功能求出某个变量。

打开 Excel，单击"数据"选项卡下的"模拟分析"按钮，执行"单变量求解"命令，可调用单变量求解工具，如图 7-21 所示。继而出现"单变量求解"对话框，如图 7-22 所示，设定目标单元格、目标值、可变单元格，即可进行运算。

图 7-21 单变量求解工具

图 7-22 "单变量求解"对话框

(2) 运用单变量求解工具进行目标利润分析。

税前利润的计算公式为：

$$税前利润=(单价-单位变动成本)\times 销售量-固定成本$$

一般说来，企业为了实现目标利润，可以从以下几方面着手，即减少固定成本、减少变动成本、提高单价、增加产销量等。

7.2.2 实验案例

【案例7-2】假设光明公司只生产一种产品，预计的单位变动成本为60元/件，固定成本为360 000元，单价为120元/件，预计销售量为7 000件，试用Excel建立一个计算盈亏临界点的模型。

【案例7-3】假设光明公司生产和销售甲、乙、丙三种产品，相关数据如表7-3所示。试用Excel建立模型计算综合边际贡献率、综合盈亏临界点销售量、综合盈亏临界点销售额。

表7-3 甲、乙、丙三种产品的相关数据

产品名称	甲	乙	丙
预计销售量/件	5 000	5 500	6 000
销售单价/(元·件$^{-1}$)	22	28	35
单位变动成本/(元·件$^{-1}$)	15	20	25
固定成本/元	600 000		

【案例7-4】假设光明公司只生产与销售一种产品，其单价的初始数据预测值为每件80元，单位变动成本预测值为每件45元，固定成本与销售量的预测值分别为40 000元、6 000件，试用Excel建立模型，并用滚动条控件按钮对利润进行单因素与多因素敏感性分析，其中假设各因素的百分比变动范围为[−50%，50%]，变动增减幅度为1%。

7.2.3 实验目的

建立并掌握本量利分析模型、盈亏临界点分析模型、利润敏感性分析模型的基本原理，并通过变动销售量、单价、单位变动成本、固定成本来分析不同因素变动下的盈亏临界点销售量和利润的影响额。

7.2.4 实验操作

1. 【案例7-2】的操作步骤

(1) 创建工作簿。

创建一个工作簿，在盈亏临界点计算表中输入相关数据，如图7-23所示。

实验案例7-2

Excel 在财务管理中的应用

	A	B	C	D
1	盈亏临界点计算表			
2	基本数据区			
3	项目		预测值	
4	销售量（件）		7000	
5	单价（元/件）		120	
6	单位变动成本（元/件）		60	
7	固定成本（元）		360000	
8	计算过程与结果			
9	项目		可变单元格	目标函数
10	盈亏临界点销售量（件）			
11	盈亏临界点单价（元/件）			
12	盈亏临界点单位变动成本（元/件）			
13	盈亏临界点固定成本（元）			

图 7-23　盈亏临界点计算表

（2）填写目标函数。

本案例运用单变量求解工具，计算在基本数据下，当销售量、单价、单位变动成本与固定成本中三个参数不变，目标函数即利润为 0 时另一因素的值。

"目标函数"栏为利润值，盈亏临界点即为利润值为 0 时的状态。此时，D10 = D11 = D12 = D13 = 0。

（3）计算盈亏临界点销售量。

在单元格 D10 中输入公式"=C10*(C5-C6)-C7"，执行"单变量求解"命令，在系统弹出的"单变量求解"对话框中，将"目标单元格"设置为"$D$10"，将"目标值"设置为"0"，将"可变单元格"设置为"$C$10"，如图 7-24 所示，然后单击"确定"按钮，则会出现如图 7-25 所示的"单变量求解状态"对话框，单击"确定"按钮，即可得到盈亏临界点销售量为 6 000 件。

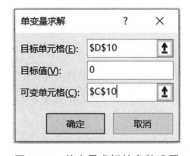

图 7-24　单变量求解的参数设置

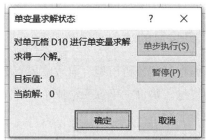

图 7-25　"单变量求解状态"对话框

（4）计算盈亏临界点单价。

在单元格 D11 中输入公式"=C4*(C11-C6)-C7"，执行"单变量求解"命令，在系统弹出的"单变量求解"对话框中，将"目标单元格"设置为"$D$11"，将"目标值"设置为"0"，将"可变单元格"设置为"$C$11"，如图 7-26 所示，然后单击"确定"按钮，则会出现"单变量求解状态"对话框，单击"确定"按钮，即可得到盈亏临界点单价为 111.428 571 4 元/件（可进行四舍五入保留有效数字）。

图 7-26 "单变量求解"对话框

（5）计算盈亏临界点单位变动成本。

在单元格 D12 中输入公式"=C4*(C5-C12)-C7"，执行"单变量求解"命令，在系统弹出的"单变量求解"对话框中，将"目标单元格"设置为"＄D＄12"，将"目标值"设置为"0"，将"可变单元格"设置为"＄C＄12"，然后单击"确定"按钮，则会出现"单变量求解状态"对话框，单击"确定"按钮，即可得到盈亏临界点单位变动成本为 68.571 428 57 元/件。

（6）计算盈亏临界点固定成本。

在单元格 D13 中输入公式"=C4*(C5-C6)-C13"，执行"单变量求解"命令，在系统弹出的"单变量求解"对话框中，将"目标单元格"设置为"＄D＄13"，将"目标值"设置为"0"，将"可变单元格"设置为"＄C＄13"，然后单击"确定"按钮，则会出现"单变量求解状态"对话框，单击"确定"按钮，即可得到盈亏临界点固定成本为 420 000 元。最终结果如图 7-27 所示。

	A	B	C	D
1	盈亏临界点计算表			
2	基本数据区			
3	项目		预测值	
4	销售量（件）		7000	
5	单价（元/件）		120	
6	单位变动成本（元/件）		60	
7	固定成本（元）		360000	
8	计算过程与结果			
9	项目		可变单元格	目标函数
10	盈亏临界点销售量（件）		6000	0
11	盈亏临界点单价（元/件）		111.4285714	0
12	盈亏临界点单位变动成本（元/件）		68.57142857	0
13	盈亏临界点固定成本（元）		420000	0

图 7-27 盈亏临界点计算结果

2.【案例 7-3】的操作步骤

（1）创建工作簿。

创建一个工作簿，在综合盈亏临界点计算表中输入相关数据，如图 7-28 所示。

Excel 在财务管理中的应用

	A	B	C	D	E
1	综合盈亏临界点计算表				
2	基本数据				
3	产品名称	甲产品	乙产品	丙产品	
4	预计销售量（件）	5000	5500	6000	
5	销售单价（元/件）	22	28	35	
6	单位变动成本（元/件）	15	20	25	
7	固定成本（元）		600000		
8	计算分析与结果				
9	产品名称	甲产品	乙产品	丙产品	合计
10	销售收入（元）				
11	各产品销售收入的比重				
12	变动成本（元）				
13	边际贡献（元）				
14	边际贡献率				
15	综合边际贡献率				
16	综合盈亏平衡点销售额（元）				
17	盈亏平衡点各产品的销售额（元）				
18	盈亏平衡点各产品的销售量（件）				

图 7-28　综合盈亏临界点计算表

（2）计算三种产品的销售收入。

甲产品：在单元格 B10 中输入公式"=B4*B5"，计算结果为 110 000 元。

乙产品：在单元格 C10 中输入公式"=C4*C5"，计算结果为 154 000 元。

丙产品：在单元格 D10 中输入公式"=D4*D5"，计算结果为 210 000 元。

合计：在单元格 E10 中输入公式"=B10+C10+D10"，计算结果为 474 000 元。

（3）计算各产品销售收入的比重。

甲产品：在单元格 B11 中输入公式"=B10/\$E\$10"，计算结果为 23.21%。

乙产品：在单元格 C11 中输入公式"=C10/\$E\$10"，计算结果为 32.49%。

丙产品：在单元格 D11 中输入公式"=D10/\$E\$10"，计算结果为 44.30%。

（4）计算三种产品的变动成本。

甲产品：在单元格 B12 中输入公式"=B4*B6"，计算结果为 75 000 元。

乙产品：在单元格 C12 中输入公式"=C4*C6"，计算结果为 110 000 元。

丙产品：在单元格 D12 中输入公式"=D4*D6"，计算结果为 150 000 元。

合计：在单元格 E12 中输入公式"=B12+C12+D12"，计算结果为 335 000 元。

（5）计算三种产品的边际贡献。

甲产品：在单元格 B13 中输入公式"=B10-B12"，计算结果为 35 000 元。

乙产品：在单元格 C13 中输入公式"=C10-C12"，计算结果为 44 000 元。

丙产品：在单元格 D13 中输入公式"=D10-D12"，计算结果为 60 000 元。

合计：在单元格 E13 中输入公式"=B13+C13+D13"，计算结果为 139 000 元。

（6）计算三种产品的边际贡献率。

甲产品：在单元格 B14 中输入公式"=B13/B10"，计算结果为 31.82%。

乙产品：在单元格 C14 中输入公式"=C13/C10"，计算结果为 28.57%。

丙产品：在单元格 D14 中输入公式"=D13/D10"，计算结果为 28.57%。

(7) 计算三种产品的综合边际贡献率。

合并单元格 B15、C15、D15、E15，在合并单元格中输入公式"=E13/E10"，计算结果为 29.32%。

(8) 计算综合盈亏平衡点销售额。

合并单元格 B16、C16、D16、E16，在合并单元格中输入公式"=B7/B15"，计算结果为 2 046 043.17 元。

(9) 计算盈亏平衡点各产品的销售额。

甲产品：在单元格 B17 中输入公式"=\$B\$16*B11"，计算结果为 474 820.14 元。

乙产品：在单元格 C17 中输入公式"=\$B\$16*C11"，计算结果为 664 748.2 元。

丙产品：在单元格 D17 中输入公式"=\$B\$16*D11"，计算结果为 906 474.82 元。

(10) 计算盈亏平衡点各产品的销售量。

甲产品：在单元格 B18 中输入公式"=B17/B5"，计算结果为 21 582.73 件。

乙产品：在单元格 C18 中输入公式"=C17/C5"，计算结果为 23 741.01 件。

丙产品：在单元格 D18 中输入公式"=D17/D5"，计算结果为 25 899.28 件。

最终计算结果如图 7-29 所示。

	A	B	C	D	E
1	综合盈亏临界点计算表				
2	基本数据				
3	产品名称	甲产品	乙产品	丙产品	
4	预计销售量（件）	5000	5500	6000	
5	销售单价（元/件）	22	28	35	
6	单位变动成本（元/件）	15	20	25	
7	固定成本（元）		600000		
8	计算分析与结果				
9	产品名称	甲产品	乙产品	丙产品	合计
10	销售收入（元）	110000	154000	210000	474000
11	各产品销售收入的比重	23.21%	32.49%	44.30%	
12	变动成本（元）	75000	110000	150000	335000
13	边际贡献（元）	35000	44000	60000	139000
14	边际贡献率	31.82%	28.57%	28.57%	
15	综合边际贡献率		29.32%		
16	综合盈亏平衡点销售额（元）		2046043.17		
17	盈亏平衡点各产品的销售额（元）	474820.14	664748.2	906474.82	
18	盈亏平衡点各产品的销售量（件）	21582.73	23741.01	25899.28	

图 7-29　综合盈亏临界点计算结果

3. 【案例 7-4】的操作步骤

(1) 创建工作簿。

根据题意创建一个工作簿，在计算表中输入基本数据，如图 7-30 所示。

Excel 在财务管理中的应用

	A	B
1	基本数据	
2	项目	初始预测值
3	销售量（件）	6000
4	单价（元/件）	80
5	单位变动成本（元/件）	45
6	固定成本（元）	40000

图 7-30　基本数据

（2）建立各因素预测值变动表。

建立各因素变动情况单元格区域，如图 7-31 所示。

	C	D	E	F
1	各因素预测值变动			
2	变动后数值	因素变动率	因素变动率选择控件	
3				
4				
5				
6				

图 7-31　各因素预测值变动表

1）添加滚动条控制按钮。

调用"滚动条（窗体控件）"命令，分别在单元格区域 E3:F3，E4:F4，E5:F5，E6:F6，E7:F7，添加"滚动条（窗体控件）"按钮。在单元格区域 E3:F3，右键单击"滚动条（窗体控件）"按钮，在出现的快捷菜单中执行"设置控件格式"命令，出现"设置控件格式"对话框，在"当前值"输入 50，"最小值"输入 0，"最大值"输入 100，"步长"输入 1，"页步长"输入 5，"单元格链接"框输入 E3，如图 7-32 所示，单击"确定"按钮。单元格区域 E4:F4，E5:F5，E6:F6，E7:F7 中滚动条控制按钮的设置如此类推。

图 7-32　"设置控件格式"对话框

2)建立单元格 D3 与 E3、D4 与 E4、D5 与 E5、D6 与 E6 的联系。

在单元格 D3 中输入公式"=E3/100-50%",并将单元格 D3 设置为百分比格式。

在单元格 D4 中输入公式"=E4/100-50%",并将单元格 D4 设置为百分比格式。

在单元格 D5 中输入公式"=E5/100-50%",并将单元格 D5 设置为百分比格式。

在单元格 D6 中输入公式"=E6/100-50%",并将单元格 D6 设置为百分比格式。

此时,就建立了变动百分比与滚动条控制按钮之间的联系,且变化范围为[-50%,50%]。当单击该滚动条两端箭头,"因素变动率"单元格中数值以增量或减量 1% 变化;在滚动条上任意单击,因素变动率以"页步长"5% 增减变化;当滚动条的滑块处于滚动条中间位置时,因素变动率为 0。

3)建立单元格 C3 与 B3、D3 的联系,单元格 C4 与 B4、D4 的联系,单元格 C5 与 B5、D5 的联系,单元格 C6 与 B6、D6 的联系。

在单元格 C3 中输入公式"=B3*(1+D3)";在单元格 C4 中输入公式"=B4*(1+D4)";在单元格 C5 中输入公式"=B5*(1+D5)";在单元格 C6 中输入公式"=B6*(1+D6)",运行结果为各因素变化后的数值。

或者由于单元格区域 D3:D6 的公式原理相同,因此可建立数组公式。具体操作为:选中单元区域 D3:D6,并输入数组公式"=E3:E6/100-50%",即可得到 D3:D6 单元区域各因素变动率的值。选中 E3:E6 单元区域,并输入数组公式"=E3:E6*(1+D3:D6)",即可得到 E3:E6 单元区域各因素变动后的值。计算结果如图 7-33 所示。

	A	B	C	D	E	F
1	基本数据			各因素预测值变动		
2	项目	初始预测值	变动后数值	因素变动率	因素变动率选择控件	
3	销售量(件)	6000	5700	-5.00%	‹	›
4	单价(元/件)	80	88	10.00%	‹	›
5	单位变动成本(元/件)	45	49.5	10.00%	‹	›
6	固定成本(元)	40000	36000	-10.00%	‹	›

图 7-33 各因素预测值变动计算结果

(3)建立初始预测值的盈亏临界点销售量、预计利润。

在单元格 B8 中输入公式"=B6/(B4-B5)",可计算得到初始预测值的盈亏临界点销售量为 1 143 件。

在单元格 F8 中输入公式"=B3*(B4-B5)-B6",可计算得到初始预测值的预计利润为 170 000 元。计算结果如图 7-34 所示。

	A	B	C	D	E	F
1	基本数据			各因素预测值变动		
2	项目	初始预测值	变动后数值	因素变动率	因素变动率选择控件	
3	销售量（件）	6000	6000	0.00%	‹	›
4	单价（元/件）	80	80	0.00%	‹	›
5	单位变动成本（元/件）	45	45	0.00%	‹	›
6	固定成本（元）	40000	40000	0.00%	‹	›
7	按初始预测值计算的盈亏临界点销售量和预计利润					
8	盈亏临界点销售量（件）	1143		初始情况的预计利润（元）		170000

图7-34　初始预测值的盈亏临界点销售量、预计利润计算结果

(4) 建立单因素敏感性分析表，如图7-35所示。

选中单元格区域B12:B15，输入数组公式"=D3:D6"，计算结果即为因素变动率数据。

在单元格C12中输入公式"=B6/(B4-B5)"，即可计算得到销售量变动后的盈亏临界点销售量。

在单元格C13中输入公式"=B6/(C4-B5)"，即可计算得到单价变动后的盈亏临界点销售量。

在单元格C14中输入公式"=B6/(B4-C5)"，即可计算得到单位变动成本变动后的盈亏临界点销售量。

在单元格C15中输入公式"=C6/(B4-B5)"，即可计算得到固定成本变动后的盈亏临界点销售量。

在单元格D12中输入公式"=C3＊(B4-B5)-B6"，即可计算得到销售量变动后的预计利润。

在单元格D13中输入公式"=B3＊(C4-B5)-B6"，即可计算得到单价变动后的预计利润。

在单元格D14中输入公式"=B3＊(B4-C5)-B6"，即可计算得到单位变动成本变动后的预计利润。

在单元格D15中输入公式"=B3＊(B4-B5)-C6"，即可计算得到固定成本变动后的预计利润。

选中单元格区域E12:E15，输入公式"=D12:D15-F8"，即可计算得到各因素变动后的利润变动额。

选中单元格区域F12:F15，输入公式"=E12:E15/F8"，即可计算得到各因素变动后的利润变动率。

完成了单因素敏感性分析模型后，通过单击滚动条控件改变某一因素，可以自动得到该因素变化对盈亏临界点销售量和利润的影响额，计算结果如图7-36所示，当销售量变动为14.00%、单价变动为-3.00%、单位变动成本变动为-5.00%、固定成本变动为-5.00%时，某一因素变化分别对盈亏临界点销售量和利润的影响额。

	A	B	C	D	E	F
1	基本数据			各因素预测值变动		
2	项目	初始预测值	变动后数值	因素变动率	因素变动率选择控件	
3	销售量（件）	6000	6000	0.00%	<	>
4	单价（元/件）	80	80	0.00%	<	>
5	单位变动成本（元/件）	45	45	0.00%	<	>
6	固定成本（元）	40000	40000	0.00%	<	>
7	按初始预测值计算的盈亏临界点销售量和预计利润					
8	盈亏临界点销售量（件）	1143	初始情况的预计利润（元）			170000
9	单因素敏感性分析					
10	项目	因素变动率	变动后盈亏临界点销售量（件）	对利润的影响		
11				变动后利润	利润变动额	利润变动率
12	销售量（件）					
13	单价（元/件）					
14	单位变动成本（元/件）					
15	固定成本（元）					

图 7-35　单因素敏感性分析表

	A	B	C	D	E	F
1	基本数据			各因素预测值变动		
2	项目	初始预测值	变动后数值	因素变动率	因素变动率选择控件	
3	销售量（件）	6000	6840	14.00%	<	>
4	单价（元/件）	80	77.6	-3.00%	<	>
5	单位变动成本（元/件）	45	42.75	-5.00%	<	>
6	固定成本（元）	40000	38000	-5.00%	<	>
7	按初始预测值计算的盈亏临界点销售量和预计利润					
8	盈亏临界点销售量（件）	1143	初始情况的预计利润（元）			170000
9	单因素敏感性分析					
10	项目	因素变动率	变动后盈亏临界点销售量（件）	对利润的影响		
11				变动后利润	利润变动额	利润变动率
12	销售量（件）	14.00%	1143	199400	29400	17.29%
13	单价（元/件）	-3.00%	1227	155600	-14400	-8.47%
14	单位变动成本（元/件）	-5.00%	1074	183500	13500	7.94%
15	固定成本（元）	-5.00%	1086	172000	2000	1.18%

图 7-36　单因素敏感分析计算结果

（5）建立多因素敏感性分析表，如图 7-37 所示。

在单元格 B17 中输入公式"=C6/(C4-C5)"，可计算得到各因素均变动后的盈亏临界点销售量。

在单元格 E17 中输入公式"=C3*(C4-C5)-C6"，可计算得到各因素均变动后的利润额。

在单元格 B18 中输入公式"=E17-F8"，可计算得到各因素均变动后的利润变动额。

在单元格 E18 中输入公式"=B18/F8"，可计算得到各因素均变动后的利润变动率。

通过单击滚动条控件改变某一因素，可以自动得到该因素变化对盈亏临界点销售量和利润的影响额，如图 7-38 所示，当销售量变动为 14.00%、单价变动为-3.00%、单位变动成本变动为-5.00%、固定成本变动为-5.00% 时，四种因素同时变动对盈亏临界点销售量和利润的影响额。

	A	B	C	D	E	F
1	基本数据			各因素预测值变动		
2	项目	初始预测值	变动后数值	因素变动率	因素变动率选择控件	
3	销售量（件）	6000	6840	14.00%	‹	›
4	单价（元/件）	80	77.6	-3.00%	‹	›
5	单位变动成本（元/件）	45	42.75	-5.00%	‹	›
6	固定成本（元）	40000	38000	-5.00%	‹	›
7	按初始预测值计算的盈亏界点销售量和预计利润					
8	盈亏临界点销售量（件）	1143	初始情况的预计利润（元）			170000
9	单因素敏感性分析					
10	项目	因素变动率	变动后盈亏临界点销售量（件）	对利润的影响		
11				变动后利润	利润变动额	利润变动率
12	销售量（件）	14.00%	1143	199400	29400	17.29%
13	单价（元/件）	-3.00%	1227	155600	-14400	-8.47%
14	单位变动成本（元/件）	-5.00%	1074	183500	13500	7.94%
15	固定成本（元）	-5.00%	1086	172000	2000	1.18%
16	多因素敏感性分析					
17	变动后的盈亏临界点销售量（件）			变动后的利润（元）		
18	利润变动额（元）			利润变动率		

图 7-37　多因素敏感分析表

	A	B	C	D	E	F
1	基本数据			各因素预测值变动		
2	项目	初始预测值	变动后数值	因素变动率	因素变动率选择控件	
3	销售量（件）	6000	6840	14.00%	‹	›
4	单价（元/件）	80	77.6	-3.00%	‹	›
5	单位变动成本（元/件）	45	42.75	-5.00%	‹	›
6	固定成本（元）	40000	38000	-5.00%	‹	›
7	按初始预测值计算的盈亏界点销售量和预计利润					
8	盈亏临界点销售量（件）	1143	初始情况的预计利润（元）			170000
9	单因素敏感性分析					
10	项目	因素变动率	变动后盈亏临界点销售量（件）	对利润的影响		
11				变动后利润	利润变动额	利润变动率
12	销售量（件）	14.00%	1143	199400	29400	17.29%
13	单价（元/件）	-3.00%	1227	155600	-14400	-8.47%
14	单位变动成本（元/件）	-5.00%	1074	183500	13500	7.94%
15	固定成本（元）	-5.00%	1086	172000	2000	1.18%
16	多因素敏感性分析					
17	变动后的盈亏临界点销售量（件）	1090		变动后的利润（元）	200374	
18	利润变动额（元）	30374		利润变动率	17.87%	

图 7-38　多因素敏感分析计算结果

课后习题

1. 建立或者从外部取得一个销售日记账工作表。

要求：

(1) 按照年月分类汇总；

(2) 按照销售网点分类汇总；

(3) 按照销售人员分类汇总；

(4) 利用 SUBTOTAL 函数查看不同的分类汇总结果；

(5)对销售日记账工作表按照自动筛选进行分类汇总;

(6)进行数据透视表分析;

(7)假设该公司产品的销售额与期间之间的关系为线性关系,其历史数据为1—7月,试用公式法、函数法分别预测8月的销售数据。

2. 光明公司2011—2017年的广告投入及该地区居民家庭可支配收入的情况如表7-4所示。假设2018年预计广告费投入425万元,居民可支配收入6.5万元。

表7-4 光明公司2011—2017年的广告费等数据　　　　　　　　　　　　万元

项　目	2011年	2012年	2013年	2014年	2015年	2016年	2017年
广告费	168	235	228	296	320	360	410
可支配收入	3.56	4.00	4.46	5.16	5.58	5.95	6.21
销售额	625	680	705	736	762	802	845

要求:假设该公司产品的销售额与广告费投入、居民家庭可支配收入之间的关系为线性关系,请建立适当的函数关系,并试用公式法、函数法分别预测2018年的销售数据。

3. 假设光明公司2017年度只生产和销售一种产品,该产品的单价为50元,单位变动成本为25元/件,固定成本总额为4 500元,要使销售利润率达到40%,假设不考虑所得税,试用Excel建立模型,运用单变量求解工具计算该企业的销售量。

4. 假设光明公司2017年度只生产和销售一种产品,该产品的单价为15元,单位变动成本为6元/件,固定成本总额为12 000元,税前目标利润为50 000元,试用Excel建立模型,通过滚动条工具的运用计算下列四种情况下的盈亏临界点销售量、销售额。

(1)该产品的单价增加10%;

(2)该产品的单价和固定成本不变,单位变动成本增加10%;

(3)该产品的单价和单位变动成本不变,固定成本总额增加10%;

(4)该产品单价、单位变动成本、固定成本总额分别增加10%。

第 8 章

企业价值评估

学习目标

- 了解企业价值评估的方法和模型。
- 掌握预测财务报表模型的构建运算。
- 掌握经营现金流量模型的构建运算。
- 掌握现金流量折现模型的构建运算。

案例导入

达先股份收购案

达先股份是专业为节能环保及新能源产品的生产制造厂商提供设备及解决方案的供应商。公司实际控制人、董事长曾在薄膜电容器企业工作多年,并于2002年创立了公司前身——无锡达先电容器设备厂,经过十几年的创业发展,成为涵盖三大产品领域的新锐龙头企业,主营业务有电容设备、光伏设备、锂电设备。达先股份2018年准备以1 500万元承担债务方式收购目标企业安能公司,有关资料如下。

2017年安能公司销售收入1 000万元,预计收购后前五年的现金流量资料为:在收购后第一年,销售收入在上年基础上增长5%,第二、三、四年分别在上一年基础上增长10%,第五年与第四年相同;销售利润率为4%(息税前经营利润率),所得税税率为25%,资本支出减折旧与摊销、经营营运资本增加额分别占销售收入增加额的10%和5%;第六年及以后年度企业实体现金流量将会保持6%的固定增长率不变;市场无风险报酬率、风险报酬率(溢价)分别为5%和2%,安能公司的β系数为1.93;目前的投资资本结构为负债率40%,预计目标资本结构和风险不变,金融负债平均税后成本6.7%也将保持不变。请你帮达先股份拟定方案,建立企业价值评估模型,并分析应否收购安能公司。

讨论:

(1)分析计算达先股份在收购安能公司后前五年的企业实体现金流量。

(2) 企业价值评估的目的是什么？
(3) 企业价值评估的模型有哪些？

8.1 预测财务报表模型

8.1.1 知识点提炼

1. 预测财务报表模型的含义

预测财务报表是许多公司财务分析的主要工具，可应用在评价公司及公司证券方面，也可构成信用分析的基础。通过预测财务报表，可以预测未来年度公司所需融资，并且当财务和销售数据变化时，可以通过预测财务报表模型了解该公司受到的影响。

2. 预测财务报表模型的建立

(1) 变量的设定。

在现实中，几乎所有的财务报表模型都是由销售驱动的，即资产负债表和损益表的项目多数是直接或间接地与销售收入相关的。因此，预测财务报表模型的建立，是通过求解该模型的线性方程组，并在此基础上预测未来年度的资产负债表和损益表。由此，在预测财务报表模型建立时，一些重要的变量都要尽可能假设为公司销售收入的函数。

(2) 调节变量的设定。

在预测财务报表中，为了确保资产负债表的平衡，将现金和流动证券设为调节变量。调节变量的机制含义可定义为：现金和流动证券=总负债和股东权益-流动资产-固定资产净值。此时，公司没有进行股票融资，没有偿还原有的负债，也没有增加负债，意味着公司所有的融资都来自公司内部的积累。

(3) 利润表中的等式。

1) 负债的利息费用=负债利息率×年平均负债。

该公式使我们适应模型中的负债偿还的变化和不同利率的滚动偿债。

2) 现金和流动证券的利息收入=现金利息率×现金和流动证券的年平均值。

3) 折旧=折旧率×固定资产原值的年平均值。

该公式假设所有新固定资产都是在年内购买的，而且该年没有固定资产清理。

4) 税前利润=销售收入-销售成本-债务的利息支付+现金和流动证券的利息收入-折旧。

5) 税金=税率×税前利润。

6) 税后利润=税前利润-税金。

7) 股利=股利支付率×税后利润。

该公式假设公司以一个固定的利润百分比支付股利，替代假设是该公司对它的每股股票的股利有一个目标值。

8) 未分配利润=税后利润-股利。

(4) 资产负债表中的等式。

1) 现金和流动证券=负债和所有者权益合计−流动资产−固定资产净值。

2) 预测流动资产=(初始流动资产/初始销售收入)×预测销售收入。

3) 预测固定资产净值=(初始固定资产净值/初始销售收入)×预测销售收入。

4) 累计折旧=上一年的累计折旧余额+折旧率×固定资产原值的年平均值。

5) 预测流动负债=初始流动负债/初始销售收入×预测销售收入。

6) 非流动负债和除未分配利润外的所有者权益不变。

7) 累计未分配利润=上一年的累计未分配利润+本年增加的未分配利润。

(5) 工具:"自动重算"和"迭代计算"。

1) 打开 Excel 2016 软件,在左上角依次单击"文件"和"选项"。

2) 弹出"Excel 选项"对话框,在对话框的左侧选择"公式"选项。

3) 在右侧选择"自动重算"选项和勾选"启用迭代计算",单击"确定"按钮。

实验案例 8-1

8.1.2 实验案例

【案例 8-1】沪闵公司目前的资产负债表和损益表如表 8-1、表 8-2 所示。根据要求预测以后五年的财务报表。

表 8-1　沪闵公司资产负债表中的相关数据

项目	金额/万元
现金和有价证券	80
流动资产	150
固定资产	1 070
固定资产按成本折旧	−300
固定资产净值	770
总资产	1 000
流动负债	80
非流动负债	320
股本	450
累计未分配利润	150
负债和股东权益总计	1 000

表 8-2　沪闵公司损益表中的相关数据

项目	金额/万元
销售收入	1 000
商品销售成本	−500
债务利息支付	−32

续表

项目	金额/万元
所得利息现金和有价证券	6
折旧	−100
税前利润	374
所得税	−94
税后利润	281
股息	−112
未分配利润	168

该公司目前的销售收入是 1 000 万元。预计该公司的销售收入将按每年 10% 的比率增长。另外，该预期财务报表满足下列关系。

流动资产：假设为该年销售收入的 15%。

流动负债：假设为该年销售收入的 8%。

固定资产净值：假设为该年销售收入的 77%。

产品销售成本：假设为销售收入的 50%。

折旧：假设为年内平均账面资产的 10%。

固定资产原值：固定资产净值加累计折旧。

长期债务：在 5 年内公司既不偿还已有的债务，也不借入资金。

现金和流动证券：假设现金和流动证券的平均余额有 8% 的利息收入。

派息比率：税后利润的 40%。

所得税税率为 25%。

8.1.3 实验目的

掌握建立预测财务报表模型的方法，通过设定销售收入增长率，预测报表项目与销售收入的关系，以及设定调节变量，从而建立预测财务报表模型，并利用"自动重算"和"迭代计算"工具，将预测财务报表进行扩展。

8.1.4 实验操作

1. 新建工作簿

创建一个工作表，将预测财务报表与销售收入的关系以及基期数据输入到工作表中，如图 8-1 所示。

基本数据	
销售增长率	10%
流动资产/销售收入	15%
流动负债/销售收入	8%
固定资产净值/销售收入	77%
销售成本/销售收入	50%
折旧率	10%
负债年利率	10%
现金和现金等价物的利息率	8%
所得税税率	25%
股利支付率	40%

预测财务报表模型						
年	0	1	2	3	4	5
损益表						
销售收入	1000					
商品销售成本	−500					
债务利息支付	−32					
所得利息现金和有价证券	6					
折旧	−100					
税前利润	374					
所得税	−94					
税后利润	281					
股息	−112					
未分配利润	168					
资产负债表						
现金和有价证券	80					
流动资产	150					
固定资产						
按成本	1070					
折旧	−300					
固定资产净值	770					
总资产	1000					
流动负债	80					
非流动负债	320					
股本	450					
累计未分配利润	150					
负债和股东权益总计	1000					

图 8−1 预测财务报表模型工作表

2. 输入预测公式

(1) 在损益表中预测项目依次输入设定的关系公式。

在单元格 C16 中输入公式"=B16*(1+$B$2)"。

在单元格 C17 中输入公式"=−C16*$B$6"。

在单元格 C18 中输入公式"=−$B$8*(B37+C37)/2"。

在单元格 C19 中输入公式"=$B$9*(B28+C28)/2"。

在单元格 C20 中输入公式"=−$B$7*(B31+C31)/2"。

在单元格 C21 中输入公式"=SUM(C16:C20)"。

在单元格 C22 中输入公式"=−C21*$B$10"。

在单元格 C23 中输入公式"=C21+C22"。

在单元格 C24 中输入公式"=−$B$11*C23"。

在单元格 C25 中输入公式"=C23+C24"。

(2) 在资产负债表中预测项目依次输入设定的关系公式。

在单元格 C28 中输入公式"=C40−C29−C33"。

在单元格 C29 中输入公式"=C16*＄B＄3"。

在单元格 C31 中输入公式"=C33-C32"。

在单元格 C32 中输入公式"=B32-＄B＄7*(C31+B31)/2"。

在单元格 C33 中输入公式"=C16*＄B＄5"。

在单元格 C34 中输入公式"=C33+C29+C28"。

在单元格 C36 中输入公式"=C16*＄B＄4"。

在单元格 C37 中输入公式"=B37"。

在单元格 C38 中输入公式"=B38"。

在单元格 C39 中输入公式"=B39+C25"。

在单元格 C40 中输入公式"=C36+C37+C38+C39"。

3. 启用迭代计算

打开 Excel 2016 软件,在左上角单击"文件"中"选项",弹出"Excel 选项"对话框,在对话框的左侧选择"公式"选项,在右侧选择"自动重算"选项和勾选"启用迭代计算",单击"确定"按钮,如图 8-2 所示。

图 8-2 启用迭代计算工具

4. 将预测财务报表扩展到五年

第一年的预测公式输入完毕后,利用填充柄把公式复制到相邻的列(D 列、E 列、F 列、G 列),可自动进行模型的扩展,得到第二年到第五年的数据,将数据格式调整后的计算结果如图 8-3 所示。

预测财务报表模型						
年	0	1	2	3	4	5
损益表						
销售收入	1000.00	1100.00	1210.00	1331.00	1464.10	1610.51
商品销售成本	(500.00)	(550.00)	(605.00)	(665.50)	(732.05)	(805.26)
债务利息支付	(32.00)	(32.00)	(32.00)	(32.00)	(32.00)	(32.00)
所得利息现金和有价证券	6.00	10.45	18.99	28.42	38.80	50.18
折旧	(100.00)	(116.68)	(137.48)	(161.31)	(188.59)	(219.77)
税前利润	374.00	411.77	454.51	500.61	550.26	603.66
所得税	(94.00)	(102.94)	(113.63)	(125.15)	(137.56)	(150.92)
税后利润	281.00	308.83	340.88	375.46	412.69	452.75
股息	(112.00)	(123.53)	(136.35)	(150.18)	(165.08)	(181.10)
未分配利润	168.00	185.30	204.53	225.27	247.62	271.65
资产负债表						
现金和有价证券	80.00	181.30	293.43	417.06	552.87	701.54
流动资产	150.00	165.00	181.50	199.65	219.62	241.58
固定资产						
按成本	1070.00	1263.68	1485.86	1740.34	2031.42	2363.92
折旧	(300.00)	(416.68)	(554.16)	(715.47)	(904.06)	(1123.83)
固定资产净值	770.00	847.00	931.70	1024.87	1127.36	1240.09
总资产	1000.00	1193.30	1406.63	1641.58	1899.84	2183.21
流动负债	80.00	88.00	96.80	106.48	117.13	128.84
非流动负债	320.00	320.00	320.00	320.00	320.00	320.00
股本	450.00	450.00	450.00	450.00	450.00	450.00
累计未分配利润	150.00	335.30	539.83	765.10	1012.72	1284.37
负债和股东权益总计	1000.00	1193.30	1406.63	1641.58	1899.84	2183.21

图 8-3　预测财务报表计算结果

8.2　经营现金流量模型

8.2.1　知识点提炼

1. 经营现金流量含义

经营现金流量代表了企业经营活动的全部成果，是企业生产的现金，因此又称为实体现金流量或自由现金流量。

2. 经营现金流量计算公式

企业经营现金流量＝息税前利润＋折旧－所得税－资本性支出－营运资本净增加

＝税后净营业利润＋折旧－资本支出－营运资本净增加

＝税后净营业利润－净投资

其中，

税后净营业利润＝息税前利润－所得税

净投资＝资本支出＋营运资本净增加－折旧

净投资就是投资资本的变化额，等于会计年度内流动资金投资、固定资产投资、在建工程投资和无形资产投资的总和。

通常情况下，企业经营现金流量计算公式为：

企业经营现金流量＝税后利润＋折旧＋税后利息支出－流动资产的增加＋

流动负债的增加-固定资产原值的增加

当实体现金流量是正数时，它有五种使用途径。

(1)向债权人支付利息(注意：对企业而言，利息净现金流出是税后利息费用)。

(2)向债权人偿还债务本金，清偿部分债务。

(3)向股东支付股利。

(4)从股东处回购股票。

(5)购买金融资产。

当实体现金流量是负数时，企业需要筹集现金，其来源有出售金融资产、借入新的债务和发行新的股份。

8.2.2 实验案例

实验案例 8-2

【案例8-2】接【案例8-1】，利用建立的预测财务报表，编制预测现金流量表，以确定公司年经营现金流量。

8.2.3 实验目的

掌握预测现金流量表的编制，以及企业经营现金流量的计算方法。

8.2.4 实验操作

1. 打开工作簿，输入数据

打开工作簿"预测财务报表模型"，将 Sheet2 重命名为"经营现金流量表"，并输入相关项目，如图 8-4 所示。

图 8-4 经营现金流量表

2. 计算第一年的经营现金流量

在单元格 C4 中输入公式"=预测财务报表!B23"。

在单元格 C5 中输入公式"=-预测财务报表!C20"。

在单元格 C6 中输入公式"=-(预测财务报表！C29-预测财务报表！B29)"。
在单元格 C7 中输入公式"=预测财务报表！C36-预测财务报表！B36"。
在单元格 C8 中输入公式"=-(预测财务报表！C31-预测财务报表！B31)"。
在单元格 C9 中输入公式"=-预测财务报表！B18*(1-25%)"。
在单元格 C10 中输入公式"=-预测财务报表！B19*(1-25%)"。
在单元格 C11 中输入公式"=SUM(C4:C10)"。计算结果如图 8-5 所示。

	A	B	C	D	E	F	G
1	经营现金流量表						
2	年		1	2	3	4	5
3	经营现金流量计算						
4	税后利润		281.00				
5	加：折旧		116.68				
6	减：流动资产的增加		(15.00)				
7	加：流动负债的增加		8.00				
8	减：固定资产原值的增加		(193.68)				
9	加：税后负债利息费用		24.00				
10	减：税后现金和现金等价物的利息收入		(4.50)				
11	经营现金流量		216.50				

图 8-5　第一年的经营现金流量

3. 计算第二年至第五年的经营现金流量

利用填充柄将计算公式填充到 D 列、E 列、F 列、G 列，可得到第二年至第五年的经营现金流量。计算结果如图 8-6 所示。

	A	B	C	D	E	F	G
1	经营现金流量表						
2	年		1	2	3	4	5
3	经营现金流量计算						
4	税后利润		281.00	308.83	340.88	375.46	412.69
5	加：折旧		116.68	137.48	161.31	188.59	219.77
6	减：流动资产的增加		(15.00)	(16.50)	(18.15)	(19.97)	(21.96)
7	加：流动负债的增加		8.00	8.80	9.68	10.65	11.71
8	减：固定资产原值的增加		(193.68)	(222.18)	(254.48)	(291.07)	(332.50)
9	加：税后负债利息费用		24.00	24.00	24.00	24.00	24.00
10	减：税后现金和现金等价物的利息收入		(4.50)	(7.84)	(14.24)	(21.31)	(29.10)
11	经营现金流量		216.50	232.59	249.00	266.34	284.61

图 8-6　经营现金流量计算结果

8.3　企业价值模型

8.3.1　知识点提炼

1. 现金流量折现模型的基本思想

在企业价值评估的方法中，现金流量折现模型的使用最为广泛。它的基本思想是增量现金流量原则和时间价值原则，也就是任何资产的价值是其产生的未来现金流量按照含有风险的折现率计算的现值。

2. 现金流量折现模型的公式

(1) 一般形式。

$$企业价值 = \sum_{t=1}^{n} \frac{现金流量_t}{(1+资本成本_t)^t}$$

式中，该模型有三个参数：现金流量、资本成本和时间序列(n)。

模型中的现金流量，是指各期的预期现金流量。对于投资者来说，企业现金流量有三种：股利现金流量、股权现金流量和实体现金流量。依据现金流量的不同种类，企业估价模型也分股利现金流量模型、股权现金流量模型和实体(经营)现金流量模型三种。

(2) 股利现金流量模型。

股利现金流量是指企业分配给股权投资人的现金流量，其计算公式为：

$$股权价值 = \sum_{t=1}^{\infty} \frac{股利现金流量_t}{(1+股权资本成本_t)^t}$$

(3) 股权现金流量模型。

股权现金流量是指一定期间企业可以提供给股权投资人的现金流量，它等于企业实体现金流量扣除对债权人支付后剩余的部分，计算公式为：

$$股权现金流量 = 实体现金流量 - 债务现金流量$$

$$股权价值 = \sum_{t=1}^{\infty} \frac{股利现金流量_t}{(1+股权资本成本_t)^t}$$

(4) 实体(经营)现金流量模型。

实体现金流量是指企业全部现金流入扣除成本费用和必要的投资后的剩余部分，它是企业一定期间可以提供给所有投资人(包括股权投资人和债权投资人)的税后现金流量，其计算公式为：

$$实体价值 = \sum_{t=1}^{\infty} \frac{实体自由现金流量_t}{(1+加权平均资本成本_t)^t}$$

$$股权价值 = 实体价值 - 净债务价值$$

$$净债务价值 = \sum_{t=1}^{\infty} \frac{偿还债务现金流量_t}{(1+等风险债务成本_t)^t}$$

3. 现金流量折现模型参数的估计

(1) 折现率(资本成本)。

股权现金流量使用股权资本成本折现(一般采用资本资产定价模型确定)。

实体现金流量使用加权平均资本成本折现。

(2) 时间序列的处理(无限期流量的处理)。

在持续经营假设下，企业的寿命是无限的。为了避免预测无限期的现金流量，大部分估价将预测的时间分为两个阶段。第一个阶段是详细预测期，或称预测期。在此期间，需要对每年的现金流量进行详细预测，并根据现金流量模型计算其预测期价值。第二个阶段是后续期，或称为永续期。在此期间，假设企业进入稳定状态，有一个稳定的增长率，可以用简便的方法直接估计后续期价值。

判断企业进入稳定状态的主要标志有两个：一是具有稳定的销售增长率，它大约等于宏观经济的名义增长率；二是具有稳定的投资资本回报率，它与资本成本接近。

(3) 现金流量的确定。

根据时间序列的划分，将现金流量划分为预测期现金流量和永续期现金流量。

$$\text{后续期价值} = \text{现金流量}_{n+1} \div (\text{资本成本} - \text{现金流量增长率})$$

$$\text{企业价值} = \text{预测期现金流量现值} + \text{后续期价值的现值}$$

设预测期为 n，则计算公式为：

$$\text{企业价值} = \sum_{t=1}^{n} \frac{\text{实体现金流量}_t}{(1 + \text{加权平均资本成本})^t} + \frac{\text{实体现金流量}_{n+1} \div (\text{加权平均资本成本} - \text{永续增长率})}{(1 + \text{加权平均资本成本})^n}$$

8.3.2 实验案例

实验案例 8-3

【案例 8-3】接【案例 8-2】，利用编制的预测现金流量表中的经营现金流量，假设企业可以永久保持每年 10% 的增长率，企业资本成本为 20%，试运用现金流量折现模型计算企业的价值。

8.3.3 实验目的

了解评估企业价值的模型，并掌握现金流量折现模型的建立和计算，加深对企业价值评估的理解。

8.3.4 实验操作

1. 打开工作簿，建立工作表

打开工作簿"预测财务报表模型"，将 Sheet3 重命名为"现金流量折现模型"，并输入相关项目，如图 8-7 所示。

	A	B	C	D	E	F	G	H
1	现金流量折现模型							
2	加权资本成本		20%					
3	年		0	1	2	3	4	5
4	经营现金流量							
5	第5年企业价值							
6	合计							
7	企业净现值							
8	初始年现金及现金等价物							
9	企业价值							
10	减：净债务价值							
11	企业股权价值							

图 8-7　现金流量折现模型

2. 对模型进行求解

(1) 在工作表中输入相关公式，可得到5年的经营现金流量。

在单元格 D4 中输入公式"=经营现金流量表！C11"。

在单元格 E4 中输入公式"=经营现金流量表！C12"。

在单元格 F4 中输入公式"=经营现金流量表！C13"。

在单元格 G4 中输入公式"=经营现金流量表！C14"。

在单元格 H4 中输入公式"=经营现金流量表！C15"。

(2) 计算企业第五年的价值。

在单元格 H5 中输入公式"=H4*(1+10%)/(C2-10%)"，得到企业第五年的价值。

(3) 计算企业第一至五年的现金流量。

在单元格 D6、E6、F6、G6、H6 中分别输入公式"=D4+D5""=E4+E5""=F4+F5""=G4+G5""=H4+H5"。

(4) 计算企业净现值。

在单元格 C7 中输入公式"=NPV(C2，D6：H6)"，得到企业净现值。

(5) 计算企业价值。

在单元格 C8 中输入公式"=预测财务报表！B28"。

在单元格 C9 中输入公式"=C7+C8"，可计算得到企业价值。

(6) 计算企业股权价值。

在单元格 C10 中输入公式"=预测财务报表！B37"。

在单元格 C11 中输入公式"=C9-C10"，可计算得到企业股权价值。

最终计算结果如图8-8所示。

	A	B	C	D	E	F	G	H
1			现金流量折现模型					
2	加权资本成本		20%					
3	年		0	1	2	3	4	5
4	经营现金流量			216.50	232.59	249.00	266.34	284.61
5	第5年企业价值							3130.73
6	合计			216.50	232.59	249.00	266.34	3415.35
7	企业净现值		1987.03					
8	初始年现金及现金等价物		80.00					
9	企业价值		2067.03					
10	减：净债务价值		320.00					
11	企业股权价值		1747.03					

图 8-8　企业价值计算结果

课后习题

1. 光明公司希望在以后5年里维持现金余额为80万元，同时希望既不发行新股，又不改变目前的负债水平，这意味着股利是资产负债表的调节变量。该公司基期财务报表数据如表8-3、表8-4、表8-5所示。要求建立企业预测财务报表模型，建立预测资产负债表和利润表。

表 8-3 基本数据

项目	数值
销售增长率	10%
流动资产/销售收入	15%
流动负债/销售收入	8%
固定资产净值/销售收入	77%
销售成本/销售收入	50%
折旧率	10%
负债年利率	10%
现金和现金等价物的利息率	8%
所得税税率	25%
股利支付率	40%

表 8-4 损益表相关数据

项目	金额/万元
销售收入	1 000
商品销售成本	−500
债务利息支付	−32
所得利息现金和有价证券	6
折旧	−100
税前利润	374
所得税	−94
税后利润	281
股息	−112
未分配利润	168

表 8-5 资产负债表相关数据

项目	金额/万元
现金和有价证券	80
流动资产	150
固定资产	1 070
按成本折旧	−300
固定资产净值	770
总资产	1 000
流动负债	80

续表

项目	金额/万元
非流动负债	320
股本	450
累计未分配利润	150
负债和股东权益总计	1 000

2. 光明公司现准备以 1 300 万元收购长征电器有限公司,向你咨询方案是否可行,有关资料如下。

去年年底长征电器有限公司债务的账面价值等于市场价值 200 万元,去年长征电器有限公司销售收入 1 000 万元,预计收购后前五年的现金流量为:在收购后第一年,销售收入在上年基础上增长 5%,第二、三、四、五年分别在上一年基础上增长 10%;税前经营利润率为 5%,并保持不变。所得税税率为 25%,资本支出减折旧与摊销、经营营运资本增加额分别占销售收入增加额的 8% 和 4%。第六年及以后年度企业实体现金流量将会保持 5% 的固定增长率不变。市场无风险报酬率、风险报酬率(溢价)分别为 5% 和 4%,长征电器有限公司的 β 系数为 1.25。目前的投资资本结构为负债率 45%,预计目标资本结构和风险不变,净负债平均税后成本 5.8% 也将保持不变。

要求:

(1) 计算在收购后长征电器有限公司前五年的企业实体现金流量;

(2) 根据现金流量折现法判断应否收购长征电器有限公司。

第9章

财务分析

学习目标

- 了解财务分析的意义、内容和方法。
- 掌握财务数据的取得方式。
- 掌握财务分析指标的运用和分析。
- 掌握财务综合分析模型的建立和分析。

案例导入

鲁运农产品批发市场的财务状况

2017年,鲁运农产品批发市场利润总额达到1 580万元,实现净利润1 185万元,与2016年相比有较大幅度的增长,通过对公司当年偿债能力、营运能力、获利能力及发展能力的分析,得出以下结论:公司2017年较上年的财务状况有所好转,但与同行业先进企业相比还存在一定差距。公司2017年的销售收入中,80%为赊销收入,同行业财务状况平均水平为:股东权益报酬率为60%,资产报酬率为28%,权益乘数为2.14,销售净利率为15%,总资产周转率为2%。

讨论:

(1)相比同行业平均水平,鲁运农产品批发市场的财务状况如何?

(2)所给出的财务比率反映了哪些内容?

9.1 财务分析基本问题

9.1.1 知识点提炼

1. 财务分析的含义

财务分析是以会计核算和报表资料及其他相关资料为依据，采用一系列专门的分析技术和方法，对企业等经济组织过去和现在有关筹资活动、投资活动、经营活动、分配活动的盈利能力、营运能力、偿债能力和增长能力状况等进行分析与评价的经济管理活动。财务分析能为企业的投资者、债权人、经营者及其他关心企业的组织或个人了解企业过去、评价企业现状、预测企业未来做出正确决策提供准确的信息或依据。

2. 财务分析的意义

财务分析对不同的信息使用者具有不同的意义。具体来说，财务分析的意义主要体现在如下方面。

(1)可以判断企业的财务实力。通过对资产负债表和利润表有关资料进行分析，计算相关指标，可以了解企业的资产结构和负债水平是否合理，从而判断企业的偿债能力、营运能力及获利能力等财务实力，揭示企业在财务状况方面可能存在的问题。

(2)可以评价和考核企业的经营业绩，揭示财务活动存在的问题。通过指标的计算、分析和比较，能够评价和考核企业的盈利能力和资产周转状况，揭示其经营管理各个方面和各个环节的问题，找出差距，得出结论。

(3)可以挖掘企业潜力，寻求提高企业经营管理水平和经济效益的途径。企业进行财务分析的目的不仅仅是发现问题，更重要的是分析问题和解决问题。通过财务分析，应保持和进一步发挥生产经营管理中成功的经验，对存在的问题应提出解决的策略和措施，以达到扬长避短、提高经营管理水平和经济效益的目的。

(4)可以评价企业的发展趋势。通过各种财务分析，可以判断企业的发展趋势，预测其生产经营的前景及偿债能力，从而为企业领导层进行生产经营决策、投资者进行投资决策和债权人进行信贷决策提供重要的依据，避免因决策错误给其带来重大的损失。

3. 财务分析的内容

财务分析信息的需求者主要包括企业所有者、企业债权人、企业经营决策者和政府等。不同主体出于不同的利益考虑，对财务分析信息有着各自不同的要求。为了满足不同需求者的需求，财务分析一般应包括偿债能力分析、营运能力分析、盈利能力分析和发展能力分析等方面。

(1)偿债能力分析。偿债能力分析包括短期偿债能力分析和长期偿债能力分析，主要分析指标有流动比率、速动比率、资产负债率和利息保障倍数。对企业的偿债能力进行科学的评价分析，既能有效控制企业财务风险和经营风险，又能保障投资者、债权人的经济利益。

(2)营运能力分析。营运能力的分析常用于流动资产周转率、存货周转率、应收账款周转率等指标，对企业经营状况及其潜力进行分析，从而衡量企业资产管理效率的高低。

（3）盈利能力分析。盈利能力是指企业在一定时期内获取利润的能力，是企业持续健康发展的根本保障，也是企业所有利益相关者共同关注的问题。盈利能力分析主要对企业的主营业务利润率、营业利润率、销售毛利率、销售净利率等进行分析。

（4）发展能力分析。关心企业的发展能力，分析判断企业的发展，预测企业的经营前景，从而为管理者和投资者进行经营决策和投资决策提供依据，避免决策失误带来的重大经济损失。发展能力分析常用于利润增长率、销售增长率、现金增长率、净资产增长率等指标，来衡量企业的发展潜能，从而从动态上把握企业的发展态势、发展潜能及成长性。

4. 财务分析的方法

（1）比较分析法。财务报表的比较分析法，是指对两个或两个以上的可比数据进行对比，找出企业财务状况、经营成果中的差异与问题。根据比较对象的不同，比较分析法分为趋势分析法、横向比较法和预算差异分析法。比较分析法的具体运用主要有重要财务指标的比较、会计报表的比较和会计报表项目构成的比较三种方式。

（2）比率分析法。比率分析法是通过计算各种比率指标来确定财务活动变动程度的方法。比率指标的类型主要有构成比率、效率比率和相关比率三类。

（3）因素分析法。因素分析法是依据分析指标与其影响因素的关系，从数量上确定各因素对分析指标的影响方向和影响程度的一种方法。因素分析法具体有两种：连环替代法和差额分析法。

（4）趋势分析法。趋势分析法又称水平分析法，是将两期或连续数期财务报告中相同指标进行对比，确定其增减变动的方向、数额和幅度，以说明企业财务状况和经营成果的变动趋势的一种方法。

5. 获取财务数据的方法

获取财务数据是进行财务分析的基础。数据的获取渠道有两种：手工录入和电算化检索。

（1）手工录入。财务人员需要从账簿等会计资料中筛选所需要的数据，通过手工输入的方式录入数据。

（2）电算化检索。在会计电算化状态下，会计核算数据源的数据是以一定组织形式存放在多个数据库文件中，如总账数据库文件存放会计核算总账数据。财务人员可以应用各种方法，直接在会计数据源的数据库中进行检索，并直接返回到财务分析的模型中，以便财务分析使用。其中，最常用的获取财务数据的方法是 Web 查询，由于财务数据是实时更新的，因此运用 Web 查询得到的数据是最及时的。

9.1.2 实验案例

【案例9-1】通过 Excel 的 Web 查询功能获得民生控股（代码：000416）的财务报表数据。

9.1.3 实验目的

学习如何运用 Excel 的 Web 查询功能来获取上市公司的资产负债表、利润表、现金流量表等相关财务数据。

9.1.4 实验操作

1. 新建工作簿

创建一个工作簿，将其命名为"民生控股财务数据"，将 Sheet1 工作表命名为"资产负债表"，将 Sheet2 工作表命名为"利润表"，将 Sheet3 工作表命名为"现金流量表"，并输入相关数据项目，如图 9-1 所示。

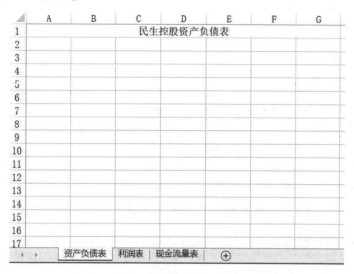

图 9-1　创建新的工作表

2. 建立 Web 查询，导入资产负债表

单击 Excel 菜单栏的"数据"选项卡，执行"自网站"命令，出现如图 9-2 所示的对话框。

图 9-2　"新建 Wed 查询"对话框

若要获取网易财经网站民生控股的财务数据,在"新建 Web 查询"对话框的地址栏中输入 Web 地址"http：//quotes.money.163.com/f10/zcfzb_000416.html#01c05",单击"转到"按钮,即可到达财务数据页面,如图 9-3 所示。

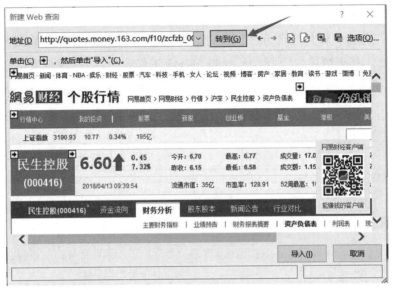

图 9-3　输入 Web 地址

找到所需的民生控股(000416)资产负债表,选择"按报告期"或"按年度",找到报告日期项目左侧的黄色箭头,单击"导入"按钮,如图 9-4 所示。打开"导入数据"对话框,在"现有工作表"中选择"=＄A＄2",如图 9-5 所示,单击"确定"按钮,即可将民生控股(000416)资产负债表的数据项目导入新建表格,如图 9-6 所示。

图 9-4　导入数据

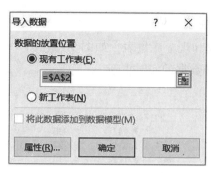

图 9-5 "导入数据"对话框

	A	B	C	D
1			民生控股资产负债表	
2	报告日期			
3	资产			
4	流动资产			
5	货币资金(万元)			
6	结算备付金(万元)			
7	拆出资金(万元)			
8	交易性金融资产(万元)			
9	衍生金融资产(万元)			
10	应收票据			
11	应收账款(万元)			
12	预付款项(万元)			
13	应收保费(万元)			
14	应收分保账款(万元)			
15	应收分保合同准备金(万元)			
16	应收利息(万元)			
17	应收股利(万元)			
18	其他应收款(万元)			
19	应收出口退税(万元)			
20	应收补贴款(万元)			
21	应收保证金(万元)			
22	内部应收款(万元)			

图 9-6 数据项目导入结果

重新建立 Web 查询,输入搜索地址,找到报告日期项目右侧的黄色箭头,然后单击"导入",打开"导入数据"对话框,在"现有工作表"中选择"=＄B＄2",单击"确定"按钮,即可将民生控股(000416)资产负债表的年度数据导入新建表格,如图 9-7 所示。

	A	B	C	D	E	F
1				民生控股资产负债表		
2	报告日期	2017/12/31	2016/12/31	2015/12/31	2014/12/31	2013/12/31
3	资产					
4	流动资产					
5	货币资金(万元)	7,903	11,827	14,664	44,750	49,639
6	结算备付金(万元)	---	---	---	---	---
7	拆出资金(万元)	---	---	---	---	---
8	交易性金融资产(万元)	8,779	5,999	4,179	165	29,802
9	衍生金融资产(万元)	---	---	---	---	---
10	应收票据(万元)	---	---	---	---	---
11	应收账款(万元)	753	251	668	40	351
12	预付款项(万元)	18	48	111	2	519
13	应收保费(万元)					
14	应收分保账款(万元)					
15	应收分保合同准备金(万元)					
16	应收利息(万元)	69		78	---	---

图 9-7 导入资产负债表数据

3. 导入利润表、现金流量表

同样的方法，导入利润表和现金流量表，如图9-8、图9-9所示。单击"数据"选项卡下的"全部刷新"，可进行外部数据的实时更新。

	A	B	C	D	E	F
1				民生控股利润表		
2	报告日期	2017/12/31	2016/12/31	2015/12/31	2014/12/31	2013/12/31
3	营业总收入(万元)	7,142	32,938	23,466	45,583	48,226
4	营业收入(万元)	1,021	28,222	18,547	43,004	48,226
5	利息收入(万元)	6,121	4,716	4,919	2,578	---
6	已赚保费(万元)	---	---	---	---	---
7	手续费及佣金收入(万元)	---	---	---	---	---
8	房地产销售收入(万元)	---	---	---	---	---
9	其他业务收入(万元)	---	---	---	---	---
10	营业总成本(万元)	4,751	35,871	23,921	42,940	44,751
11	营业成本(万元)	6	16	33	35,469	39,335
12	利息支出(万元)					
13	手续费及佣金支出(万元)					
14	房地产销售成本(万元)					
15	研发费用(万元)					
16	退保金(万元)					

图9-8　导入数据利润表数据

	A	B	C	D	E	F
1				民生控股现金流量表		
2	报告日期	2017/12/31	2017/9/30	2017/6/30	2017/3/31	2016/12/31
3	一、经营活动产生的现金流量					
4	销售商品、提供劳务收到的现金(万元)	719	535	340	110	17,103
5	客户存款和同业存放款项净增加额(万元)	---	---	---	---	---
6	向中央银行借款净增加额(万元)	---	---	---	---	---
7	向其他金融机构拆入资金净增加额(万元)	---	---	---	---	---
8	收到原保险合同保费取得的现金(万元)	---	---	---	---	---
9	收到再保险业务现金净额(万元)	---	---	---	---	---
10	保户储金及投资款净增加额(万元)	---	---	---	---	---
11	处置交易性金融资产净增加额(万元)	---	---	---	---	---
12	收取利息、手续费及佣金的现金(万元)	6,207	4,777	3,337	1,676	5,414
13	拆入资金净增加额(万元)	---	---	---	---	---
14	回购业务资金净增加额(万元)	---	---	---	---	---
15	收到的税费返还(万元)	---	---	---	---	405
16	收到的其他与经营活动有关的现金(万元)	117	46	38	830	687

图9-9　导入现金流量表数据

9.2　财务分析指标的运用

9.2.1　知识点提炼

1. 短期偿债能力指标

债务一般按到期时间分为短期债务和长期债务，偿债能力分析也由此分为短期偿债能力分析和长期偿债能力分析两部分。

偿债能力的衡量方法有两种：一种是比较可供偿债资产与债务的存量，若资产存量超过债务存量较多,则认为偿债能力较强;另一种是比较经营活动现金流量和偿债所需现金,如果产生的现金超过需要的现金较多,则认为偿债能力较强。

(1)可偿债资产与短期债务的存量比较。

可偿债资产的存量,是指资产负债表中列示的流动资产年末余额。短期债务的存量,是指资产负债表中列示的流动负债年末余额。流动资产与流动负债的存量比较有两种方法:一种是差额比较,两者相减的差额称为净营运资本;另一种是比率比较,两者相除的比率称为短期债务的存量比率。

1)营运资本。

营运资本是指流动资产超过流动负债的部分。其计算公式为:

营运资本=流动资产-流动负债
　　　　=(总资产-非流动资产)-(总资产-股东权益-非流动负债)
　　　　=(股东权益+非流动负债)-非流动资产
　　　　=长期资本-长期资产

一般情况下,营运资本越多,流动负债的偿还越有保障,短期偿债能力越强。

当流动资产大于流动负债时,营运资本为正数,表明长期资本的数额大于长期资产,超出部分被用于流动资产营运资本的数额越大,财务状况越稳定。极而言之,当全部流动资产没由任何流动负债提供资金来源,而全部由长期资本提供时,企业没有任何短期偿债压力。

当流动资产小于流动负债时,营运资本为负数,表明长期资本小于长期资产,有部分长期资产由流动负债提供资金来源。由于流动负债在1年或1个营业同期内需要偿还,而长期资产在1年或1个营业同期内不能变现,故偿债所需现金不足,必须设法另外筹资,这意味着财务状况不稳定。

2)短期债务的存量比率。

短期债务的存量比率包括流动比率、速动比率和现金比率。

第一,流动比率。

流动比率是流动资产与流动负债的比值,其计算公式为:

$$流动比率=流动资产/流动负债$$

流动比率假设全部流动资产都可用于偿还流动负债,表明每1元流动负债有多少流动资产作为偿债保障。流动比率越高,企业资产的流动性越大,但是,比率太大表明流动资产占用较多,会影响经营资金周转效率和获利能力。一般认为合理的最低流动比率为2。

第二,速动比率。

速动比率又称酸性测验比率,是指速动资产对流动负债的比率。它是衡量企业流动资产中可以立即变现用于偿还流动负债的金额的高低。

速动资产是指流动资产中可以立即变现的那部分资产,如现金、有价证券、应收账款及预付账款。速动比率计算公式为:

$$速动比率=速动资产/流动负债=(流动资产-存货)/流动负债$$

速动比率同流动比率一样,反映的都是单位资产的流动性以及快速偿还到期负债的能力和水平。一般而言,流动比率是2,速动比率为1。但是实务分析中,该比率往往在不同的行业间差别非常大。

速动比率相对流动比率而言,扣除了一些流动性非常差、不可能用来偿还债务的资产,如待摊费用。另外,考虑存货的毁损、所有权、现值等因素,其变现价值可能与账面价值的差别非常大,因此,将存货也从流动比率中扣除。这样的结果是,速动比率非常苛刻地反映了一个单位能够立即还债的能力和水平。

一般来说,速动比率与流动比率的比值在1:1.5左右最为合适。

第三,现金比率。

速动资产中,流动性最强、可直接用于偿债的资产称为现金资产。现金资产包括货币资金、交易性金融资产等。与其他速动资产不同,它们本身就是可以直接偿债的资产,而其他速动资产需要等待不确定的时间,才能转换为不确定金额的现金。现金比率的计算公式为:

$$现金比率=(货币资金+有价证券)/流动负债$$

现金比率通过计算公司现金以及现金等价资产总量与当前流动负债的比率,来衡量公司资产的流动性。它将存货与应收款项排除在外,也就是说,现金比率只量度所有资产中相对于当前负债最具流动性的项目,因此它也是三个比率中最保守的一个。

(2)经营活动现金流量净额与短期债务的比较。

经营活动现金流量净额与流动负债的比值,称为现金流量比率,其计算公式为:

$$现金流量比率=经营活动现金流量净额/流动负债$$

公式中的"经营活动现金流量净额"通常使用现金流量表中的"经营活动产生的现金流量净额"。它代表企业创造现金的能力,已经扣除了经营活动自身所需的现金流出,是可以用来偿债的现金流量。现金流量比率表明每1元流动负债的经营活动现金流量保障程度。该比率越高,偿债能力越强。

2. 长期偿债能力指标

衡量长期偿债能力的财务比率,也分为存量比率和流量比率两类。

(1)总债务存量比率。

长期来看,所有债务都要偿还。因此,反映长期偿债能力的存量比率是总资产、总债务和股东权益之间的比例关系。常用比率包括资产负债率、产权比率、权益乘数和长期资本负债率。

1)资产负债率。

资产负债率是总负债占总资产的百分比,其计算公式为:

$$资产负债率=(总负债/总资产)\times 100\%$$

资产负债率反映总资产中有多大比例是通过负债取得的。它可以衡量企业清算时对债权人利益的保护程度。资产负债率越低(50%以下),企业偿债越有保证,贷款越安全。资产负债率还代表企业的举债能力。一个企业的资产负债率越低,举债越容易。如果资产负债率高到一定程度,没有人愿意提供贷款了,则表明企业的举债能力已经用尽。

2)产权比率和权益乘数。

产权比率和权益乘数是资产负债率的另外两种表现形式,它和资产负债率的性质一样,计算公式为：
$$产权比率 = 总负债/股东权益$$
$$权益乘数 = 总资产/股东权益$$

产权比率表明每1元股东权益借入的债务额，权益乘数表明每1元股东权益拥有的资产额，它们是两种常用的财务杠杆比率。财务杠杆能够表明债务多少，与偿债能力有关。财务杠杆影响总资产净利率和净资产收益率之间的关系，还表明净资产收益率的风险高低，与盈利能力有关。

3）长期资本负债率

长期资本负债率是指非流动负债占长期资本的百分比，其计算公式为：
$$长期资本负债率 = [非流动负债/(非流动负债+股东权益)] \times 100\%$$

长期资本负债率反映企业的长期资本的结构，由于流动负债的数额经常变化，故资本结构管理大多使用长期资本结构。

（2）总债务流量比率。

1）利息保障倍数。

利息保障倍数又称已获利息倍数，是指企业生产经营所获得的息税前利润与利息费用的比率（企业息税前利润与利息费用之比）。它是衡量企业支付负债利息能力的指标（用以衡量偿付借款利息的能力）。其计算公式为：
$$利息保障倍数 = 息税前利润/利息费用$$
$$= (净利润+利息费用+所得税费用)/利息费用$$

利息保障倍数不仅反映了企业获利能力的大小，而且反映了获利能力对偿还到期债务的保证程度，它既是企业举债经营的前提，也是衡量企业长期偿债能力的重要标志。要维持正常偿债能力，利息保障倍数至少应大于1，且比值越高，企业长期偿债能力越强。如果利息保障倍数过低，企业将面临亏损、偿债的安全性与稳定性下降的风险。

2）现金流量利息保障倍数。

现金流量利息保障倍数，是指经营现金流量对利息费用的倍数。其计算公式如下：
$$现金流量利息保障倍数 = 经营现金流量/利息费用$$

现金流量利息保障倍数是现金基础的利息保障倍数，表明每1元利息费用有多少倍的经营现金净流量作保障，它比利润基础的利息保障倍数更可靠。

3）现金流量债务比。

现金流量债务比，是指经营活动现金流量净额与债务总额的比率。其计算公式为：
$$现金流量债务比 = (经营活动现金流量净额/债务总额) \times 100\%$$

3. 营运能力指标

营运能力指标是衡量企业资产管理效率的财务指标，常见的指标有应收账款周转率、存货周转率、流动资产周转率和总资产周转率等。

（1）应收账款周转率。

应收账款周转率是销售收入与应收账款的比率。它有三种表示形式：应收账款周转次数、应收账款周转天数和应收账款与收入比，相应的计算公式为：

$$应收账款周转次数＝销售收入/应收账款平均余额$$

$$应收账款周转天数＝365/（销售收入/应收账款平均余额）$$

$$应收账款与收入比＝应收账款平均余额/销售收入$$

应收账款周转次数，表明1年中应收账款周转的次数，或者说明每1元应收账款投资支持的销售收入。应收账款周转天数也称为应收账款收现期，表明从销售开始到收回现金平均需要的天数。应收账款与收入比则表明每1元销售收入需要的应收账款投资。

（2）存货周转率。

存货周转率是企业一定时期销货成本与平均存货余额的比率，用于反映存货的周转速度，即存货的流动性及存货资金占用量是否合理。它有三种表示形式：存货周转次数、存货周转天数和存货与收入比，相应的计算公式为：

$$存货周转次数＝销售收入/存货平均余额$$

$$存货周转天数＝365/（销售收入/存货平均余额）$$

$$存货与收入比＝存货平均余额/销售收入$$

存货周转次数表明1年中存货周转的次数或者说明每1元存货支持的销售收入。存货周转天数表明存货周转一次需要的时间，也就是存货转换成现金平均需要的时间。存货与收入比，表明每1元销售收入需要的存货投资。

（3）流动资产周转率。

流动资产周转率是销售收入与流动资产的比率，也有三种计量方式，相应的计算公式为：

$$流动资产周转次数＝销售收入/流动资产平均余额$$

$$流动资产周转天数＝365/（销售收入/流动资产平均余额）$$

$$流动资产与收入比＝流动资产平均余额/销售收入$$

流动资产周转次数，表明1年中流动资产周转的次数，或者说明每1元流动资产支持的销售收入。流动资产周转天数表明流动资产周转一次需要的时间，也就是流动资产转换成现金平均需要的时间。流动资产与收入比，表明每1元销售收入需要的流动资产投资。

（4）总资产周转率。

总资产周转率是指企业在一定时期业务收入净额同平均资产总额的比率，相应的计算公式为：

$$总资产周转次数＝销售收入/平均资产总额$$

$$总资产周转天数＝365/（销售收入/平均资产总额）$$

$$总资产与收入比＝平均资产总额/销售收入$$

总资产周转率是综合评价企业全部资产的经营质量和利用效率的重要指标。周转率越大，说明总资产周转越快，销售能力越强。企业可以通过薄利多销的办法，加速资产的周转，带来利润绝对额的增加。

4. 盈利能力指标

(1) 销售净利率。

销售净利率是指净利润与销售收入的比率，通常用百分数表示，其计算公式为：

$$销售净利率=(净利润/销售收入)\times100\%$$

销售收入是利润表的第一行数字，净利润是利润表的最后一行数字，两者相除可以概括企业的全部经营成果。它表明每1元销售收入与其成本费用之间可以"挤"出来的净利润，该比率越大，企业的盈利能力越强。

(2) 总资产净利率。

总资产净利率是指净利润与总资产的比率，它反映每1元总资产创造的净利润，其计算公式为：

$$总资产净利率=(净利润/平均资产总额)\times100\%$$

总资产净利率主要用来衡量企业利用资产获取利润的能力，反映了企业总资产的利用效率，表示企业每单位资产能获得净利润的数量。这一比率越高，说明企业全部资产的盈利能力越强。该指标与净利润率成正比，与资产平均总额成反比。

(3) 净资产收益率。

净资产收益率又称权益净利率，是净利润与股东权益的比率，它反映每1元股东权益赚取的净利润，可以衡量企业的总体盈利能力，其计算公式为：

$$净资产收益率=(净利润/股东权益平均总额)\times100\%$$

5. 发展能力指标

发展能力是企业在生存的基础上，扩大规模、壮大实力的潜在能力。分析发展能力主要考察以下八项指标：营业收入增长率、资本保值增值率、资本积累率、总资产增长率、营业利润增长率、技术投入比率、三年营业收入平均增长率和三年资本平均增长率。

(1) 营业收入增长率。

营业收入增长率是企业本年营业收入增长额与上年营业收入总额的比率，反映企业营业收入的增减变动情况，其计算公式为：

$$营业收入增长率=(本年营业收入增长额/上年营业收入总额)\times100\%$$

其中，本年营业收入增长额=本年营业收入总额−上年营业收入总额。

营业收入增长率大于零，表明企业本年营业收入有所增长。该指标值越高，表明企业营业收入的增长速度越快，企业市场前景越好。

(2) 资本保值增值率。

资本保值增值率是企业扣除客观因素后的本年年末所有者权益总额与年初所有者权益总额的比率，反映企业当年资本在企业自身努力下实际增减变动的情况，其计算公式为：

$$资本保值增值率=(年末所有者权益总额/年初所有者权益总额)\times100\%$$

一般认为，资本保值增值率越高，表明企业的资本保全状况越好，所有者权益增长越快，债权人的债务越有保障。该指标通常应当大于100%。

(3) 资本积累率。

资本积累率是企业本年所有者权益增长与年初所有者权益的比率，反映企业当年资本的积累能力，其计算公式为：

资本积累率=（本年所有者权益增长/年初所有者权益）×100%

资本积累率越高，表明企业的资本积累越多，应对风险、持续发展的能力越强。

(4) 总资产增长率。

总资产增长率是企业本年总资产增长额同年初资产总额的比率，反映企业本期资产规模的增长情况，其计算公式为：

总资产增长率=（本年总资产增长额/年初资产总额）×100%

其中，本年总资产增长额=年末资产总额-年初资产总额。

总资产增长率越高，表明企业一定时期内资产经营规模扩张的速度越快。但在分析时，需要关注资产规模扩张的质和量的关系，以及企业的后续发展能力，避免盲目扩张。

(5) 营业利润增长率。

营业利润增长率又称销售利润增长率，是指企业本年营业利润增长额与上年营业利润总额的比率，反映企业营业利润的增减变动情况，其计算公式为：

营业利润增长率=（本年营业利润增长额/上年营业利润总额）×100%

其中，本年营业利润增长额=本年营业利润总额-上年营业利润总额。

(6) 技术投入比率。

技术投入比率是企业本年科技支出（包括用于研究开发、技术改造、科技创新等方面的支出）与本年营业收入的比率，反映企业在科技进步方面的投入，在一定程度上可以体现企业的发展潜力，其计算公式为：

技术投入比率=（本年科技支出/本年营业收入）×100%

一般认为，该指标越高，表明企业对新技术的投入越多，企业对市场的适应能力越强，未来竞争优势越明显，生存发展的空间越大，发展前景越好。

(7) 三年营业收入平均增长率。

三年营业收入平均增长率表明企业营业收入连续三年的增长情况，反映企业的持续发展态势和市场扩张能力，其计算公式为：

三年营业收入平均增长率=$[（当年营业收入总额/三年前营业收入总额）^{\frac{1}{3}}-1]×100\%$

一般认为，三年营业收入平均增长率越高，表明企业营业持续增长势头越好，市场扩张能力越强。

(8) 三年资本平均增长率。

三年资本平均增长率表示企业资本连续三年的积累情况，在一定程度上反映了企业的持续发展水平和发展趋势。其计算公式为：

三年资本平均增长率=$[（当年所有者权益总额/三年前所有者权益总额）^{\frac{1}{3}}-1]×100\%$

6. 上市公司特殊财务分析指标

(1) 每股收益。

每股收益即每股盈利，又称每股税后利润、每股盈余，指税后利润与股本总数的比率，是普通股股东每持有一股所能享有的企业净利润或需承担的企业净亏损。利润表中，"每股收益"项目下列示"基本每股收益"和"稀释每股收益"项目。

基本每股收益是指企业应当按照属于普通股股东的当期净利润,除以发行在外普通股的加权平均数,从而计算出的每股收益,其计算公式为:

基本每股收益=归属于公司普通股股东的当期净利润/发行在外的普通股加权平均数

发行在外的普通股加权平均数=期初发行在外的普通股股数+当期新发行普通股股数×已发行时间/报告期时间−当期回购普通股股数×已回购时间/报告期时间

稀释每股收益是以基本每股收益为基础,假设企业所有发行在外的稀释性潜在普通股均已转换为普通股,从而分别调整归属于普通股股东的当期净利润以及发行在外普通股的加权平均数计算而得的每股收益。

计算稀释的每股收益时,应对基本每股收益的分子和分母进行调整。就分子而言,当期可归属于普通股股东的净利润,应根据下列事项的税后影响进行调整:当期已确认为费用的稀释性潜在普通股的利息;稀释性的潜在普通股转换时将产生的收益或费用,这里主要是指可转换公司债券。就分母而言,普通股加权平均股数为在计算基本每股收益时的股份加权平均数加上全部具稀释性潜在普通股转换成普通股时将发行的普通股的加权平均数量。调整增加的普通股股数用公式表示为:

调整增加的普通股股数=拟行权时转换的普通股股数−行权价格×拟行权时转换的普通股股数/平均市场价格

(2)每股股利。

每股股利反映的是上市公司每一普通股获取股利的大小,其计算公式为:

每股股利=股利总额/普通股股数=(现金股利总额−优先股股利)/发行在外的普通股股数

一般情况下,每股股利越大,企业股本获利能力就越强;每股股利越小,企业股本获利能力就越弱。

反映每股股利和每股收益之间关系的一个重要指标是股利发放率,即每股股利分配额与当期的每股收益之比。借助于该指标,投资者可以了解一家上市公司的股利发放政策。

(3)市盈率。

市盈率是股票每股市价与每股收益的比率,其计算公式为:

市盈率=每股市价/每股收益

一方面,市盈率越高,意味着企业未来成长的潜力越大,也即投资者对该股票的评价越高;反之,投资者对该股票的评价越低。另一方面,市盈率越高,意味着投资于该股票的风险越大,市盈率越低,说明投资于该股票的风险越小。

影响企业股票市盈率的因素有三项。第一,上市公司盈利能力的成长性。第二,投资者所获报酬率的稳定性。如果上市公司经营效益良好且相对稳定,则投资者获取的收益也较高且稳定,投资者就愿意持有该企业的股票,则该企业的股票市盈率会由于众多投资者的普通看好而相应提高。第三,利率水平的变动。当市场利率水平变化时,市盈率也应进行相应的调整。

(4) 每股净资产。

每股净资产又称每股账面价值,是指企业净资产与发行在外的普通股股数之间的比率,其计算公式为:

$$每股净资产 = 股东权益/总股数$$

这一指标反映每股股票所拥有的资产现值。每股净资产越高,股东拥有的每股资产价值越多;每股净资产越少,股东拥有的每股资产价值越少。通常,每股净资产越高越好。

(5) 市净率。

市净率是每股市价与每股净资产的比率,是投资者用以衡量、分析个股是否具有投资价值的工具之一,其计算公式为:

$$市净率 = 每股市价/每股净资产$$

净资产代表的是全体股东共同享有的权益,是股东拥有公司财产和公司投资价值最基本的体现,它可以用来反映企业的内在价值。一般来说,市净率较低的股票,投资价值较高;反之,则投资价值较低。因此,在判断某股票的投资价值时,还要综合考虑当时的市场环境以及公司经营情况、资产质量和盈利能力等因素。

9.2.2 实验案例

实验案例 9-2

【**案例 9-2**】已知光明股份有限公司 2020 年资产负债表、利润表、现金流量表的数据已录入 Excel 工作表中,如图 9-10、图 9-11、图 9-12 所示。在进行财务比率分析中,假设交易性金融资产均为变现能力极强的证券,财务费用全部是利息费用,公司无优先股,普通股面值为 1 元/股,本期分配普通股现金股利 30 亿元,本年末普通股市价为 8 元/股,赊销收入占销售收入的比例为 30%,试运用 Excel 建立财务指标分析模型并进行偿债能力、营运能力、盈利能力、发展能力等指标的计算。

	A	B	C	D	E	F
1	光明股份有限公司资产负债表					
2			2020-12-31			单位:亿元
3	项目	年末数	年初数	项目	年末数	年初数
4	流动资产			流动负债		
5	货币资金	45	26	短期借款	50	7
6	交易性金融资产	1	1	应付票据	0	0
7	应收账款	12	8	应付账款	205	93
8	存货	81	60	流动负债合计	255	100
9	流动资产合计	139	95	非流动负债		
10	非流动资产			长期借款	72	80
11	可供出售金融资产	3	3	应付债券	68	0
12	长期应收款	0	0	非流动负债合计	140	80
13	长期股权投资	55	5	负债合计	395	180
14	固定资产净值	281	216	股东权益		
15	在建工程	173	79	股本	78	78
16	无形资产	2	2	资本公积	58	58
17	非流动资产合计	514	305	盈余公积	35	29
18				未分配利润	87	55
19				股东权益合计	258	220
20	资产总计	653	400	负债与股东权益合计	653	400

图 9-10 光明股份有限公司 2020 年资产负债表

	A	B	C
1	光明股份有限公司利润表		
2		2020年度 单位：亿元	
3	项目	本期金额	上期金额
4	一、营业收入	534	416
5	减：营业成本	422	338
6	税金及附加	3	2
7	销售费用	4	3
8	管理费用	14	13
9	财务费用	2	1
10	资产减值损失	0	0
11	加：公允价值变动收益	0	0
12	二、营业利润	89	59
13	加：营业外收入	1	0
14	减：营业外支出	1	1
15	三、利润总额	89	58
16	减：所得税	27	19
17	四、净利润	62	39

图 9-11　光明股份有限公司 2020 年利润表

	A	B	C
1	光明股份有限公司现金流量表		
2		2020年度 单位：亿元	
3	项目	本期金额	上期金额
4	一、经营活动产生的现金流量		
5	销售商品、提供劳务收到的现金	474	473
6	经营活动现金流入小计	474	473
7	购买商品、接受劳务支付的现金	365	399
8	支付给职工以及为职工支付的现金	15	12
9	经营活动现金流出小计	380	411
10	经营活动产生的现金流量净额	94	62
11	二、投资活动产生的现金流量		
12	投资活动现金流入小计	0	0
13	投资支付的现金	139	74
14	支付的其他与投资活动有关的现金	2	3
15	投资活动现金流出小计	141	77
16	投资活动产生的现金流量净额	-141	-77
17	三、筹资活动产生的现金流量		
18	发行债券收到的现金	73	0
19	取得借款收到的现金	89	27
20	筹资活动现金流入小计	162	27
21	支付其他与筹资活动有关的现金	96	35
22	筹资活动现金流出小计(万元)	96	35
23	筹资活动产生的现金流量净额(万元)	66	-8
24	四、汇率变动对现金及现金等价物的影响	0	0
25	五、现金及现金等价物净增加额	19	-23

图 9-12　光明股份有限公司 2020 年现金流量表

9.2.3　实验目的

掌握财务分析的主要指标，掌握从数据源获取财务数据的方法，掌握运用 Excel 建立财务指标分析模型并进行各项财务指标的计算。

9.2.4　实验操作

1. 创建工作簿

创建一个新的工作簿，将图 9-10、图 9-11、图 9-12 所示的光明股份有限公司资产负债表、利润表、现金流量表导入工作表，并建立新的工作表"光明股份有限公司 2020 年财务指标分析表"，如图 9-13 所示。

2. 偿债能力指标的计算

在单元格区域 C3：C14 中分别输入公式，计算光明股份有限公司 2020 年偿债能力相关指标。

（1）营运资本：在单元格 C3 中输入公式"=资产负债表！B9-资产负债表！E8"。

（2）流动比率：在单元格 C4 中输入公式"=资产负债表！B9/资产负债表！E8"。

（3）速动比率：在单元格 C5 中输入公式"=（资产负债表！B9-资产负债表！B8）/资产负债表！E8"。

（4）现金比率：在单元格 C6 中输入公式"=（资产负债表！B5+资产负债表！B6）/资产负债表！E8"。

（5）现金流量比率：在单元格 C7 中输入公式"=现金流量表！B10/资产负债表！E8"。

(6)资产负债率：在单元格 C8 中输入公式"＝资产负债表！E13/资产负债表！B20"。

(7)产权比率：在单元格 C9 中输入公式"＝资产负债表！E13/资产负债表！E19"。

(8)权益乘数：在单元格 C10 中输入公式"＝资产负债表！B20/资产负债表！E19"。

(9)利息保障倍数：在单元格 C11 中输入公式"＝(利润表！B17+利润表！B16+利润表！B9)/利润表！B9"。

(10)长期资本负债率：在单元格 C12 中输入公式"＝资产负债表！E12/(资产负债表！E12+资产负债表！E19)"。

(11)现金流量利息保障倍数：在单元格 C13 中输入公式"＝现金流量表！B10/利润表！B9"。

(12)现金流量债务比：在单元格 C14 中输入公式"＝现金流量表！B10/资产负债表！E13"。

3. 营运能力指标的计算

(1)应收账款周转率：在单元格 C15 中输入公式"＝利润表！B4＊财务指标分析表！C34/((资产负债表！B7+资产负债表！C7)/2)"。

(2)存货周转率：在单元格 C16 中输入公式"＝利润表！B4/((资产负债表！B8+资产负债表！C8)/2)"。

(3)流动资产周转率：在单元格 C17 中输入公式"＝利润表！B4/((资产负债表！B9+资产负债表！C9)/2)"。

(4)总资产周转率：在单元格 C18 中输入公式"＝利润表！B4/((资产负债表！B20+资产负债表！C20)/2)"。

4. 盈利能力指标的计算

(1)销售净利率：在单元格 C19 中输入公式"＝利润表！B17/利润表！B4"。

(2)总资产净利率：在单元格 C20 中输入公式"＝利润表！B17/((资产负债表！B20+资产负债表！C20)/2)"。

(3)权益净利率(净资产收益率)：在单元格 C21 中输入公式"＝利润表！B17/((资产负债表！E19+资产负债表！F19)/2)"。

(4)基本每股收益：在单元格 C22 中输入公式"＝利润表！B17/资产负债表！E15"。

(5)每股股利：在单元格 C23 中输入公式"＝C32/资产负债表！E15"。

(6)市盈率：在单元格 C24 中输入公式"＝C33/C22"。

(7)每股净资产：在单元格 C25 中输入公式"＝资产负债表！E19/资产负债表！E15"。

(8)市净率：在单元格 C26 中输入公式"＝C33/C25"。

注意：财务指标分析表中，单元格 C32、C33、C34 的值分别为 30、8、30%。

5. 发展能力指标的计算

(1)营业收入增长率：在单元格 C27 中输入公式"＝(利润表！B4-利润表！C4)/利润表！C4"。

(2)资本保值增值率：在单元格 C28 中输入公式"＝资产负债表！E19/资产负债表！

F19"。

(3) 资本积累率：在单元格 C29 中输入公式"=(资产负债表！E19-资产负债表！F19)/资产负债表！F19"。

(4) 总资产增长率：在单元格 C30 中输入公式"=(资产负债表！B20-资产负债表！C20)/资产负债表！C20"。

(5) 营业利润增长率：在单元格 C31 中输入公式"=(利润表！B12-利润表！C12)/利润表！C12"。

最终计算结果如图 9-14 所示。

	A	B	C
1		光明股份有限公司2020年财务指标分析表	
2	项目	指标名称	指标值
3	偿债能力指标	营运资本	
4		流动比率	
5		速动比率	
6		现金比率	
7		现金流量比率	
8		资产负债率	
9		产权比率	
10		权益乘数	
11		利息保障倍数	
12		长期资本负债率	
13		现金流量利息保障倍数	
14		现金流量债务比	
15	营运能力指标	应收账款周转率	
16		存货周转率	
17		流动资产周转率	
18		总资产周转率	
19	盈利能力指标	销售净利率	
20		总资产净利率	
21		权益净利率	
22		基本每股收益	
23		每股股利	
24		市盈率	
25		每股净资产	
26		市净率	
27	发展能力指标	营业收入增长率	
28		资本保值增值率	
29		资本积累率	
30		总资产增长率	
31		营业利润增长率	
32	本期分配普通股现金股利		30
33	本年末普通股市价（元/股）		8
34	赊销收入占销售收入的比例		30%

图 9-13　光明股份有限公司 2020 年财务指标分析表

	A	B	C
1		光明股份有限公司2020年财务指标分析表	
2	项目	指标名称	指标值
3	偿债能力指标	营运资本	(116.00)
4		流动比率	0.55
5		速动比率	0.23
6		现金比率	0.18
7		现金流量比率	0.37
8		资产负债率	60.49%
9		产权比率	1.53
10		权益乘数	2.53
11		利息保障倍数	45.50
12		长期资本负债率	35.18%
13		现金流量利息保障倍数	47.00
14		现金流量债务比	0.24
15	营运能力指标	应收账款周转率	16.02
16		存货周转率	7.57
17		流动资产周转率	4.56
18		总资产周转率	1.01
19	盈利能力指标	销售净利率	11.61%
20		总资产净利率	11.78%
21		权益净利率	25.94%
22		基本每股收益	0.79
23		每股股利	0.38
24		市盈率	10.06
25		每股净资产	3.31
26		市净率	2.42
27	发展能力指标	营业收入增长率	28.37%
28		资本保值增值率	117.27%
29		资本积累率	17.27%
30		总资产增长率	63.25%
31		营业利润增长率	50.85%
32	本期分配普通股现金股利		30
33	本年末普通股市价（元/股）		8
34	赊销收入占销售收入的比例		30%

图 9-14　光明股份有限公司 2020 年财务指标分析计算结果

9.3　财务报表综合分析

9.3.1　知识点提炼

1. 杜邦分析法

(1) 杜邦分析法的含义。

杜邦分析法又称杜邦财务分析体系，简称杜邦体系，是利用各主要财务比率指标间的内在联系，对企业财务状况及经济效益进行综合系统分析评价的方法。该体系是以净资产收益率为龙头，以总资产净利率和权益乘数为核心，重点揭示企业获利能力及权益乘数对净资产收益率的影响，以及各相关指标间的相互作用关系。

(2)杜邦分析法中主要的财务指标关系。

1)反映净资产收益率与总资产净利率及权益乘数之间的关系。

$$净资产收益率=总资产净利率\times 权益乘数$$

2)反映总资产净利率与销售净利率及总资产周转率之间的关系。

$$总资产净利率=销售净利率\times 总资产周转率$$

3)反映销售净利率与净利润及销售收入之间的关系。

$$销售净利率=净利润/销售收入$$

4)反映总资产周转率与销售收入与资产总额之间的关系。

$$总资产周转率=销售收入/资产总额$$

杜邦分析法有助于企业管理层更加清晰地看到权益资本收益率的决定因素，以及销售净利率与总资产周转率、资产负债率之间的相互关联关系，给管理层提供了一张明晰的考察公司资产管理效率和是否最大化股东投资回报的路线图，如图9-15所示。

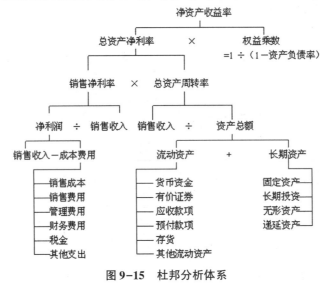

图9-15 杜邦分析体系

(3)杜邦分析体系运用的基本思想。

净资产收益率是一个综合性最强的财务分析指标，是杜邦分析系统的核心。

总资产净利率是影响净资产收益率的最重要的指标，具有很强的综合性，而总资产净利率又取决于销售净利率和总资产周转率。总资产周转率是反映总资产的周转速度。对资产周转率的分析，需要对影响资产周转的各因素进行分析，以判明影响公司资产周转的主要问题所在。销售净利率反映销售收入的收益水平。扩大销售收入、降低成本费用是提高企业销售利润率的根本途径，而扩大销售同时也是提高总资产周转率的必要条件和途径。

权益乘数表示企业的负债程度，反映了公司利用财务杠杆进行经营活动的程度。资产负债率高，权益乘数就大，说明公司负债程度高，公司会有较多的杠杆利益，但风险也高；资产负债率低，权益乘数就小，说明公司负债程度低，公司会有较少的杠杆利益，但所承担的风险也低。

2. 沃尔比重评分法

(1) 沃尔比重评分法的含义。

沃尔比重评分法是指将选定的财务比率用线性关系结合起来，并分别给定各自的分数比重，然后通过与标准比率进行比较，确定各项指标的得分及总体指标的累计分数，从而对企业的财务状况进行评价的方法。

(2) 沃尔比重评分法的基本步骤。

第一步：选择评价指标并分配指标权重。

第二步：确定各项比率指标的标准值，即各该指标在企业现时条件下的最优值。

第三步：计算企业在一定时期各项比率指标的实际值。

第四步：计算评价得分。

沃尔比重评分法的公式为：实际分数=实际值/标准值×权重。

第五步：形成评价结果。

若评价得分之和大于1，说明综合评分达到标准要求，企业财务状况整体较好；反之，说明企业财务状况存在一定的问题。

另外，管理者需要注意：当某一单项指标的实际值过高时，会导致最后总分大幅度增加，掩盖情况不良的指标，而造成一种假象。

9.3.2 实验案例

【案例9-3】要求以【案例9-2】中光明股份有限公司2020年资产负债表、利润表、现金流量表数据为基础，建立杜邦分析模型，并进行财务指标分析。

实验案例9-3

【案例9-4】要求以【案例9-2】中光明股份有限公司2020年资产负债表、利润表、现金流量表数据为基础，建立沃尔比重综合评价模型。

9.3.3 实验目的

了解杜邦分析法和沃尔比重评分法的基本原理，并根据实例，建立杜邦分析模型和沃尔比重综合评价模型，进行综合评价。

实验案例9-4

9.3.4 实验操作

1. 【案例9-3】的操作步骤

(1) 创建工作表。

在【案例9-2】的光明股份有限公司2020年资产负债表、利润表、现金流量表数据的基础上，创建新的工作表，将Sheet5命名为"杜邦分析模型"。

(2) 建立杜邦分析模型。

利用【案例9-2】的资料，建立杜邦分析模型，如图9-16所示。注意，在画杜邦分析模型时，可采取自上而下的顺序，但是在计算时则从下至上对每个单元格分别设置公式并计算。

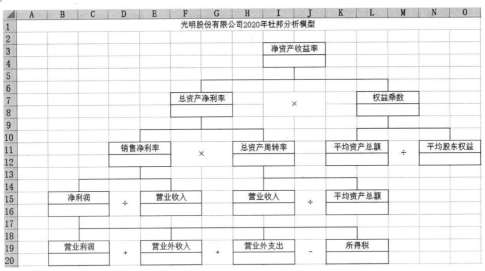

图 9-16 光明股份有限公司 2020 年杜邦分析模型

（3）计算杜邦分析模型中的指标。

在单元格 B20 中输入公式"=利润表！B12"。

在单元格 E20 中输入公式"=利润表！B13"。

在单元格 H20 中输入公式"=利润表！B14"。

在单元格 K20 中输入公式"=利润表！B16"。

在单元格 B16 中输入公式"=利润表！B17"。

在单元格 E16 中输入公式"=利润表！B4"。

在单元格 H16 中输入公式"=利润表！B4"。

在单元格 K16 中输入公式"=(资产负债表！B20+资产负债表！C20)/2"。

在单元格 D12 中输入公式"=B16/E16"。

在单元格 H12 中输入公式"=H16/K16"。

在单元格 K12 中输入公式"=(资产负债表！B20+资产负债表！C20)/2"。

在单元格 N12 中输入公式"=(资产负债表！E19+资产负债表！F19)/2"。

在单元格 F8 中输入公式"=D12*H12"。

在单元格 L8 中输入公式"=K12/N12"。

在单元格 I4 中输入公式"=F8*L8"。

最终计算结果如图 9-17 所示。

图 9-17　光明股份有限公司 2020 年杜邦分析模型计算结果

2.【案例 9-4】的操作步骤

(1) 创建工作表。

在【案例 9-2】的光明股份有限公司 2020 年资产负债表、利润表、现金流量表数据的基础上，创建新的工作表，将 Sheet6 命名为"沃尔比重综合评价模型"。

(2) 建立沃尔比重综合评价模型并进行综合评价。

1) 建立沃尔比重综合评价模型。

利用【案例 9-2】的资料，建立沃尔比重综合评价模型，如图 9-18 所示。

	A	B	C	D	E	F
1	光明股份有限公司2020年沃尔比重综合评价模型					
2	财务指标	权重	标准值	实际值	相对值	得分
3	流动比率					
4	速动比率					
5	资产负债率					
6	流动资产周转率					
7	总资产周转率					
8	销售净利率					
9	净资产收益率					
10	总资产净利率					
11	合计					

图 9-18　光明股份有限公司 2020 年沃尔比重综合评价模型

2) 运用沃尔比重综合评价模型并进行综合评价。

第一步：选择评价指标并分配指标权重。本例中，根据以往经验，选取流动比率、速动比率、资产负债率、流动资产周转率、总资产周转率、销售净利率、净资产收益率、总资产净利率为评价指标。各项指标权重的确定均来自公司以往经验数据，分别为 0.1、0.1、

20%、0.1、0.1、10%、15%、15%。

第二步：确定各项比率指标的标准值，即该指标在企业现时条件下的最优值。光明股份有限公司 2020 年各指标的标准值均来自行业的平均值，分别为 2、1、60%、1.2、0.5、20%、15%、10%。

第三步：计算企业在一定时期各项比率指标的实际值。

在单元格 D3 中输入公式"=财务指标分析表！C4"。

在单元格 D4 中输入公式"=财务指标分析表！C5"。

在单元格 D5 中输入公式"=财务指标分析表！C8"。

在单元格 D6 中输入公式"=财务指标分析表！C17"。

在单元格 D7 中输入公式"=财务指标分析表！C18"。

在单元格 D8 中输入公式"=财务指标分析表！C19"。

在单元格 D9 中输入公式"=财务指标分析表！C21"。

在单元格 D10 中输入公式"=财务指标分析表！C20"。

第四步：计算企业在一定时期各项比率指标的相对值。

在单元格 E3 中输入公式"=D3/C3"。

在单元格 E4 中输入公式"=D4/C4"。

在单元格 E5 中输入公式"=D5/C5"。

在单元格 E6 中输入公式"=D6/C6"。

在单元格 E7 中输入公式"=D7/C7"。

在单元格 E8 中输入公式"=D8/C8"。

在单元格 E9 中输入公式"=D9/C9"。

在单元格 E10 中输入公式"=D10/C10"。

第五步：计算评价得分。

在单元格 F3 中输入公式"=E3*B3"。

在单元格 F4 中输入公式"=E4*B4"。

在单元格 F5 中输入公式"=E5*B5"。

在单元格 F6 中输入公式"=E6*B6"。

在单元格 F7 中输入公式"=E7*B7"。

在单元格 F8 中输入公式"=E8*B8"。

在单元格 F9 中输入公式"=E9*B9"。

在单元格 F10 中输入公式"=E10*B10"。

在单元格 F11 中输入公式"=SUM(F3:F10)"。

最终计算结果如图 9-19 所示。

第9章 财务分析

	A	B	C	D	E	F
1	光明股份有限公司2020年沃尔比重综合评价模型					
2	财务指标	权重	标准值	实际值	相对值	得分
3	流动比率	0.1	2	0.55	0.27	0.03
4	速动比率	0.1	1	0.23	0.23	0.02
5	资产负债率	20%	60%	60.49%	1.01	0.20
6	流动资产周转率	0.1	1.2	4.56	3.80	0.38
7	总资产周转率	0.1	0.5	1.01	2.03	0.20
8	销售净利率	10%	20%	11.61%	0.58	0.06
9	净资产收益率	15%	15%	25.94%	1.73	0.26
10	总资产净利率	15%	10%	11.78%	1.18	0.18
11	合计	1				1.33

图9-19 光明股份有限公司2020年沃尔比重综合评价模型计算结果

第六步：形成评价结果。如图9-19所示，光明股份有限公司2020年沃尔比重综合评分为1.33，大于1，说明光明股份有限公司2020年的财务状况整体较好。

课后习题

1. 通过Excel的Web查询功能获得莎普爱思（代码：603168）的财务报表数据。根据取得的2020年度资产负债表、利润表、现金流量表数据进行主要财务指标的计算，并建立杜邦分析模型。

2. 恒远公司2020年的资产负债表和利润表如表9-1和表9-2所示。

表9-1 恒远公司2020年资产负债表

编制单位：恒远公司　　　　　　2020年12月31日　　　　　　　　　　　万元

资产	年初数	年末数	负债及所有者权益	年初数	年末数
流动资产：			流动负债：		
货币资金	110	116	短期负债	180	200
交易性金融资产	80	100	应付账款	182	285
应收账款	350	472	应付职工薪酬	60	65
存货	304	332	应交税费	48	60
流动资产合计	844	1 020	流动负债合计	470	610
非流动资产：			非流动负债：		
固定资产	470	640	长期借款	280	440
长期股权投资	82	180	应付债券	140	260
无形资产	18	20	长期应付款	44	50
非流动资产合计	570	840	非流动负债合计	464	750
			负债合计	934	1 360
			所有者权益		

续表

资产	年初数	年末数	负债及所有者权益	年初数	年末数
			股本	300	300
			资本公积	50	70
			盈余公积	84	92
			未分配利润	46	38
			所有者权益合计	480	500
资产总计	1 414	1 860	负债及所有者权益合计	1 414	1 860

表9-2　恒远公司2020年利润表

编制单位：恒远公司　　　　　　2020年12月　　　　　　　　　　　　万元

项目	本年累计数
一、营业收入	5 800
减：营业成本	3 480
税金及附加	454
销售费用	486
管理费用	568
财务费用	82
加：投资收益	54
二、营业利润	784
加：营业外收入	32
减：营业外支出	48
三、利润总额	768
减：所得税	254
四、净利润	514

其他资料：该公司2020年年末有一项未决诉讼，如果败诉预计要赔偿对方50万元；2020年是该公司享受税收优惠的最后一年，从2021年起不再享受税收优惠政策，预计税金的综合税率将从现行的8%上升到同行业的平均税率12%；该公司所处的行业财务比率平均值如表9-3所示。

表9-3　财务比率行业平均值

财务比率	行业均值
流动比率	2
速动比率	1.2
资产负债率	0.42
应收账款周转率	16

续表

财务比率	行业均值
存货周转率	8.5
总资产周转率	2.65
总资产净利率	19.88%
销售净利率	7.5%
净资产收益率	34.21%

要求:

(1)计算该公司 2020 年年初与年末的流动比率、速动比率和资产负债率,并分析公司的偿债能力;

(2)计算该公司 2020 年应收账款周转率、存货周转率和总资产周转率,并分析公司的营运能力;

(3)计算该公司 2020 年资产净利率、销售净利率和净资产收益率,并分析该公司的获利能力;

(4)通过上述计算,评价该公司财务存在的主要问题,并提出改进意见;

(5)假设根据以往经验,选取流动比率、速动比率、资产负债率、应收账款周转率、总资产周转率、销售净利率、净资产收益率、总资产净利率为评价指标,各项指标权重的确定均来自公司以往经验数据,分别为 0.1、0.1、20%、0.08、0.12、10%、15%、15%,各指标的标准值均来自行业的平均值,分别为 2、1、60%、1.2、0.5、20%、15%、10%,试用沃尔评分法建立模型并进行财务综合评价。

> 附录

模拟试卷一

在以自己姓名+班级命名的文件夹中建立一个 Excel 工作簿,文件名为 "my name class.xls"(例如:张三同学的文件名称是"张三财管20-1班.xls")。工作簿中的工作表分别以题号命名。

1. 把下列表格录入 Sheet1。(20分)

各分公司销售情况一览表　　　　　　　　　　　　　　　　　　　万元

公司名称	一季度	二季度	三季度	四季度	合计
兴业公司	2 200	3 420	3 248	3 846	
海天公司	3 100	5 240	5 232	5 013	
辉煌公司	1 980	3 653	3 333	4 444	
实达公司	2 450	2 434	3 500	2 874	
合计					
平均值					
最大值					
最小值					

要求:

(1)行标题格式:字体——隶书,字号——20,加粗,底纹——灰色(50%),字体颜色——红色,合并及居中;

(2)列标题格式:字体——宋体,字号——14,字体颜色——绿色,文字居中;

(3)为单元格区域 A2:F10 加上所有框线,底纹设为淡蓝;

(4)用函数功能计算合计、平均值、最大值、最小值;

(5)选择单元格区域 A2:E6 制作三维堆积柱形图;

(6)图表标题为"各分公司销售统计图",红字,加双下划线;

(7)利用条件格式将小于 2 500 万元的销售额用红色显示。

2. 某公司产品成本大约占售价的 50%,销售费用占销售收入的 5%,管理费用大约占 4%,试运用单变量求解工具计算毛利,并反推当毛利达到 180 万元时的销售收入。假设固定成本为 40 万元,则保本点销售额为多少?请建立利润管理模型,设计一个滚动条,使相关

单元格的值在[-20%、+20%]范围内变动。(10分)

3. 王小强准备购买一套住房,现有两种购房方式:一次性支付和分期付款。若现在一次性支付需要50万元;若采取分期付款方式,贷款10年,每年年末支付70 000元,假设年利率为6%。试用Excel建立模型并帮助王小强判断该选择哪种方式购房。(10分)

4. 某企业投资15 500元购入一台设备,该设备预计残值为500元,可使用3年,按折旧直线法计算。设备投产后每年销售收入分别增加10 000元、20 000元、15 000元,除折旧外的费用增加额分别为4 000元、12 000元、5 000元。企业适用的所得税率为40%,要求的最低投资报酬率为10%,目前年税后利润为20 000元。(10分)

要求:

(1)假设企业经营无其他变化,试用Excel建立模型,预测未来3年每年的税后利润;

(2)计算该投资方案的净现值。

5. 某公司目前的年度赊销收入为5 500万元,总成本4 850万元(其中,固定成本1 000万元),信用条件为"N/30",资金成本率为10%。该公司为扩大销售,拟定了A、B两个信用条件方案(一年按360天计算)。

A方案:将信用条件放宽到"N/60",预计坏账损失率为4%,收账费用80万元,预计赊销收入会增加10%。

B方案:将信用条件放宽为"2/10,1/20,N/60",预计赊销收入会增加20%,估计约有70%的客户(按赊销计算)会利用2%的现金折扣,10%的客户会利用1%的现金折扣,平均坏账损失率为3%,收账费用60万元。

要求:试用Excel建立模型计算A、B两个方案的税前损益,并确定该公司应选择何种信用条件方案。(20分)

6. 慧远公司准备新建一个投资项目,现有甲、乙两个投资方案可供选择,该公司新建项目适用的所得税税率为25%,其他有关资料如下表所示。

慧远公司投资方案

项 目	甲方案		乙方案	
	筹资条件	筹资比例	筹资条件	筹资比例
银行借款	借款利率10%	20%	借款利率12%	50%
发行债券	债券票面利率为15%,按票面价值的120%发行,发行费用率为1%	30%	债券利率为13%,平价发行,发行费用率为1%	20%
发行普通股	发行价格10元,发行费用率为1.5%,每年固定股利1元	50%	发行价格12元,发行费用率为1%,第一年股利0.5元,以后每年按5%的固定比例增长	30%

要求:试用Excel建立模型,计算确定甲、乙方案的加权平均资金成本,并确定慧远公司应该采用的筹资方案。(10分)

7. 某企业生产A产品,经测算,每件产品在市场上的售价是150元,A产品的单位变

动成本为110元/件，生产A产品需要负担的固定成本总额为200 000元。(20分)

要求：试用Excel建立模型，并进行以下相关计算。

(1) 计算该产品的保本销售量与保本销售额。

(2) 计算保本点的单位边际贡献、边际贡献率。

(3) 当销售量为10 000件时，计算可实现的利润额。

(4) 该企业经调查分析认为，可将计划期间的目标利润确定在60 000元，由于市场原因，A产品每件的销售价格可提高到160元，在单位产品成本和固定成本总额不变的情况下，请计算目标销售量和目标销售额。

模拟试卷二

在以自己姓名+班级命名的文件夹中建立一个 Excel 工作簿,文件名为"my name class.xls"(例如:张三同学的 execl 文件名称是"张三财管 20-1 班.xls")。工作簿中的工作表分别以题号命名。

1. 把下列表格录入 Sheet1。(20 分)

员工信息表

员工编号	部门	性别	年龄	籍贯	工龄/年	工资/元
K12	开发部	男	30	陕西	5	2 000
C24	测试部	男	32	江西	4	1 600
W24	文档部	女	24	河北	2	1 200
S21	市场部	男	26	山东	4	1 800
S20	市场部	女	25	江西	2	1 900
K01	开发部	女	26	湖南	2	1 400
W08	文档部	男	24	广东	1	1 200
C04	测试部	男	22	上海	5	1 800
S23	市场部	男	26	河南	4	1 500
S14	市场部	女	24	山东	4	1 800
S22	市场部	女	25	北京	2	1 200
C16	测试部	男	28	湖北	4	2 100
W04	文档部	男	32	山西	3	1 500
K02	开发部	男	36	陕西	6	2 500
C29	测试部	女	25	江西	5	2 000
K11	开发部	女	25	辽宁	3	1 700
S17	市场部	男	26	四川	5	1 600
W18	开发部	男	24	江苏	2	1 400

要求：

(1)将"部门"一列移到时"员工编号"一列之前，删除表格中员工编号为 S23 的一行的内容。

(2)标题文字格式：隶书、20 号、合并及居中，第二行黄底红字、宋体、加粗。

(3)为"部门"一列中所有的"市场部"填加灰色 50% 底纹。

(4)为 A2：G20 区域设置边框。

(5)使用"工资"数据创建一个三维饼图，图表标题为"工资比例图"。

(6)利用筛选功能，筛选出所有年龄大于 30、工龄大于等于 3 的女性员工。

(7)按性别升序、工资降序排列。

(8)按性别进行分类汇总，汇总工资，汇总结果放在数据下方。

(9)建立数据透视表。

2. 银风汽车销售公司针对售价为 25 万元的 A 款汽车提供两种促销方案。方案一为延期付款业务，消费者付现款 10 万元，余款两年后付清。方案二为商业折扣，公司为全款付现的客户提供 3% 的商业折扣，假设利率为 10%。试用 Excel 建立模型并帮助消费者分析选择哪种方案购买更为合算。(10 分)

3. A 公司拟采用新设备取代已使用 3 年的旧设备，旧设备原价 14 950 元，当前估计尚可使用 5 年，每年操作成本为 2 150 元，预计最终残值为 1 750 元，目前变现价值为 8 500 元。购置新设备需花费 13 750 元，预计可使用 6 年，每年操作成本为 850 元，预计最终残值为 2 500 元。该公司预期报酬率为 12%，所得税税率为 30%，税法规定该类设备应采用直线法折旧，折旧年限为 6 年，残值为原值的 10%。

要求：试用 Excel 建立模型并做出是否更新该设备的分析决策。(10 分)

4. B 企业预测 2020 年度销售收入为 5 400 万元，现销与赊销比例为 2：3，应收账款平均收账天数为 60 天，变动成本率为 70%，企业的资金成本率为 10%，一年按 360 天计算。(20 分)

要求：试用 Excel 建立模型并进行下列相关计算。

(1)计算 2020 年度赊销额、应收账款的平均余额、维持内销业务所需要的资金额、应收账款的机会成本额。

(2)若 2020 年度应收账款平均余额需要控制在 360 万元，在其他因素不变的条件下，应收账款平均收账天数应调整为多少天？

5. C 公司是 2017 年 1 月 1 日成立的高新技术企业。为了进行以价值为基础的管理，该公司采用股权现金流量模型对股权价值进行评估。评估所需的相关数据如下。

C 公司 2017 年的销售收入为 1 000 万元。根据目前市场行情预测，其 2018 年、2019 年的增长率分别为 10%、8%，2020 年及以后年度进入永续增长阶段，增长率为 5%。

C 公司 2017 年的经营性营运资本周转率为 4，净经营性长期资产周转率为 2，净经营资产净利率为 20%，净负债/股东权益 = 1/1。公司税后净负债成本为 6%，股权资本成本为 12%。评估时假设以后年度上述指标均保持不变。

公司未来不打算增发或回购股票。为保持当前资本结构，公司采用剩余股利政策分配股利。(10 分)

要求:

(1)计算 C 公司 2018 年至 2020 年的实体现金流量和股权现金流量;

(2)计算 C 公司 2017 年 12 月 31 日的股权价值。

6. D 公司有一投资项目,需要投资 6 000 元(5 400 元用于购买设备,600 元用于追加流动资金)。预期该项目可使企业税前利润增加额为:第一年 2 000 元,第二年 3 000 元,第三年 5 000 元。第三年年末项目结束,收回流动资金 600 元。假设公司适用的所得税税率为 40%,固定资产按 3 年用直线法折旧并不计残值。公司要求的最低投资报酬率为 10%。(利率为 10%,1 至 3 期的复利现值系数为 0.909、0.826 和 0.751)(10 分)

要求:

(1)计算该项目的税后现金流量、净现值、回收期;

(2)如果不考虑其他因素,你认为该项目应否被接受?

7. 已知 E 公司有关资料如下表所示。

E 公司 2020 年资产负债表(简表) 万元

资产	年初	年末	负债及所有者权益合计	年初	年末
			流动负债合计	105	150
货币资金	50	45	非流动负债合计	245	200
应收账款净额	60	90	负债合计	350	350
存货	92	144	所有者权益合计	350	350
其他流动资产	23	36			
流动资产合计	225	315			
固定资产净值	475	385			
总计	700	700	总计	700	700

同时,该公司上年度销售净利率为 16%,总资产周转率为 0.5 次,权益乘数为 2.5,净资产收益率为 20%,2020 年度销售收入为 350 万元,净利润为 6.3 万元。(20 分)

要求:

(1)根据上述资料,计算 2020 年年末的流动比率、速动比率、资产负债率和权益乘数;

(2)计算 2020 年总资产周转率、销售净利率和净资产收益率;

(3)试分析销售净利率、总资产周转率和权益乘数变动对净资产收益率的影响;

(4)试分析 E 公司 2020 年的偿债能力、盈利能力、周转能力。

参 考 文 献

[1] 爱默瑞,芬尼特,斯托. 公司财务管理[M]. 2版. 荆新,改编. 北京:中国人民大学出版社,2007.
[2] 荆新,王化成,刘俊彦. 财务管理学[M]. 7版. 北京:中国人民大学出版社,2017.
[3] 王海林,张玉祥. Excel 财务管理建模与应用[M]. 北京:电子工业出版社,2014.
[4] 闫本宗,何保国. Excel 财务管理实验教程[M]. 南京:南京大学出版社,2013.
[5] 韩良智. Excel 在财务管理中的应用[M]. 3版. 北京:清华大学出版社,2015.
[6] 周丽媛. Excel 在财务管理中的应用[M]. 4版. 大连:东北财经大学出版社,2017.
[7] 何瑛. 上市公司财务管理案例[M]. 北京:经济管理出版社,2016.
[8] 沃肯巴赫. 中文版 Excel 2016 宝典[M]. 9版. 赵利通,卫琳,译. 北京:清华大学出版社,2016.
[9] 诺立教育. Excel 2016 公式与函数应用大全[M]. 北京:机械工业出版社,2017.
[10] 于洪彦,刘金星,张洪利. Excel 统计分析与决策[M]. 北京:高等教育出版社,2009.
[11] 吕志明. 计算及财务管理[M]. 北京:高等教育出版社,2015.
[12] 王兴德. 现代财务分析方法(管理会计篇)[M]. 上海:上海财经大学出版社,2016.
[13] 张先治,陈友邦. 财务分析[M]. 8版. 大连:东北财经大学出版社,2017.